Les sentiers de neige

Autres ouvrages

Querelle, Le Nouvel Attila, 2019,
prix Sade
Tu aimeras ce que tu as tué, Le Nouvel Attila, 2021
Que notre joie demeure, Le Nouvel Attila, 2023,
prix de la Page 111
prix Décembre
prix Médicis

Kev
Lambert

Les sentiers de neige

Conte d'hiver

ISBN 978-2-493213-71-6

Le nouvel Attila
127, avenue Parmentier, 75011 Paris
www.lenouvelattila.cfr

Ce qu'il y a de beau sur la terre,
c'est aux masques que vous le devez.

Jean Genet, *Le Balcon*

We all are just ghosts on the face
of the earth trying to believe we have weight
and a place in the world.

Stephen King, *Fairy Tale*

L'AVENT

- 1 -

L'histoire commence un 23 décembre 2004, à l'aurore, alors qu'un enfant traverse la rue des Geais-Bleus. Il tombe de gros flocons, le sol est enneigé, Zoey traîne ses bottes aux feutres humides jusqu'à l'arrêt d'autobus. Son chemin a laissé un collier de traces de pas qui remontent, si on les suit, vers un bungalow étroit, rez-de-chaussée, sous-sol, une montagne soufflée près du bouleau pleureur qui a l'air mort sans ses feuilles. Les lumières en glaçons tombent des toits des maisons voisines, des bonhommes de neige sont collés dans les fenêtres, autour de flocons découpés dans des feuilles d'imprimante.

Zoey porte sa nouvelle tuque queue de dragon même si sa mère voulait pas, « elle est belle, mais vraiment pas chaude ». Des peaux de lièvre fondent doucement sur le manteau d'hiver, qui gonfle la petite silhouette aux mouvements entravés par l'habillement, par les mitaines pleines de nez qui coule, par les bottes trop lourdes et le sac à dos plus lourd encore, qui fait mal aux épaules. Zoey se fraie un chemin dans l'épais tapis, la neige lui monte aux genoux. L'édredon blanc recouvre le paysage de manière uniforme, standard, trente centimètres sur le toit des maisons, des voitures. Les branches des conifères ressemblent à des pinceaux gorgés de correcteur liquide. Le quartier des Oiseaux est silencieux, la neige étouffe les sons qui meurent dans la douceur.

Dans le ciel, les larmes de sa mère prennent froid, glacent, éclatent, toupillent en cristaux gelés, les poussières d'un bijou fracassé à coups de marteau. Elle pleurait, tout à l'heure, sa maman, les yeux rouges comme si elle venait de sortir de la piscine en le voyant partir pour l'école, sachant qu'elle ne le reverrait pas avant le 25 décembre ; pour la première fois, Lina passerait une partie des fêtes sans son petit, tout le monde parlerait de Zoey, eh qu'on a hâte de le voir ! Il y aurait dans la soirée ce spectre, cette absence qui rendrait chacun des sourires, chacun des gestes, faux, fabriqués. D'autres ne manqueraient pas de passer un commentaire, de voiler un reproche, et Lina se sentirait comme une irresponsable, une femme incapable de s'occuper d'un enfant, de faire tenir ensemble une famille plus usée qu'une vieille éponge défaite, trouée, moisie de l'intérieur.

Le spectre est là, sous les flocons qui abondent en pleurs coupables. Sur le fil qui le reliait à ses parents, qui reliait ses parents entre eux, sur la ficelle plus ou moins solide qui relie tous les êtres humains, des nœuds se sont formés. Être aimé de sa mère lui rappelle le lien brisé, l'amour fragile. Le sac lui tire sur les épaules et Zoey s'en veut. Il s'en veut d'avoir fait pleurer sa mère, il la revoit, la main sur la bouche, la respiration saccadée, les yeux pleins d'eau. Les mères ne devraient jamais pleurer. Zoey voulait lui demander d'arrêter tout de suite, n'était-ce pas un mauvais jeu, une farce acide pour le faire rire ? Quel enfant fait pleurer sa maman, Zoey est anormal : de cela, il détient de nombreuses preuves. Peu d'enfants dans sa classe ont des parents séparés, et aucun ne possède le secret que Zoey traîne dans son sac à dos, cette chose effrayante qui le suit partout, qu'il cache sous son lit, au fond des tiroirs. Il faut s'en débarrasser au plus sacrant. Sa mère n'a pas vu le secret qui dort au fond du sac mauve – aurait-elle deviné qu'il lui cache quelque chose ? Lina a parfois une intuition sorcière.

Il n'y a personne à l'arrêt. Les parents d'Adèle sont sûrement allés la reconduire en auto, ou peut-être qu'elle a pogné la gastro, la semaine passée trois élèves l'avaient, dans la classe, le directeur a même fait un mémo aux parents pour leur dire de pas envoyer leurs enfants à l'école s'ils ont la chiasse ou s'ils vomissent.

L'autobus jaune tourne le coin. Il avance tranquillement, sa porte s'ouvre en grinçant. Zoey escalade les marches, son sac Lavoie le tire vers le bas, il a de la misère à grimper, attrape la main courante. Il se glisse sur le banc, jusqu'au fond. Des ados ont fait fondre le siège avec un briquet, la chaleur a sculpté de drôles de visages dans le plastique gris. Pendant que l'autobus redémarre, Zoey observe les motifs sur la vitre, on dirait des fleurs givrées, des cicatrices, des fleuves. Quand il tient son doigt assez longtemps contre la glace, le dessin se troue et Zoey peut voir la rue.

Le dernier arrêt avant l'école est celui des frères Gagnon. L'autobus est presque plein, Zoey est seul sur son banc. Il se lève pour vérifier que leur place au fond est bien libre.

« Tu sens le skidoo ! »

Les deux plus grandes assises sur la banquette derrière la sienne pouffent de rire. La blonde en cinquième année s'appelle Anne-Violette, elle a les cheveux tortillés dans une coiffe de Noël sophistiquée retenue par des rubans rouges. Zoey ne comprend pas sa moquerie, il ne revient même pas de chez son père. Il a déjà fait du skidoo, mais ça fait longtemps. Il se rassoit à sa place, agrippe le tissu de son manteau pour le renifler. Ça sent le dehors, le froid, la neige fondue. Mais pas le skidoo. En même temps, ça sent quoi, le skidoo ? Comme le gaz d'auto, sûrement, mais en plus fort. Une odeur de pollution, d'amincissement de la couche d'ozone. Son manteau ne sent pas le gaz d'auto, il sent peut-être un peu la lasagne, mais pas le gaz d'auto.

Les frères Gagnon montent, salut Gino ! Ils parlent fort pour être entendus par le bus au grand complet. Pendant qu'ils passent dans l'allée, Zoey retient son souffle, il se concentre sur les fleurs de givre, gratte avec son ongle un carré dans la glace opaque, s'ouvre une fenêtre dans la fenêtre. De l'autre côté, la neige sale défile, pleine de sable, tapée par les voitures du boulevard Talbot. Les Gagnon vont s'asseoir en arrière. Leurs manteaux beiges, gris, sont usés par les mauvais coups et les rébellions, pleins de trous partout, ils n'ont pas l'éclat rouge, bleu, jaune des habits de neige des autres enfants. Quand ils vont les retirer, à l'école, ils porteront des tee-shirts trop grands, troués, des pantalons qui descendent sous les fesses, des espadrilles de skate qui tiennent à peine dans les pieds. Les Gagnon s'habillent comme tous les garçons de l'école rêvent de s'habiller, sauf qu'aucun parent n'accepte la mode, n'écoute les vidéoclips de Musique Plus ou les émissions de Vrak TV. Jamais la mère de Zoey n'accepterait qu'il porte des tee-shirts avec des marques de sport ou de planche à neige, destinés aux adolescents. Jamais elle n'accepterait qu'il arrive à l'école avec un gilet taché, une casquette Fox décolorée en plein hiver, de la confiture croûtée au coin des lèvres. La négligence des Gagnon témoigne de leur liberté. Ils nous envoûtent, nous font peur, on voudrait tous et toutes être comme eux. Des enfants que personne ne surveille. Les Gagnon se vantent de se faire eux-mêmes à manger, ils cuisinent les meilleures choses, celles que nos parents ne veulent jamais acheter : des pizzas pochettes, des bâtonnets de fromage, du macaroni jaune. Avoir le droit de manger ce qu'on veut, être capable de faire fonctionner le four ou de manipuler des couteaux qui coupent est un rêve inaccessible. Le bloc d'appartements grisâtres dans lequel ils vivent, sur la rue derrière le Super C, où on retrouve une dizaine de bâtiments identiques, est un endroit dangereux, on voit tout le temps des gens bizarres traîner à l'arrêt de bus, une madame aux cheveux rose fluo, un vieillard avec une canne, un homme qui se déguise en femme et qui kidnappe des enfants, une vieille avec une perruche dans sa sacoche. Leur demeure inquiétante dote les frères Gagnon d'une aura de bravoure que les autres jalousent.

Zoey ouvre la fermeture Éclair de son sac. Apparaît, enroulée contre les livres, une forme noire, velue. La présence du secret le fait sursauter, Zoey l'avait oublié. En partant ce matin, de peur que sa mère tombe dessus, il a attrapé sa créature pour la fourrer tout au fond du sac – il trouvera bien un endroit où la faire disparaître. Depuis quelque temps, Zoey a un compagnon, un insecte qui le suit partout, comme Polochon avec la Petite Sirène ou le raton laveur de Pocahontas. Lovée au fond du cocon de toile mauve, la bouche d'un ver poilu tète le vide. La chenille aveugle s'étire le cou vers la lumière. Elle a la taille d'un sous-marin Subway apparu un matin d'automne sous ses draps, présence chaude, désagréable contre son ventre – *j'ai mouillé mon lit*, avait pensé Zoey, à son âge, c'est vraiment gênant. Mais les draps étaient secs. Il a voulu hurler, comprenant tout de suite qu'il valait mieux n'alerter personne. On s'inquiéterait, on l'engueulerait. Zoey est responsable de l'apparition du parasite, une sangsue dégoûtante abritée dans son lit chaud, sous la couverture Mickey Mouse. La bestiole s'était détachée toute seule, laissant une tache de succion rouge sur le ventre de Zoey. Il fallait faire attention, en prenant son bain, de ne pas montrer à Lina sa morsure ronde, rosée, qui ressemble à celles que décrit Simon Gélinas, celles qui permettent de savoir si quelqu'un a déjà fait l'amour. *C'est Simon Gélinas qui nous a appris ça*. Pour savoir si t'as déjà fait l'amour, tu suces la peau de ton bras très fort, et si une tache rouge apparaît, ça veut dire que t'as déjà fait l'amour. Honte ultime ! Tout le monde capote, rit et parle dans ton dos. On te tourne autour pour te demander « avec qui, avec qui, avec qui ? » Si tu réponds pas, on nomme toutes sortes de noms, on formule des hypothèses loufoques du genre « Anne-Violette » et on crève de rire.

Il est impensable que Zoey montre la bestiole à sa mère, les sangsues du genre, c'est connu, n'apparaissent pas sans raison, elles choisissent des cibles fautives, des enfants qui le méritent. Elles sont attirées par la maladie, le crime. C'est le mal en soi qui sécrète le secret, fait naître les vers et les chenilles gênantes, des insectes générés par les troubles du comportement, les méchancetés, les idées fuckées qui flottent dans la tête des enfants bizarres. Zoey sait qu'à cause de lui, certaines choses ne seront plus jamais les mêmes. Sa chambre dans le nouveau condo de son père est une grande pièce vide, sans livres, sans jouets, sans couleur. Son lit a une couverture d'adulte.

Ça bardasse au fond de l'autobus, ses voisins se mettent à genoux sur le banc pour regarder vers l'arrière. Anne-Violette rit fort en voyant que Sébastien Gagnon a ouvert son manteau pour le remplir de gants et de tuques qui lui font des seins comme un fille. Un foulard sur la tête fait office de perruque, et Sébastien Gagnon palpe ses faux seins en chantant « *j'ai des gros tetons, j'ai des gros tetons* ». Toute la bus est hilare, les rires enterrent la musique de Noël. Sébastien a choisi son moment, il sait que le chauffeur prendra pas la peine de se fâcher juste avant de les faire débarquer, ils sont à l'école dans deux coins de rue. Le plus jeune des frères Gagnon fait semblant de se maquiller en cassant les poignets et en poussant des cris aigus, ça fait rire tout le monde.

Quand ils se donnent en spectacle comme ça, Zoey peut regarder les frères Gagnon sans risque. S'il les croise dans les corridors, Sébastien et Pierre-Luc ne manquent jamais de faire des choses qui rendent Zoey inconfortable, un geste bizarre qui reste avec lui toute la journée. Les doigts sur la bouche ils sortent la langue de manière vulgaire. Ils éclatent de rire après l'avoir dépassé sans qu'il comprenne pourquoi. Si Zoey a le malheur de croiser leur regard, ils répliquent aussitôt : « T'es obsédé, ou quoi ? »

« Tu ferais une bonne fille, Sébasse », c'est son grand frère, Pierre-Luc Gagnon, qui le dit. Sébastien arrache le foulard d'un coup sec, secoue ses bras pour se défaire de son personnage. Il reprend une gestuelle plus sèche. Sébastien fixe le banc. Un sourire apparaît sur son visage. Il remet les mains sur ses faux seins, prend une pose vulgaire et lance très fort : « C'est moi : CHRISTOPHER OUELLET ! »

Christopher Ouellet est un dodu de cinquième qui parle avec une voix de fille, bouge comme une fille. Zoey lui ressemble, au fond, il est enrobé comme lui, il a une petite voix et il aime les choses de filles, c'est en voyant comment Christopher Ouellet est rejet dans son niveau qu'il a compris qu'il valait mieux ne pas en parler aux autres. Christopher est l'un des seuls de la bus à ne pas assister au spectacle des Gagnon, il continue de jouer au Game Boy terré au fond de son banc, rouge de honte. Zoey rit comme tout le monde, Sébastien Gagnon fait vraiment simple.

Avec le foulard sur la tête pour imiter des cheveux de fille, le visage de Sébastien est apparu sous un angle inédit, souligné par ses mouvements comiques. Zoey remarque le grain de beauté sur sa joue, incandescent. Son frère dit qu'il ferait une bonne fille au moment précis où Zoey pense la même chose. Ce qui différencie le visage de Sébastien de celui des filles, sa tignasse châtaine taillée aux ciseaux, son long corps de cinquième année, disparaît pour que s'impose un fait troublant :

les garçons et les filles ont les mêmes visages, ou presque. Zoey l'a déjà constaté en se costumant, en se mettant comme Sébastien un foulard sur la tête pour jouer la madame riche, avec ses bijoux, ses tours d'avion et ses promenades à cheval. Zoey a cru que c'était un défaut de son visage à lui, un défaut absolument honteux que les autres risquent de remarquer, mais Sébastien prouve que tous les garçons ont un visage caché, et toutes les filles des visages de garçon probablement enfouis sous leurs longs cheveux et leurs barrettes de *Mulan*.

La cloche sonne dans la cour de l'école André-Gagnon. L'édifice ressemble à une usine avec son vaste hangar d'un seul étage. Différents pavillons juxtaposés prolongent le bâtiment d'origine, plus élevé, cheminée protubérante et toit en pente. Des boules de tissu rembourré comme des sofas fourmillent, grimpent sur la montagne laissée par la déneigeuse, s'agrippent les unes les autres pour se bousculer dans un grand ravin au fond duquel on fait semblant de mourir. On parle du dernier épisode de *Jackie Chan*, ou énumère la liste de cadeaux demandés au père Noël. Des rangs d'élèves se forment, les éducatrices crient après les enfants lents.

Zoey avait oublié à quel point son sac était lourd. Il est autorisé à sortir du rang parce que sa mère lui a donné des denrées non périssables. Les pauvres ont une grande boîte juste pour eux dans l'entrée de l'école. Zoey n'a pas envie d'ouvrir son sac, il espère que le secret velu sera dissipé comme une hallucination – on lui dit souvent qu'il a beaucoup d'imagination.

La chenille est là. Un tuyau de plastique noir qui s'élargit vers la tête, le corps segmenté recouvert de poils disparates comme la peau d'un chien malade. Zoey libère trois conserves pesantes en prenant soin de ne pas toucher la bestiole. Il les dépose au fond de la boîte avec les autres conserves, les sacs de chips, les raisins secs et les boîtes de corn-flakes.

– 2 –

Gaëtan Guay est un grand monsieur droit comme un curé aux cheveux blancs peignés, la chemise rentrée dans les pantalons. « Gay », « gay », « gay », tout ce qui est nul est « gay » ; le qualificatif le plus utilisé pour les choses mauvaises, un mot comme une bulle de bain qui éclate et qui tache quand on pèse dessus. « Gay », Gaëtan Guay l'a deux fois dans son nom. Il est doublement gai, triplement tapette, ça nous rend fous, ça nous faisait cramper en hostie avant qu'il soit notre professeur, avant qu'on apprenne à connaître ce monsieur sévère à la voix grave qui ne rit jamais.

Gaëtan trouve que les amis sont pas mal dissipés ce matin, l'esprit des fêtes s'est emparé de la classe avant la période libre de l'après-midi. Tu mets du temps à enlever tes pantalons de neige, à attacher tes espadrilles, à t'asseoir à ta place. Tu parles trop fort. Gaëtan Guay se promène en parlant au « tu » et en distribuant des « chhuut ». Il n'y a personne à la case de Brittany, Zoey se demande si elle a attrapé la gastro elle avec. Il est en train d'attacher ses souliers quand Brittany arrive en se traînant les pieds, ses couettes molles défaites par son bandeau en polar. Elle a chaud et respire fort, elle a couru pour pas être en retard. Gaëtan Guay aurait sans doute nommé une autre reine de Noël si elle avait manqué la première période.

« Madame Girard-Juneau », siffle Gaëtan Guay avec une intonation suspicieuse, comme s'il s'apprêtait à l'enfermer dans le placard pour l'interroger pendant des heures. Le prof est fâché, mais il sourit ; il fait tout le temps ça, Gaëtan Guay, sourire quand il est fâché comme s'il était content d'être frustré, un sourire qui ne monte pas jusqu'aux yeux. Un énarvé hurle dans le local. Gaëtan Guay est appelé par le devoir, c'est plus fort que lui, il rentre dans la classe pour crier plus fort.

« Brittany a sent le skidoo. »

Zoey le dit fort sans s'attendre à quoi que ce soit. Par miracle, la phrase prend. Tous les enfants dans le corridor se mettent à rire. Brittany lui fait une face de what-de-fuck. Elle est sa plus vieille amie, ils se connaissent depuis la garderie et leurs parents font des soupers ensemble. Elle est sa seule vraie amie dans la classe, la seule à être venue à sa fête en octobre. Zoey est chanceux d'avoir fait rire les autres, mais son triomphe est corrompu par Brittany, par le bleu de ses yeux, comme une main froide qui te pogne le cou. Zoey est pris d'un sentiment désagréable, il voudrait se faire plus petit, rattraper les guêpes agressives qui se sont échappées de sa bouche pour les ravaler. Brittany le fait toujours sentir comme ça. Il voudrait s'excuser, mais ça rendrait encore plus vrai ce qu'il vient de faire.

« C'était juste une farce.

– J'ai jamais fait ça, du skidoo. »

Zoey hausse les épaules.

« Le skidoo ça sent comme le gaz d'auto, mais en plus fort. »

Brittany le sait. C'est quoi le rapport ? Zoey redit, cette fois avec un rire forcé : « C'était juste une farce ! Relax, Max ! »

On a décoré la classe, changé les décorations d'Halloween pour des décorations de Noël. L'odeur boisée du taille-crayon lui monte au nez, la réconforte. Brittany retrouve le bureau avec son nom dessus juste devant le calendrier de l'Avent géant qu'elle a bricolé en équipe. Il prend tout le babillard. La journée commence, comme tous les jours de décembre, par le tirage. Gaëtan Guay ouvre la dernière enveloppe, celle du 23, pour qu'on découvre qui formera le couple royal du jour – c'est évident que ça va être Brittany et Hassoun, c'est les seuls à pas encore avoir été nommés roi et reine de Noël. Hassoun était fou de joie ce matin au service de garde, il courait partout, avait hâte de voir sa photo sortir de l'enveloppe en forme de cadeau, hâte que le prof la colle au milieu de la couronne de sapin et encore plus hâte aux privilèges qui viennent avec : choisir en premier son activité de période libre, avoir accès au meilleur ordi, celui qui bogue pas, celui sur lequel on peut jouer à *Mia la souris*, manger le gros muffin glaçage bonhomme de neige préparé par la femme de Gaëtan Guay et rendre tout le monde jaloux, Brittany n'est pas énervée comme Hassoun, mais le voir trépider d'excitation la rend joyeuse. C'est sûr qu'elle aurait aimé que son tour arrive plus tôt dans le mois. Depuis le 1er décembre, elle prie à tous les jours pour être pigée, mais aujourd'hui, avec la période libre et les vacances qui s'en viennent, c'est une bonne journée pour être reine. À bien y penser, c'est peut-être la meilleure journée, la vraie, celle qui s'approche le plus de Noël.

Gaëtan Guay ouvre la première enveloppe : c'est la photo d'Hassoun, mal imprimée en noir et blanc. Il se lève, fier comme un prince, se pavane jusqu'au bureau spécial, dans l'alcôve formée par les bibliothèques, décorée par des guirlandes touffues et des lumières colorées. Hassoun a le sourire fendu jusqu'aux oreilles. Il est parti dans un autre monde, un univers de magie pure. Les guirlandes, les lumières, la poupée de père Noël luxueuse l'émeuvent, il n'en revient pas que ce soit son tour à lui. Il est pris d'un spasme, serre les poings et murmure un « *yiiiieessss !* » Le son aigu s'échappe sans qu'il le veuille, un surplus de joie qui déborde.

Brittany a hâte d'aller le rejoindre, c'est comme si tu avais une classe miniature pour toi tout seul. Elle a mis ses livres en pile devant elle, prête à se lever, à quitter son bureau pour de bon. Ne plus y retourner ne la dérange pas une seconde. Impossible qu'elle s'ennuie de son ancienne place.

Gaëtan Guay continue la pige. Il ouvre la deuxième enveloppe, puis retourne la photo et dévoile au groupe le visage de Justine Picard.

On l'avait oubliée, elle.

Justine Picard se lève, crisse de chanceuse, prend ses affaires et gambade jusqu'au deuxième bureau magique. Hassoun lui fait un signe de la main, entre royautés ils se reconnaissent. Ils ne sont pas amis d'habitude, mais aujourd'hui, ils sont alliés et ils le savent, lancés ensemble dans une formidable aventure.

Brittany observe les bureaux élus. Il y en a deux, seulement deux, et ils sont tous les deux occupés. La joie d'Hassoun ne l'amuse plus. Justine Picard a volé la place de Brittany qui est prise d'un désir très fort de la pousser en bas de sa chaise, mais Brittany sait qu'il ne faut pas envier les autres, pas leur tirer les cheveux ni déchirer leurs bricolages pour les faire pleurer. Les enveloppes collées sur le carton vert sont toutes décachetées, vides. Elle retient son souffle pour ne pas pleurer, défait sa pile de livres, range ses manuels dans son bureau, respire fort.

Noël arrive juste une fois dans l'année scolaire. Elle aura passé sa troisième année sans savoir ce que ça fait, d'être reine. Sans goûter au muffin bonhomme de neige.

Le prof commence sa leçon, un cours de français, mais on va parler aujourd'hui de l'histoire de Noël, c'est quoi, comme fête, d'où ça vient, toutes ces choses-là. Noël c'est le moment où tu reçois les Playmobil, les Lego, les Barbie, les extensions de *Sims* que tu as demandées. Gaëtan Guay n'est pas d'accord. Il pense que Noël c'est pas seulement les cadeaux (quand il était petit on donnait des oranges et du charbon aux enfants), Noël c'est la naissance du petit Jésus, la petite crisse de crevette entre le bœuf et l'âne gris. Jésus dans sa crèche nous a dit quoi ? Jésus nous a dit que le plus important c'est l'amour, de se retrouver ensemble en famille dans l'amour.

« FAIRE L'AMOUR ! » crie Simon Gélinas.

Toute la classe éclate de rire. Gaëtan Guay fait son regard de diable libéré des enfers, il écrit au tableau « SIMON » et met un gros « I » à côté. Il n'a pas besoin de nous expliquer ce que ça veut dire.

On fête Noël dans tous les pays, mais c'est très différent selon les cultures. Justine Picard lève la main pour dire qu'elle passe Noël au Mexique, et que Noël, là-bas, c'est pareil qu'ici.

Personne n'ose parler. On ne sait pas grand-chose du Mexique à part que c'est l'endroit où il fait chaud et où les gens vont voir des pyramides maya pis manger des fajitas piquantes. Les grands-parents de Zoey sont allés, une fois, ils lui ont rapporté une belle serviette. Zoey se demande pourquoi la famille de Justine Picard s'en va là-bas pour Noël, ça doit être bizarre, Noël sans neige. Il y a des enfants comme ça, dans la classe, dont les familles partent pour les vacances, en France, aux États-Unis, à Disney World. Après ils reviennent et passent leur temps à raconter des affaires qui ont l'air ben ordinaires en disant qu'on peut pas comprendre si on n'est jamais allés.

Gaëtan Guay demande à Hassoun comment sa famille occupe le temps des fêtes. Hassoun vient d'être nommé roi de Noël, sa fierté l'enivre et il n'a pas envie de parler. Hassoun est en morale plutôt qu'en religion, ça veut dire que ses parents ne croient pas au petit Jésus, au lapin de Pâques, à Cupidon, au père Noël et aux choses comme ça. Quand vient le cours de catéchèse, Hassoun quitte la classe avec trois autres enfants, Laëtitia El-Khouri, Timothée Munger et Vincent Spence, ils ont leur propre cours avec leur propre prof avec qui ils font des activités plus cool que nous-autres.

Ce qu'Hassoun n'a pas envie de raconter à Gaëtan Guay, c'est qu'il ne connaissait pas, avant la maternelle, la fée des étoiles, ni les anges ni les rennes. Il savait ce qu'était Noël, pour avoir vu la fête dans tellement de films, mais sa famille n'a jamais organisé de gros soupers le 24 décembre, avec les montagnes de cadeaux et toutes les tantes, les oncles, les cousins et les cousines. Gaëtan Guay lui demande de parler, mais un roi des fêtes, c'est libre de faire ce que ça veut. Hassoun ne veut pas expliquer devant tout le monde que c'est seulement en maternelle qu'il a fêté son premier Noël.

« Hassoun ? »

Gaëtan Guay attend une réponse, il le fixe de ses grands yeux bleus mal intentionnés. Hassoun n'est plus à sa place de roi des Fêtes, non, il est dans la classe de maternelle de Mme Jacinthe, deux ans plus tôt, à son arrivée à Chicoutimi, en ligne pour le quizz avec les autres enfants. Son tour arrive, il a mal au ventre. Le dernier enfant retourne s'asseoir à sa place et Hassoun s'avance vers Mme Jacinthe. La professeure demande : « Où se trouve l'atelier du Père Noël ? » Tous les autres enfants le savent, se tortillent en levant la main. Le Père Noël, c'est le vieux barbu terrifiant qu'on voit partout, Hassoun l'a croisé une fois au centre d'achat. Mais l'atelier ? À cinq ans, ça ne lui dit rien. Il murmure une réponse que personne n'entend. La professeure le fait répéter et il redit plus fort :

« À l'Alcan. »

Toute la classe rigole, même les plus sages sont pris de grands spasmes exagérés. Sa professeure de maternelle, la belle et grande et douce Mme Jacinthe, affiche un sourire moqueur.

« Le père Noël travaille à l'Alcan ? Il fait ses jouets en aluminium ? »

Hassoun décrypte le même air amusé sous le masque neutre, sérieux à mort, de Gaëtan Guay. Sur son trône festif recouvert d'une grande cape rouge qui donne chaud aux fesses, il sent que sa place est menacée. Si la classe apprend qu'ils ne célèbrent pas Noël comme les autres, que la fête est somme toute récente dans la tradition familiale, on risque de remettre en question son privilège, son droit souverain. Pire : on risque d'exiger qu'on le détrône, qu'on lui vole son muffin. Gaëtan Guay, assailli par les protestations de la foule, donnera le poste de roi à un autre élève, c'est certain.

Qu'on le questionne si l'on veut, Hassoun sait tout de Noël. Il connaît toutes les chansons par cœur, il connaît dans les grandes lignes l'histoire du petit Jésus, des amis de la classe lui ont racontée et il l'a vue dans les capsules qui jouent le matin à la télé, il sait même qu'une version méchante du Père Noël existe, qu'on l'appelle le père Fouettard et qu'il enlève les vilains enfants pour les donner à des drogués pédophiles.

Hassoun rassemble tout son courage et répond à Gaëtan Guay : « On fête Noël normal, là.

– Vous êtes chrétiens ? »

Hassoun fait « non » de la tête. Sa fierté de roi de Noël lui bloque la gorge, aucun mot ne sort. Il ne donnera pas l'occasion aux autres de rire en parlant des choses bizarres que font ses parents. Gaëtan Guay veut l'humilier devant tout le monde, mais Hassoun est orgueilleux, fier de son orgueil. Il mesure son privilège : être roi de Noël te permet d'échapper à presque tout, même aux questions carnivores de Gaëtan Guay.

Le prof est pensif.

« D'accord. »

Il passe à autre chose.

– 3 –

Gaëtan Guay va lire un conte avant la récréation. Ensuite, on va avoir un test de compréhension qui va se transformer en concours. Il sort un vieux livre de Noël à la couverture maganée et nous lit l'histoire d'une fillette qui vit la vraie joie de Noël en réunissant sa famille dispersée. Les oncles, les tantes qu'elle n'a pas vus depuis des années se retrouvent dans sa maison. Même s'ils n'ont presque rien à manger et que son père est revenu blessé de la guerre, au moins ils sont ensemble. C'est émouvant, même Gaëtan Guay a des émotions. On remarque ses larmes. Jamais on n'aurait cru que notre professeur tyrannique était capable de pleurer.

La famille, c'est tout ce qui compte. Ça peut sauver une vie. La guerre, le malheur, la pauvreté, tout ça n'existerait plus, selon Gaëtan Guay, si on prenait le temps d'aller voir nos grands-parents dans leurs foyers. On n'accorde pas assez d'importance aux liens humains. Il y a des gens qui sont seuls. Des gens seuls le soir de Noël, c'est la chose la plus terrible au monde, d'après Gaëtan Guay. Le plus grand malheur qui existe. Un jour, vous allez devenir vieux vous aussi. Aimeriez-vous ça, être seuls pour Noël ? Prenez soin de vos familles. Quand vous serez vieux, vous allez avoir vos propres enfants, vos propres petits-enfants. C'est eux qui vont venir vous voir. Vous allez réaliser comment c'est important.

Gaëtan Guay range le livre. Il pose des questions simples sur l'histoire qu'il vient de raconter, tout le monde lève la main (tu peux gagner un vraiment beau suçon jujube de *La Bonbonnière*, un magasin dispendieux de la place du Royaume). Zoey ne connaît aucune des réponses. Il réalise qu'il n'a rien écouté de l'histoire parce qu'il s'amusait, pendant que Gaëtan Guay lisait, à se perdre dans ses pensées, à jeter des petits objets, des branches, des roches dans ses remous intérieurs. Une turbulence s'installe pendant le tirage. Zoey sent la pluie arriver. La tempête lève dans sa poitrine, l'eau coule partout, les rivières débordent, une grande vague se forme en lui, il s'efforce de la contenir, de ne pas trop gigoter sur sa chaise, mais ça veut sortir. Il se balance, a la nausée, il mordille son crayon. La surcharge électrique est trop grande, il va vomir. Il se lève et renverse son bureau, sort des livres, donne des coups de pied sur sa chaise. Le bureau résonne comme un tambour de guerre. Zoey pleure comme un bébé, ça fait rire les autres, il échappe des cris aigus. Plus il se fâche, plus il a l'air d'une fille, plus il bouge et crie comme une toute petite fille. En voyant l'air amusé de ses camarades, Zoey se fâche plus fort.

Depuis quelques mois, il perd le contrôle. Une créature diabolique, un esprit malveillant s'empare de son corps et agit à sa place, Zoey sent la présence étrangère sous sa peau, elle enfle comme si elle voulait déchirer la membrane qui lui sert de cocon, sortir pour tout détruire. Il gigote pour apaiser la bestiole qui couve en lui. Pour se calmer, le mieux est de ressentir de la douleur. Zoey frappe jusqu'à ce que son pied engourdi secoue sa cervelle, qu'il tombe dans un état hypnotique et que la créature se nourrisse des turbulences et des douleurs – elle raffole de tout ce qui est mauvais pour lui, s'il ne fait rien, s'il refuse de lui donner ce qu'elle exige, le corps de Zoey devient translucide, il perd sa matérialité, sa concrétude. Zoey risque de ne plus être capable d'attraper les objets, de toucher, de sentir la matière sous ses doigts. Il risque de s'effacer, de devenir invisible. Déchirer un cahier d'exercice, botter son porte-crayon lui donne la certitude éphémère d'exister. La toux se mélange aux pleurs, il grogne, renifle, s'étouffe, chavire les objets et fait tomber le Père Noël précieux sur le plancher. Hassoun se lève pour le ramasser. Un grand coup de tonnerre éclate.

« ZOEY ! »

Gaëtan Guay déclame son nom de sa voix grave. Une main immense lui serre la nuque. Trop fort, ça lui fait mal. Il s'assoit par terre pour lui échapper. Gaëtan Guay envoie les amis à la récréation, Zoey est obligé de rester dans la classe.

Dans la grande salle vide les lumières sont fermées. La journée neigeuse donne une atmosphère bleutée à la pièce quadrillée par les bureaux déserts, cerclés par des buissons de jeux de société et de postes informatiques. Zoey fixe ses mains avec attention. Elles sont à plat sur ses genoux. Il a l'air incrédule, comme s'il n'arrivait pas à croire que ses bras se trouvent bel et bien sous ses yeux. Gaëtan Guay est sorti, mais il ne va pas tarder à revenir le voir pour lui poser des questions, lui demander ce qui va pas et Zoey va être obligé de parler. Même si c'est juste pour dire que tout va bien, il va devoir parler, et Gaëtan Guay va entendre dans sa voix que tout ne va pas. La voix de Zoey trahit toujours ses mensonges, les émotions qu'il essaie de cacher, sa voix ridicule, qui devient plus aiguë quand sa gorge serre. Aucun autre enfant de son âge ne fait des crises comme Zoey – sauf ceux en adaptation scolaire. Zoey se demande ce qui le différencie des handicapés, qui ont leur propre couloir, leurs propres professeurs et leurs propres salles de classe, munies d'enclos matelassés et de jouets sur lesquels on peut baver. Plusieurs élèves en adaptation scolaire ont l'air normaux, ils parlent français et aiment les mêmes choses que les élèves des classes régulières. Qu'est-ce qui dit que Zoey n'est pas lui-même un adaptation scolaire pas encore découvert ? Que les enfants qui le traitent d'« ortho » quand il fait ses crises n'ont pas, au fond, raison ?

Gaëtan Guay traverse la classe. Il affiche le même sourire pétrifié, imprimé dans les muscles de son visage, un sourire qui ne se rend pas jusqu'aux yeux. Il rejoint son bureau, tout au fond. Zoey attend longtemps, le temps qu'il faut pour construire un édifice, pour raser une forêt, pour que la poussière recouvre les objets silencieux.

Zoey ferme les yeux.

Dans le noir derrière ses paupières, un corridor apparaît. Un tunnel ondoyant qu'il visite. Zoey n'est plus dans la classe, il se téléporte dans les cavités vides et sombres de sa tête. L'espace intérieur de Zoey ressemble à un grand dôme aux murs, au plafond et au plancher peints en noir. La structure est soutenue par des arches travaillées, si hautes que Zoey n'en distingue pas le sommet. Dans la salle, chacun de ses pas résonne en écho. Le Dôme donne le vertige. C'est un refuge froid, l'espace sombre, sans porte et sans fenêtre le rassure, lui permet d'échapper aux lumières aveuglantes du jour, de se couper du reste du monde. Le Dôme protège des remous, des tumultes orageux qui coulent sur le toit, alors les bruits, les cris et les reproches lui parviennent de loin, étouffés, inaudibles.

Sur l'une des parois se trouve un trou circulaire, une ouverture percée dans un mur, toute petite, dans laquelle Zoey peut insérer un doigt. Il ne voit rien s'il regarde par l'ouverture ; de l'autre côté, l'obscurité totale. Des sons coulent par ce trou, des voix effrayantes, il colle l'oreille, entend les paroles sérieuses, les voix d'adultes trop nombreuses, cacophoniques, dire des choses qui font peur. Des reproches. D'autres choses. Difficiles à comprendre. Des murmures, des voix qui chuchotent dans un espace inconnu, des tessitures spectrales qui demandent libération. Elles lui foutent la chienne. Zoey ne devrait pas s'approcher de la brèche, mais il est attiré par les chuchotements envoûtants. Les voix du Dôme édictent ses fautes, les énumèrent une par une, parlent des larmes de sa mère. Qu'est-ce que Zoey a fait pour lui briser le cœur ? Quand elle va apprendre pour sa crise… Zoey ne manque pas d'inventivité quand il est temps de faire mal, de blesser les autres. Son ventre est un nid de guêpes, elles s'échappent de sa bouche pour piquer avec leurs dards empoisonnés, comme tout à l'heure avec Brittany. Les insectes meurtrissent même celles et ceux qu'il aime, ce nid assourdissant caché au fond de lui-même – les autres enfants n'ont pas cette colonie étrange qui les ronge, ils n'ont pas de secret désagréable, une sangsue noire qui les suit partout.

Zoey a une idée. Il revient une seconde à la vie consciente, la salle de classe vide, ouvre son sac Lavoie, attrape sa chenille rugueuse de secret. Elle grouille. Il retourne dans le Dôme, Gaëtan Guay n'a rien vu. C'est l'endroit idéal pour se débarrasser du ver une fois pour toutes. Zoey jette l'insecte par terre, le corps gigote, se gonfle puis s'étire. Il prend une inspiration courageuse, écrabouille la bestiole. Le ver craque, foire, se brise sous son espadrille. Zoey termine à deux pieds pour réduire en miettes son adhérent secret. Les morceaux de carapace fragile gisent au sol comme des feuilles d'automne, la sécrétion blanchâtre de la chenille se mêle à la poudre cendreuse. Il creuse sommairement, recouvre les restes.

La cloche sonne. Gaëtan Guay est encore à son bureau, corrigeant des copies. Son monstrueux sourire de bouche fermée ne le quitte pas. Son visage est plissé, des grandes lignes se dessinent sur ses joues, sur son front. Il doit penser à des choses qui l'amusent : des enfants embrochés qui cuisent sur le feu. Dans une minute, les autres arriveront dans la classe, la rumeur qui placote au loin se fait déjà entendre, comme une marée qui monte, les voix empliront bientôt toutes les cavités, chacun des abris.

Peut-être que Gaëtan attend que Zoey aille le voir. Qu'il ne dit rien parce que Zoey est censé faire quelque chose. L'enfant pousse sa chaise, marche vers le bureau du prof en fixant les petites roches taillées du plancher terrazzo. Gaëtan Guay lève les yeux.

« Est-ce que je t'ai donné l'autorisation de quitter ta place ? »

La voix de Zoey est renfrognée, comme s'il refusait de parler tout en émettant des sons.

« C'est parce que j'ai quelque chose à te dire.

– Je t'écoute. »

Ça lui prend du temps. Zoey hésite, puis :

« Tantôt pendant la pige t'as oublié Brittany. Elle a jamais été reine de Noël.

– Va te rasseoir. »

– 4 –

Brittany sait pourquoi son ami fait des crises depuis le début de l'année, il voudrait que ses parents reviennent ensemble, mais ça n'arrivera jamais, la mère de Brittany en est sûre et certaine. Le père de Zoey s'est même fait une autre blonde l'été passé, elle avait un garçon trop cool, un plus vieux qui lui apprenait plein de choses bizarres. Zoey les raconte parfois à Brittany, en secret au fond de la cour d'école, avec une drôle de lueur dans les yeux, des vérités au sujet des adultes, qui mènent une double vie, leur cachent toutes sortes d'affaires, se couchent ensemble dans des lits pour faire des choses que Brittany n'a pas comprises avec leurs sexes mouillés, trempés dans le parfum.

En retournant à sa place, Brittany se rend compte que ses livres ne sont plus sur son bureau. Elle se tourne vers Gaëtan Guay pour dénoncer un vol, une disparition. Le prof lui fait un petit signe. Dans l'alcôve hivernale, les bibliothèques scintillent dans la brume des fêtes. Les guirlandes font descendre des centaines d'étoiles filantes sur trois bureaux. Trois ? Brittany compte. Un, deux, trois. Elle s'approche d'Hassoun et de Justine Picard. Entre eux, une place a été ajoutée. Une feuille d'imprimante porte son nom, son nom à elle. « BRITTANY » : les caractères sont plus vifs que les brillants et les feux multicolores qui éclatent autour.

Justine Picard boude, elle n'a pas envie de partager son privilège, on l'a privée de quelque chose. L'espace devient moins spécial, son rôle moins important.

La deuxième période commence. Gaëtan Guay s'avance vers le tableau, toute la classe retient sa respiration, il écrit « Zoey » à la craie et met trois barres, « III », juste à côté. Il a attendu le début du cours pour qu'on comprenne qu'il y a des conséquences quand on fait simple.

Tout le monde regarde Zoey pour voir s'il va éclater, si la fureur va prendre le contrôle de son corps et s'il va faire toutes sortes de choses intenses, genre lancer ses affaires dans le ventilateur ou pitcher ses livres sur le prof. On aime qu'il fasse toutes ces choses interdites parce qu'elles nous défoulent, nous font du bien.

Zoey reste calme.

– 5 –

L'école est peuplée de créatures de la pire espèce et les adultes ne font rien. Il y a les fantômes de la bibliothèque. L'infirmière du vide sanitaire – on l'a vue une fois, en ouvrant la trappe dans le rangement du gymnase, nous courir après avec des aiguilles souillées. Il y a la momie dans la remise au fond du terrain. Le monsieur louche qui promène ses légumes dans une poussette. Tout le monde sait qu'il injecte de la drogue dedans, plusieurs familles du quartier sont décédées parce qu'elles lui ont acheté des oignons empoisonnés et les adultes ne font rien. Quand tu regardes assez longtemps dans les trous de l'asphalte, entre les morceaux de saleté et la neige compactée, tu peux voir des visages d'enfants morts. Ils tournent et descendent jusqu'aux profondeurs terrestres. Sous notre école se trouve un grand cimetière d'enfants, c'est connu, même si les adultes refusent de l'avouer pour ne pas nous faire peur. Zoey les voit. Le trou est profond, il a la sensation de scruter un paysage, un océan, les bras d'enfants morts se tendent vers lui, ils n'ont plus de cheveux, plus de sourcils, ces visages aux yeux tristes qui tourbillonnent.

Les frères Gagnon descendent de la butte de neige, viennent vers lui en courant avec des sourires malveillants, ce n'est pas une bonne nouvelle. Zoey n'a rien demandé, il joue tout seul dans son coin.

« T'es tellement amoureuse de nous qu'on t'a faite un cadeau. »

Zoey ne répond pas. Il anticipe la suite, se demande quelle sorte de niaiserie ils ont bien pu trouver. Il prend l'objet enrobé dans une boule de feuilles lignées, ouvre le paquet. Un Game Boy Advance. La console est petite, rouge, lourde. Zoey se demande si elle fonctionne, il l'allume. L'écran couleur affiche le logo de Nintendo.

« C'est mon vieux, j'en ai plus besoin. »

Pierre-Luc le regarde avec ses yeux de loup, Zoey ne sait pas comment interpréter le geste. Les frères Gagnon seraient-ils capables de gentillesse ? Ils possèdent plusieurs Game Boy, et cherchent simplement à se débarrasser de leur ancien. Quelque chose grince dans ce scénario. Peut-être que l'esprit de Noël leur donne envie de racheter leurs méfaits, de se faire pardonner d'avoir enfermé Zoey dans la toilette de la garderie pendant le midi, l'autre jour, de l'avoir poussé en bas des marches de l'autobus, de lui répéter tout le temps qu'il est une tapette, une vraie fifille.

Pierre-Luc est plus gentil, moins turbulent, moins cruel que son frère. Pierre-Luc, c'est celui qui demande à Sébastien d'arrêter quand il prend un autre enfant par le collet, quand il nous court après pour nous bardasser. Ses yeux bleus pourraient paraître gentils s'il n'avait pas autant l'air d'une fouine.

Les boucles frisent sous sa casquette, chatouillent ses oreilles rouges. Il s'en va au secondaire l'an prochain. Il est prêt à passer à autre chose. Ça paraît.

Zoey a toujours rêvé d'avoir un Game Boy, Zachary, le fils de l'ancienne blonde de son père, son ami d'un été, en avait un et ils pouvaient passer des heures, les visages collés l'un sur l'autre, à jouer à *Pokémon Gold* sur le petit écran. Sauf que ses parents à lui trouvent ça niaiseux, bien trop cher. On a plein de films à la maison, plein de jeux d'ordinateur. Ils comprennent rien. Un Game Boy, c'est la fin de l'ennui, la possibilité de jouer n'importe où et n'importe quand, un univers dans sa poche. Zoey voit des enfants jouer à *Donkey Kong* ou à *Super Mario* dans la salle d'attente du dentiste, dans l'autobus, dans la voiture pendant que leurs parents sont après mettre de l'essence.

« Regarde la cassette », ordonne Sébastien.

Zoey sort le jeu *Barbie Espionne*. Un jeu de fille.

« C'est un jeu de fille. »

Le plus jeune des frères Gagnon rit et fait des manières.

« Si tu joues trop tu vas te transformer en Barbie. »

Pierre-Luc lui fait un salut militaire avant de partir en courant, suivi par son frère.

Zoey se fout du jeu qui se trouve dans le Game Boy, il sait que les jeux coûtent moins cher que la console.

(Il ne le dit pas aux frères Gagnon, mais il aime les Barbie, il en a plusieurs dans un bac dans sa chambre, il les recevait en cadeau quand il était plus jeune, des dentistes, des aventurières, des Esmeralda, il en a reçu au moins dix avant que son père décide qu'il est trop vieux pour les jouets de filles, qu'il se mette à lui acheter des GI Joe, des soldats athlétiques, droits et musclés sous leur uniforme vert.)

Zoey a mal jugé les Gagnon, surtout Pierre-Luc. Le sixième année est de son côté. Une sorte d'ami discret qui veille sur lui, comme un grand frère ; à part Zachary – qui ne compte pas vraiment –, Zoey n'a jamais eu de grand frère ou de grande sœur, mais c'est comme ça qu'il les imagine, confiants, tyranniques parfois, mais généreux et protecteurs au fond. Sébastien est gossant à mort, c'est vrai, mais Pierre-Luc est plus cool. Il a sans doute remarqué que Zoey est l'un des seuls enfants au monde à ne pas avoir de Game Boy pendant les journées pédagogiques. Pierre-Luc a tout vu aller, il a gardé sa vieille console en se disant que ça ferait plaisir à Zoey. Et il vient de lui donner. Zoey est pris d'un vertige. Tout lui semble possible. Pour Noël, cette année, les choses les plus improbables risquent d'arriver.

– 6 –

Les éducatrices de la garderie de l'école sont fâchées noir. Elles marchent en rond dans toutes les directions, se font des réunions secrètes pour établir un plan. Claudette jure que personne va quitter le local tant qu'on retrouve pas le Game Boy de Christopher Ouellet, la grosse tapette se tient les épaules voûtées, on se demande s'il est triste de s'être fait dévaliser ou s'il a honte de se trouver devant tout le monde, aux côtés des éducatrices qui jouent les polices.

« S'il faut qu'on fouille les cent vingt-cinq sacs à dos ici dedans, on va le faire. Tant que personne vient pas nous dire qui c'est qui a volé, personne sort d'ici. Tant pis pour vos périodes libres. »

Des gouttes de bave volent jusqu'au fond du local. Les lunettes de Claudette sont mal posées sur son bec, ses yeux jaunes sont prêts à lui sortir du crâne et ses cheveux nerveux, courts et frisés forment une boule encore plus compacte que d'habitude. Quand elle sourit, parfois, elle laisse apparaître une dent en or. Claudette trouve que les enfants sont de pire en pire. Juste cette année, on a eu un vol, un enfant enfermé dans les toilettes, un autre a frappé le concierge au sang, une jeune fille a volé le manger d'un adaptation scolaire. Depuis cinq ou six ans, c'est vraiment de pire en pire, les enfants de nos jours sont effrontés, les parents ne les éduquent plus. Depuis dix ans, les enfants sont tourmentés, de petits bandits de sept, huit ans. On trouvait pas ça quand Claudette a commencé. Depuis quelques années, les enfants sont des petites terreurs, c'est la télévision, les jeux vidéo les transforment. Ils savent plus distinguer ce qui est bien ou mal, on leur a jamais appris la politesse, ils pensent pouvoir tout faire ce qui leur passe par la tête sans recevoir de conséquences. Quand tu les punis, ils te rient dans la face et les parents les défendent. Ça va être beau à l'adolescence quand la drogue, les hormones vont rentrer là-dedans, s'emparer de leurs corps et les pousser dans des vices épouvantables comme les jeunes de Montréal.

« La prochaine personne qui chuchote à son voisin, lance Claudette, a s'en va manger avec les handicapés jusqu'à la fin de l'année. »

Zoey cache le Game Boy dans sa boîte à lunch, le beau Game Boy que lui ont donné les frères Gagnon. Il enrage. Surtout contre Sébastien. Zoey est niaiseux d'avoir cru que cet enfant méchant pouvait lui faire un cadeau, il a envie de crier contre lui, de le dénoncer, mais il ne voudrait pas que ça retombe sur Pierre-Luc. Peut-être que le plus vieux des Gagnon ignorait que c'était le jouet de Christopher Ouellet, que Sébastien a trompé tout le monde, y compris son grand frère ; sans savoir qu'il était volé, Pierre-Luc a voulu lui faire le cadeau d'un beau Game Boy qui fonctionne, il a souhaité faire plaisir à Zoey, et sa bonne intention a été sabotée par Sébastien.

Le silence plane dans la salle à manger. Claudette et les autres éducatrices scrutent chaque mouvement des enfants qui mangent, l'air piteux. Personne n'est au courant de rien, sauf Zoey et les deux frères. Les Gagnon n'ont pas avantage à parler : on saurait automatiquement qu'ils sont impliqués dans cette histoire. Claudette doit déjà les suspecter. Les trois quarts du temps, quand on découvre un méfait et qu'on ignore qui l'a commis, on finit par découvrir que c'étaient les frères Gagnon.

Les élèves poireautent dans le service de garde transformé en cachot. Toutes les activités de Noël sont annulées. Certains enfants pleurent en silence, ont envie d'appeler leurs parents pour qu'ils viennent les chercher, mais si tu ouvres la bouche, c'est direct chez le directeur. Claudette a fermé les lumières pour que l'atmosphère soit plus pesante. Flottent dans l'air des poussières grises, des écailles arrachées au sol par l'écrasement d'un météore. L'éducatrice ressemble à une corneille sur son perchoir. Elle attend le moment idéal pour sauter sur sa charogne. Ses yeux lasers passent d'une table à l'autre. Dès que tu respires un peu trop fort, que tu bouges de travers, ses grandes billes se posent sur toi et t'éclairent comme des projecteurs. Quand scintille la dent en or, ça veut dire que t'es à un cheveu d'être déclaré coupable, même si t'as rien fait. La culpabilité véritable ne change pas grand-chose dans son système de justice, Claudette l'explique elle-même : « Si personne dénonce le voleur, ça veut dire que tout le monde est coupable. »

On ne comprend pas sa logique, mais on ne dit rien.

L'hostie de Christopher Ouellet est là devant tout le monde à regarder ses camarades dans les yeux. Il ose tenir sa tête droite, le maudit fif de marde de cul. Claudette lui offre une vengeance et il en profite. Une seconde plus tôt, il souriait ; il a pas l'air trop triste pour quelqu'un qui s'est fait « voler ». La vérité, on le sait, c'est qu'il s'en fout : ses parents vont lui en acheter un autre. Tout ce qu'il veut, c'est se venger le jour de Noël. Le jour de la période libre. Une vengeance de lâche. S'il était pas protégé par Claudette, on l'écraserait.

Le climat de terreur règne dans la garderie. Quelqu'un se met à gigoter sur son banc. Aussitôt, le radar impitoyable de Claudette repère l'enfant turbulent et décoche son nom, une fléchette empoisonnée qui rétablit le silence.

« Jérémy Mollen ! »

« Marc-Antoine Gariépy ! »

« Anne-Violette Pelchat-Girard ! »

« Non, tu peux pas y retourner, aux toilettes. Tu viens juste d'y aller ! »

La tête de Zoey tourne, le yoghourt, les raisins secs pompent leur sucre dans son estomac, une excitation incontrôlable presse dans ses veines, il aurait envie de se lever pour crier, monter sur les tables, courir partout, renverser les chaises, les cabarets, cracher sur Claudette, lui faire des fuck you, lui donner des coups de pied dans le cul. Il ferme les yeux et glisse dans le Dôme. Il est propulsé à toute allure, atterrit à genoux sur le sol sableux. Les grandes voûtes l'apaisent. Résonne un silence mousseux, confortable. L'éloignement rend insignifiant le regard vampirique de Claudette.

Il erre dans la pièce ronde en caressant les murs poudreux. Au centre, la terre est remuée, et Zoey repère les vestiges du trou qu'il a creusé plus tôt, dans la classe de Gaëtan Guay, pour enfouir sa sangsue noire. Le Dôme l'éloigne de la réalité injuste. Ici, toutes les choses très graves perdent de leur urgence. Les reproches parlent d'une voix lointaine. Zoey sait d'où ils viennent. Il trouve l'ouverture ronde dans le mur, à peine plus grande que son pouce.

C'est que t'as fait ?

J'ai honte de toi.

On t'a pas élevé comme ça.

Faut l'amener voir le psychologue.

Veux-tu ben me dire que c'est qui se passe avec lui ?

Zoey est une vilaine chose, les particules de honte s'accumulent, s'agglomèrent pour former une grande statue accusatrice. Il vole, maintenant ? Une autre affaire à ajouter à la liste de ses bêtises. Zoey est un enfant troublé, irrécupérable, du genre qui va pas au secondaire, se ramasse direct à l'Institut Saint-Georges. Ce matin, il faisait pleurer sa mère, ensuite il foutait le bordel dans la classe, brisant la belle journée de Noël préparée par Gaëtan Guay, et maintenant il gâche la vie d'un pauvre garçon qui se fait écœurer par tout le monde. Zoey devrait être à sa place, il est aussi pire que Christopher Ouellet, au fond, c'est juste qu'il le cache mieux. Zoey a développé un talent remarquable pour leurrer les autres, on ignore à quel point il est vicié, pourri, il camoufle avec un parfum fabriqué toutes les horreurs puantes qui se décomposent dans son ventre. Certains adultes ne sont pas dupes, Gaëtan Guay voit clair dans son jeu, il a percé son masque comme personne avant lui. Il sait que des horreurs moisissent sous sa peau, dans sa tête, que

Zoey a les pensées les plus troublantes. On le traiterait de fou s'il les partageait aux adultes. Les idées noires naissent dans les racoins les plus infâmes de ses corridors intérieurs. Zoey les garde en dedans et les images perturbantes se diluent dans son sang. Quand il se concentre, Zoey peut sentir le sang sale, impur, malade qui coule dans ses veines.

Zoey passe son temps à lire ou à jouer à l'ordi, son père lui reproche de pas aller dehors. Pourquoi il a arrêté le karaté ? Il mange trop, comme Christopher Ouellet. Si ça continue, Zoey va finir son primaire sans personne à qui parler, avec rien d'autre qu'un Game Boy comme ami. Comme l'hostie de tapette qui fait son pense-bon devant toute la garderie. Avant, Zoey courait dehors à longueur de journée, mais il ne joue plus beaucoup avec les voisins. Zoey ne déballe pas ses galettes à la confiture de fraise, il a peur d'engraisser, comme le dit son père. Zoey mange trop, il le sait, son père lui répète tout le temps. Ça commence à lui faire des petits seins de fille comme à Christopher Ouellet. Sébastien Gagnon, l'autre jour, l'a remarqué. Zachary aussi. Il en riait quand Zoey enlevait son tee-shirt pour se baigner dans le lac. Des tetons de fille, Zachary les pointait en riant, montrant fièrement son corps d'échalote qui laissait apparaître de minces muscles, les lignes en échelles osseuses des côtes, la voûte du ventre plat. Du corps de Zoey, on ne verrait jamais aucun muscle tant tout était pris dans le gras.

Avant même de rencontrer Zachary, le père de Zoey lui avait longuement parlé de lui, racontant comment le fils de sa nouvelle blonde (le mot fait grincer des dents, *nouvelle* blonde) est intelligent, et gentil à part de ça, un sportif. Il a une maturité impressionnante pour un enfant de son âge, fin, serviable. Zoey s'était rendu chez Cindy avec un mal de ventre, un mélange d'excitation et de crainte – et si Zachary ne l'aimait pas ? Son père serait déçu. Il était terrifié de rencontrer ce garçon plus vieux, Zoey n'avait jamais fréquenté de cinquième année à part les grands de l'autobus. Zachary est ravi de le voir, il l'amène tout de suite dans sa chambre pour lui montrer sa collection de souvenirs de voyage, installés sur une tablette en bois qu'il a posée tout seul, des trésors d'autres pays visités avec son père ou ses grands-parents, des figurines sculptées dans du bois d'olivier, des colliers de perles bleues, des coffres remplis de pièces étranges, comme des galions de pirates – de l'argent d'autres pays. Zoey a déjà entendu les noms de ces mondes lointains qui résonnent dans sa tête. Là-bas, Zachary a dégusté des mets étranges, il a fait des tours d'éléphant, des promenades dans la jungle et dormi dans un château, une fois – non, les chevaliers n'existent plus, a-t-il répondu en riant à la question naïve de Zoey.

Zoey avait tremblé d'une vibration de joie pure au contact de Zach. En jouant avec lui, en écoutant ses histoires, en embarquant dans ses mauvais coups, Zoey s'était bonifié d'une substance, d'une intensité et d'une fureur atténuant son encombrante timidité. Il se tenait plus droit. Zachary était tellement doué, tellement libre, tellement brillant, courait plus vite, connaissait des milliers de choses dont Zoey n'avait jamais entendu parler. L'admiration de Zoey pour Zachary était un remède précieux, enfin quelqu'un l'encadrait, lui montrait la voie pour devenir un enfant appréciable. Son père posait sur lui un regard fier. Zachary serait son professeur de normalité, à son contact, il apprendrait à être admirable et aimable comme le fils de Cindy. En pensant à lui, Zoey ressentait une vague de chaleur, de pure admiration. Zachary allait le sortir de lui-même, le mettre sur la bonne voie, il voyait pour lui, connaissait la route pour deux, récompensait ses bons comportements par des gestes complices, des secrets partagés. Zoey apprenait vite : les meilleurs films, les noms de Pokémon légendaires et les attaques les plus fortes dans *Zelda*. On ne pouvait pas poser plein de questions, il fallait exécuter, apprendre par l'expérimentation et par l'action, et surtout, ne jamais en parler aux adultes – Zach aimait s'imaginer comme un rebelle dont l'empire des parents désapprouverait les méthodes.

Le fils de Cindy avait un œil acéré, Zachary était doté d'un pouvoir magique, qui lui permettait de voir toutes sortes de choses invisibles, cherchant la fille chez tous les garçons, notant les gestes involontaires, les moindres sursauts dans la manière de parler, dans le vocabulaire choisi, trop péteux, ou dans l'intonation trop aiguë. Tout ce qui faisait défaut dans la partition de Zoey, toutes ces erreurs, ces attitudes mal programmées que Zoey n'avait jamais clairement perçues auparavant, devenaient limpides, criantes d'absurdité grâce au révélateur puissant de Zachary. Le garçon plus vieux avait ce côté voyant, perçant les apparences pour se rendre directement à la faille. L'œil de Zach était un filtre que Zoey a appris à poser sur les gens, se mettant à tout percevoir à la lumière crue du masculin et du féminin, s'exerçant à remarquer les mailles fausses dans l'épaisse dentelle du réel. À l'école, au terrain de jeu, Zoey partage ses savoirs neufs, arme redoutable contre les garçons qui ne le lâchent pas ou refusent, dégoûtés, de s'asseoir à la même table que lui, lame acérée que les garçons comparés à des filles subissent sans trouver de réplique, de défense valable. Pendant un cours d'éducation physique, avant de se faire lui-même coincer, Zoey traite Lucas, le sportif, le populaire, de « fille ». Le son fuse devant toute la classe : *fille* se déroule comme un fil d'une bobine, *fille* siffle dans l'air caoutchouté du gymnase et résonne en écho.

Fille.

Zoey remarque chez Lucas un (minuscule) geste efféminé involontaire, qu'il aggrave en le caricaturant. Le garçon rougit de honte – les yeux moqueurs des filles, des vraies *filles*, celles avec des lulus tressées et des espadrilles roses, le condamnent. Il patauge dans les eaux troubles que la remarque de Zoey a fait remonter ; par une sorte de miracle, tout le monde voit ce qu'il vient de jeter dans la lumière. Ce défaut de Lucas. Sans avoir besoin qu'on l'explique, la honte, le vulgaire, le sale tachent ses habits de sport. En retour, Zoey est sauvé. Sanctifié. On lui prête une curieuse aura de férocité, qui lui vaudra peut-être de nouveaux amis.

Fille.

Jamais le moulin à paroles ne s'arrête, il fonctionne nuit et jour et s'écoule goutte à goutte sur le plancher du Dôme. Ça rend fou. *Fille. Voleur.* Il faut que Zoey trouve une manière de faire taire les voix. Plus tôt ce matin, il a réussi à enterrer pour de bon son gluant secret. Boucher l'infiltration devrait être facile. Zoey gratte un peu de poussière cendrée, la pétrit dans sa main pour former une boule et l'insérer dans le trou. La terre tient, un fragile bouchon atténue le flot continu de paroles. Il tente d'en remettre, pousse avec le bout du doigt, mais le mur se défait. Les reproches s'énoncent clairement, des complaintes poussées par des voix inquiètes. Zoey remplace rapidement la boule de cendre, mais ça ne tient plus. Ça défonce, la boulette se perd dans la paroi et les voix jaillissent.

Y a toujours eu quelque chose de bizarre avec lui.

Y est plus comme avant.

Un enfant, ça fait pas des crises pour rien.

Il est en train de tout empirer. Le trou n'a plus la forme d'un doigt planté dans le mur, il s'est déformé et Zoey pourrait y passer le poing. Il prend une grosse poignée, recouvre le trou de sa paume, la retient cinq secondes. Il enlève sa main, l'ouverture s'agrandit encore sous la pression.

On aurait jamais dû le faire jouer avec des poupées.

Il aurait jamais dû arrêter le karaté.

Zoey ne veut pas entendre ces voix, pas ici. Le Dôme est un refuge assiégé. Les paroles qui s'élaborent du fond de lui disent vrai ; comment pourraient-elles se tromper ? Elles viennent de l'intérieur, s'expriment toutes seules, avec confiance, certitude – signe clair de vérité.

Zachary faisait peser le doute, parfois. *Fille ?*

Une peine ancienne, très profonde, remonte et mouille ses yeux. Il est en train de ravager le Dôme. Il se colle contre le mur pour recouvrir le trou, faire taire les phrases incessantes, mais la paroi s'enfonce sous son poids. Il se bouche les oreilles, mais les paroles s'infiltrent dans sa tête. Elles se déchaînent. Zoey aimerait disparaître. Il ferme les yeux et cherche. Il n'existe pas d'autre lieu secret, il se trouve dans le seul Dôme qu'il connaît. Son sanctuaire brisé, démoli. Jouer dans le mur, tenter de contenir le ruisseau de reproches était une idée terrible. Le trou ressemble maintenant à un terrier de mouffette. Les bordures sont larges, comme si on avait forcé pour les agrandir. Il s'agenouille, approche son visage. Quelque chose au fond du trou. On dirait… un linge à vaisselle. Zoey distingue clairement un coin de tissu blanc, noirci par la cendre, qui dépasse de l'intérieur du mur. Une momie emmurée depuis trois mille ans – une main glaciale lui chatouille le dos.

Est-ce que Claudette vient de crier son nom ?

Non, silence complet dans le service de garde. La sensation qui le fouette vient du mur. Zoey tâte le morceau de coton blanc, tire délicatement dessus. Un petit paquet, une boule de serviettes se défait de la cendre noire, déboule par terre.

Un cocon de matière organique.

Immobile.

Pas tout à fait.

La chose gonfle. Dégonfle.

Ça respire ?

Oh fuck de crisse de fuck. Ça respire au fond de lui.

Sa répugnante chenille poilue n'est pas morte et enterrée – il n'aurait pas dû amener son secret ici, la bestiole a formé un cocon, une boule filandreuse qui inspire, expire. Une tarentule sous son oreiller. Un monstre dans son garde-robe. Son espace le plus intime, le plus secret est habité par quelqu'un d'autre, inondé par une présence inconnue. Zoey refait dans sa tête les étapes de la reproduction des chenilles ; le cocon est temporaire, un état de transformation. Une bestiole va sortir, c'est sûr, l'une de ces vipères terrifiantes qu'on voit dans les films, ou pire, un scarabée qui pénètre sous ta peau, court partout sur ton corps et pond des œufs dans ta cervelle.

Zoey la sent circuler, se frayer de peine et de misère un chemin dans ses veines contaminées.

– 7 –

Christopher Ouellet traîne près de l'entrée en attendant que les cours recommencent. Il se tient sur un pied, puis sur un autre, en demandant l'heure à la surveillante et en se frottant les mains. On raconte que les sixièmes sont frus après lui, qu'ils veulent le tuer, c'est pour ça qu'il reste collé sur les adultes.

Tout à l'heure, Claudette terminait sa séance de torture collective en criant qu'on n'a pas fini d'entendre parler de cette histoire-là, qu'au retour des fêtes, elle va s'en rappeler, pis que c'est pas parce que c'est les vacances de Noël que Claudette va faire comme si de rien n'était.

Zoey se grouille d'aller parler à Christopher Ouellet avant que la cloche sonne. Il serre le Game Boy dans sa poche de manteau. Peut-être porté par l'esprit de Noël, Zoey décide, pour une fois, de faire quelque chose de bien. Christopher le regarde approcher avec un air méfiant. Il est plus grand d'une tête, et beaucoup plus large que Zoey. Ses yeux noirs sont pétris, tendus sous des sourcils arqués, ils aggravent son expression furieuse.

Zoey s'assure que les surveillantes ne les entendent pas. Il parle à voix basse : « C'est moi qui a ton Game Boy. Les frères Gagnon te l'ont volé et me l'ont donné pour rire de moi.

– Oh, my God ! » Christopher Ouellet crie de sa voix aiguë. Zoey monte et descend sa main en murmurant « chut ! ».

« Pourquoi tu l'as pas redonné tantôt ?

– C'est pas moi qui l'a pris. Je savais pas que c'était à toi.

– Pourquoi t'as pas stoulé les frères Gagnon ? » Christopher parle trop fort.

« Sébastien m'aurait tué. »

Christopher multiplie les efforts de patience, Zoey est un plus jeune, il se sent moins menacé par les petits. Il comprend que c'est une offre d'alliance que lui fait le troisième année qui prétend avoir son Game Boy. Christopher récupère ce qui lui appartient et, en échange, il protège son voleur. Mais qu'est-ce que ça vaut, l'alliance de deux rejets ? On le haïrait encore plus si on voyait qu'il parle à un plus jeune.

« Si t'as mon Game Boy pour de vrai, c'est quoi la cassette qui avait dedans ?

– C'est un jeu de Barbie. »

Le visage de Christopher Ouellet change. Il rougit, se tord. Il a l'air blessé, comme si Zoey venait de l'insulter en répondant à sa question. Des larmes se forment sous ses yeux. Se profile dans son regard la forme exacte de la douleur. Quelque chose se renverse, l'alignement des astres est rompu et Zoey comprend que sa stratégie est à l'eau. Christopher répond, les joues remontées : « Ta gueule ! »

Il part en courant vers la surveillante la plus proche. La cloche sonne. Zoey est pointé du doigt, l'adulte l'évalue du regard, puis marche vers lui d'un pas décidé, sévère, nauséeux.

– 8 –

Le monde entier est contre lui, il essaie de faire une bonne action et on le fait passer pour un méchant, il tend la main et on crache dessus. Tout est à l'envers. Zoey essaie d'expliquer à Claudette, au directeur de l'école, personne ne le croit. Les adultes sont des vieilles corneilles qui se délectent de chair fraîche. On le fait attendre mille ans dans le couloir, puis la porte s'ouvre et Zoey croise les frères Gagnon. Sébastien est prêt à lui sauter dessus pour lui arracher les organes un par un. Pierre-Luc ne le regarde pas, il s'éloigne avec résolution. Le plus grand a été manipulé par son jeune frère, il voulait juste être gentil et Zoey l'a trahi, il a mis un innocent dans la marde alors que Pierre-Luc lui tendait la main, lui donnait la chance de recevoir la protection bienveillante d'un sixième. Zoey a tout foutu en l'air. Pierre-Luc évite son regard et le cœur de Zoey se renverse.

Après le serment du directeur, on le conduit au bureau du psychologue. Yves-Marie est un court monsieur taiseux qui transpire la hâte de prendre sa retraite. Tout le monde aime Yves-Marie, sauf celles et ceux qu'on envoie passer des après-midi complets dans son bureau, un cachot dans le sous-sol, un local inquiétant avec ses murs jaunes, ses jeux éducatifs aux affiches gouvernementales austères.

Le travail de psychologie d'Yves-Marie consiste à formuler un commentaire sur le comportement des élèves délinquants pour ensuite les faire copier. Zoey connaît la formule, il y est allé des dizaines de fois. Pierre-Luc et Sébastien se trouvent déjà dans le bureau. Ils sont assis dos à dos, leur pupitre face au mur. Yves-Marie se dresse au milieu de la pièce et prend une voix sérieuse pour expliquer aux frères Gagnon que le vol, c'est pas correct. Dans la vie, on vole pas. On s'en prend au plus faible. Christopher Ouellet a de la misère à se faire des amis. Il faut le respecter. Réfléchissez à ce que vous faites.

Yves-Marie distribue des *Fables* de La Fontaine et des cahiers Canada. En haut de la photocopie, il a écrit à la main, avec un stylo repassant plusieurs fois sur chaque lettre, « Intimidation ». Zoey se met à copier en commençant par le début, c'est plein de mots qu'il n'a jamais vus, « la raison du plus fort est toujours la meilleure ». Défilent les termes bizarres, l'histoire, croit-il comprendre, d'un loup qui mange un agneau ou de quoi du genre. Zoey prend son temps, il sait qu'une fois la fable terminée, on lui en donnera une autre. Il lit « il faut que je me venge ». Le loup emporte l'agneau, le mange sans autre forme de procès.

Le bureau est d'un blanc crème un peu sale. Zoey décèle des traces de crayon anciennes qu'on a tenté d'effacer. Il ne peut lire les mots, mais s'imagine que les graffitis sont des hiéroglyphes portant des formules magiques, des messages d'espoir, des codes secrets lui étant destinés. Le mur est de la même couleur que la surface en mélamine. Zoey déterre là aussi des marques antiques, et plusieurs trous de punaise, quelques traces de gommette bleue séchée.

Devant son bureau se trouve une affiche. Sur l'illustration, une jeune fille à la peau mauve et au visage de Sainte Vierge pleure des larmes trop longues, larges comme des rivières. Des bandelettes recouvrent sa bouche, s'étendent au-dessus de son épaule et se transforment, au loin, en sentier pédestre qui traverse un champ de coquelicots. En haut de l'image : « Parles-en ! » En bas, Zoey reconnaît le logo fleuri qui veut dire « gouvernement du Québec ».

L'après-midi pousse son grand chant d'ennui. Zoey s'attend à un coup d'éclat des frères Gagnon, mais à part aller souvent aux toilettes, ils ne font rien. Ils obéissent, restent en silence, ne tentent même pas d'attirer son attention. Zoey se concentre sur le caractère répétitif de la copie, du geste qui reprend les mêmes lettres, de l'écriture manuscrite qui se dissout, se dilate avant de se resserrer quand il prend conscience des phrases élastiques, illisibles qu'il rédige. Quand il termine une copie, Yves-Marie la met aussitôt aux poubelles et lui demande de recommencer.

Reproduire sans cesse les mêmes phrases donne des crampes au bras, sa main est couverte de plomb, Zoey la masse en faisant tourner dans sa tête le paquet de tissu enveloppé qu'il a trouvé plus tôt dans le Dôme. Est-ce qu'une bestiole vivante sommeille dans les murailles ? Il a peut-être rêvé tout ça. En un clin d'œil, Zoey se téléporte dans la cathédrale de cendre au plafond courbe. Le silence est soudain.

Le Dôme est désert, des flocons noirs flottent dans l'air, comme si le désordre avait fait éclore de fébriles papillons. L'un d'eux se pose sur sa peau, fond à son contact, laissant une tache grise qui s'infiltre dans ses pores. Les ravages sont encore évidents, comme si quelqu'un avait donné des coups de pied dans le mur. Zoey repense à la forme qui respirait tout à l'heure. Il avait le mince espoir d'avoir imaginé cette apparition, mais le carré de tissu blanc, qui jure à travers toute cette poudre noire, est impossible à manquer. Le tissu s'est affaissé, il repose, éventré. Zoey l'arrache complètement du mur. Ce n'est pas un tissu, mais quelque chose de plus rigide, la coquille a une texture de feutrine constituée de milliers de fils d'araignée translucides, une forme souple et creuse, une enveloppe dont on a retiré le noyau. Elle ne respire plus. Rien ne vit dans le cocon.

Quelque chose se renverse. Zoey connecte les points et apparaît une forme illisible, terrifiante. Il n'est pas seul. Un frisson lui chatouille les cheveux. Le Dôme n'est pas un terrain de jeu, mais un tombeau. Pas un morceau de liberté à l'écart du monde, mais un mausolée, comme les pyramides d'Égypte dont il peut voir l'intérieur dans son *Encyclopédie illustrée*, un édifice à la gloire de vieilles momies séchées, mortes et embaumées, dont on a retiré les organes en leur faisant entrer des crochets par le nez. Il avait au fond de lui un cadavre inconnu, un vieux corps dévoré par les vers, et la momie vient de quitter son sarcophage. Le cocon vide ne respire plus.

Un sentiment de film d'horreur. Zoey devrait remonter vers sa copie ennuyeuse avant qu'on remarque qu'il est dans la lune, mais il n'ose pas se retourner, de peur de voir une araignée géante. Pire ! Un vieux papi qui lance des éclairs avec les doigts. Pire encore ! Un chien avec les yeux jaunes. Ou pire du pire : une armée de soldats aux visages défaits, pourris, les globes sortis des orbites, des vers de terre frétillant dans les narines, des vraies charognes zombies de *Scooby-Doo* sortant du sol en étirant les bras pour l'attraper.

Zoey perçoit quelque chose. Pas une image, une présence. Avec lui dans le Dôme. Il fixe les ténèbres, distingue la forme imprécise d'un corps. Des bras maigres, perdus dans des manches trop longues. Une tête enfouie dans un capuchon noir. Des épaules qui montent, redescendent.

Il est éjecté du Dôme, retrouve violemment son corps, assis sur la petite chaise dure du local d'Yves-Marie. Il ne copie plus, la mine de son crayon est cassée, il le serre tellement fort qu'il pourrait le broyer.

Un inconnu vient de le chasser du Dôme. Un occupant menaçant est entré dans son seul endroit secret, intime, un sanctuaire sans entrée et sans sortie où Zoey se rend en plongeant dans les eaux agitées de ses remous intérieurs.

L'inconnu s'est établi dans ses affaires. Il fait planer sur Zoey son ombre vaste.

Quelque chose lui tombe sur la tête, il sursaute. Zoey se penche pour ramasser, sur le prélart, une boulette de papier. Le local est silencieux. Yves-Marie est sorti. Les frères Gagnon sont concentrés sur leurs copies. Zoey dépose la boulette sur le pupitre et se remet à copier.

Une autre lui tombe sur la tête et roule sur sa feuille lignée. Zoey se retourne, ne voit que les dos voûtés de Sébastien et de

Pierre-Luc, qui semblent dormir sur leur bureau. Zoey déplie le papier, un morceau chiffonné. Il reconnaît le dessin vulgaire, la forme interdite que les ados dessinent sur les murs des toilettes des magasins. Une longue tige avec deux boules. Une queue, un pénis grossièrement tracé, avec une petite fente au bout et des poils sur les couilles.

Zoey se dépêche de cacher le dessin dans sa poche. Yves-Marie pourrait penser qu'en plus de faire des crises, Zoey dessine des pénis. Alors, vraiment, ce serait la fin du monde. On l'enverrait sans hésiter à l'asile de fous pour lui faire des chocs électriques entre les deux oreilles.

– 9 –

« Suis-moi », ordonne Yves-Marie.

Ils sortent du local, le psy ferme la porte derrière lui.

« T'as eu le temps de réfléchir ? »

Zoey acquiesce sans regarder l'homme dans les yeux. Le trousseau de clés sonne comme des clochettes, Yves-Marie débarre la porte d'en face. Tous les groupes ont des activités de Noël, en haut. La bibliothèque est déserte. Les bacs de bandes dessinées, les étagères de métal montent comme des échelles jusqu'aux fenêtres étouffées par la neige. En dehors de la période consacrée à sa visite, la bibliothèque scolaire est un lieu interdit, défendu. Comme c'est Noël et qu'il s'est bien comporté, Yves-Marie donne le droit à Zoey de lire jusqu'à la cloche. Il va être dans son bureau si jamais.

La bibliothèque est un lieu de course, de stratégies complexes pour mettre la main sur les livres populaires, les troquer pour des plus populaires encore. Dès que c'est ton tour, tu te grouilles d'aller prendre ce qui reste d'intéressant pour accumuler ton trésor. Même si toi, tu les as déjà lus, c'est peut-être pas le cas des autres ; si tu veux avoir une nouveauté, ça te prend des affaires intéressantes à donner en échange. La valeur des volumes est répartie selon des lignes de force invisibles ; les garçons se chamaillent pour les encyclopédies avec des pages transparentes qui te permettent de voir l'intérieur d'un château, d'un bateau de pirates, les *C'est moi l'espion* de Noël, les Livres dont vous êtes le héros, les *Passepeur*, les bédés comiques, *Cédric*, *Spirou*, *Garfield*. Les filles les veulent aussi, ces livres-là, sauf qu'elles ont leurs sections à elles, des tablettes que les garçons ne consultent jamais, des étagères roses, pleines d'adolescentes qui font du cheval, du ballet, de gardiennes averties qui ramassent full de cash à garder des flots de notre âge.

Zoey a tous les livres rien que pour lui. La construction sophistiquée, entrelacée de branches de métaux fins, de pierres scintillantes, de formes sournoises et raides qui assignent les rôles, répartit les goûts, autorise à lire et à ne pas lire, éveille deux grands yeux scrutateurs dans sa tête. Il n'y a personne d'autre que Zoey dans la pièce. La surveillance se relâche, le regard policier se dissipe, Zoey peut jouer un rôle, un autre rôle, elle est la femme riche de son bac à déguisements, la fille de la femme riche, une jeune Anglaise seule dans la bibliothèque du palais, elle n'a jamais ouvert un livre de robes de sa vie, le guide des châteaux de princesses de Disney n'a pas été emprunté, c'est un miracle, il est là, à traîner dans le chariot des retours. Toute la collection d'histoires de secrets dans un manoir avec des nounous, des bonnes, des majordomes et des parents qu'on vouvoie est disponible. La bibliothèque est une caverne aux trésors, les livres n'appartiennent à personne et Zoey voudrait se démultiplier pour les lire tous à la fois, surtout ceux qu'il ne lit pas d'habitude, toutes les filles de sa classe le haïraient si elle leur piquait les livres précieux et rares, elles diraient que Zoey lit des livres pour filles, mais ni les garçons ni les filles ne se trouvent dans la bibliothèque cet après-midi. Zoey se fait une pile immense sur la table, se gave de paillettes, de tissus frivoles, de coiffures extravagantes, d'élégants princes dans des mondes enchantés.

Sur l'étagère, l'un des six volumes de la série *Cher Journal* (une fille de sa classe prétend qu'elle en a lu un septième, mais personne la croit) est disponible. On tuerait pour avoir un *Cher Journal*, des romans dans lesquels de jeunes filles de l'ancien temps racontent avoir vécu la guerre, leurs parents se font enlever ou pognent des grippes espagnoles, leur frère meurt au combat. Les filles de la classe de Zoey adorent ces histoires de malheur, elles se tordent le cœur à imaginer des fillettes mises en esclavage ou arrachées à leurs grands-mères par des religieuses qui te rasent les cheveux et te forcent à parler anglais. Le pire, c'est que les histoires sont vraies, racontées par de vraies filles qui font aucune faute, les livres ont l'air anciens avec leurs pages inégales, leurs couvertures épaisses et leurs signets luxueux. Zoey aurait aimé commencer par le *Cher Journal* de la petite fille du *Titanic*, ou de celle qui travaille dans une usine et qui se fait couper les doigts par une machine, sauf que le seul livre restant raconte l'histoire plate d'Hélène St-Onge, une Fille du roy envoyée en Nouvelle-France pour se marier. Sa gorge se serre quand Zoey lit que les parents d'Hélène St-Onge sont morts de la petite vérole, elle ne les a pas connus, c'est le début de grands bouleversements dans la vie d'Hélène St-Onge, qu'on envoie vivre dans un couvent, qu'on met sur un bateau vers un pays qu'elle ne connaît pas, Zoey ne dépasse pas le bout où la grande sœur d'Hélène St-Onge meurt de faim pendant la traversée de l'Océan avant de passer à un autre livre, un livre différent de ses cours d'histoire et géographie qui racontent des affaires plates, toujours les mêmes. Hélène St-Onge n'aurait jamais dû partir, pense Zoey en rangeant le livre, elle aurait dû rester dans son couvent, maudite niaiseuse, avec ses prières et ses amies, c'est sûr qu'elle va trouver un monde pourri plein de guerres et de froid et de mort, qu'elle va amener des maladies aux autochtones, qu'elle va déranger leur mode de vie. La Nouvelle-France, c'est l'enfer sur terre, ça aurait jamais dû exister. Pendant la traversée les gens vomissent, meurent de la gastro et de malnutrition, Zoey a du mal à rentrer dans l'histoire, c'est glauque, elle a mal au cœur et peur de pogner une maladie de l'ancien temps. Comme Hélène St-Onge, Zoey est sur une longue traversée dans une direction inconnue depuis quelques mois, elle n'a pas été abandonnée par sa mère ni son père, pas vraiment, mais elle sait que certaines choses ne seront plus jamais les mêmes.

La jeune princesse anglaise qu'est devenue Zoey est électrisée. Elle referait chacun de ses crimes, recommencerait chacun de ses larcins si c'était pour avoir droit à la bibliothèque pour elle seule. Elle n'aura jamais le temps de lire tout ce qui l'intéresse, Zoey sort du local et frappe à la porte d'Yves-Marie, lui demande s'il pourrait faire un emprunt. Yves-Marie suit Zoey dans la bibliothèque, bouge la souris de l'ordinateur, tape quelque chose sur le clavier, frappe la souris contre le bureau.

« Je connais pas le mot de passe, mautadine de mautadine. »

Il redémarre l'ordinateur en tenant le bouton d'alimentation, tente de se connecter sur son compte, ça ne fonctionne pas même s'il cogne la souris dix fois. Yves-Marie s'excuse, « c'est pas mal plate ». Il s'en va en secouant la tête. Juste avant de sortir, il précise à Zoey que la cloche va sonner dans une dizaine de minutes.

Zoey observe sa place. Il se voit à la table lire tous ces livres roses, ces couvertures brillantes, les robes retroussées, les chaussures étroites lui donnent le vertige. Si on arrivait dans la pièce, on verrait immédiatement ce qu'il a sorti. Un mal de cœur lui prend, comme s'il venait de faire une promenade houleuse sur un élégant cheval blanc. Quelque chose se réinstalle, un voile sur une lanterne, il est allé trop loin dans la liberté, a laissé parler quelque chose qui n'aurait jamais dû sortir et va en payer le prix.

En dix minutes, il a peut-être le temps de replacer les livres. Zoey se grouille, tendu, il essaie de feuilleter les ouvrages qu'il n'a pas eu le temps d'ouvrir avant de les ranger, il marche rapidement d'une étagère à l'autre en tenant le livre ouvert entre ses mains. Il échappe sur le sol l'*Encyclopédie des fées* en s'approchant de l'étagère du fond.

Comme tout à l'heure dans le Dôme, l'évidence : il est surveillé, jugé. Il n'est plus seul dans la bibliothèque. Le cocon a fait naître une créature enfuie, un autre corps, une forme arrondie, vêtue de noir. Et Zoey la voit. Juste devant lui, dans le coin de la pièce, sous la lumière des néons. L'intrus a la taille d'un enfant plus vieux, vêtu d'un coton ouaté kangourou trop grand. Il se tient penché vers l'avant, ses épaules montent, redescendent, il feuillette un livre. Zoey ne peut distinguer son visage sous l'ample capuche. Ça pourrait être Pierre-Luc Gagnon qui lui joue un vilain tour, il a la même taille ou presque, sauf que Pierre-Luc Gagnon n'a pas eu l'autorisation d'entrer et la porte n'a pas été rouverte depuis le départ d'Yves-Marie.

Comme si l'inconnu entendait ses pensées bruyantes, il se retourne. Sous son capuchon, l'être est sans visage. Ce n'est pas Pierre-Luc Gagnon, ni une araignée, pas même un chien démoniaque, mais la forme imprécise d'un masque. Des bras maigres, perdus dans des manches trop longues reposent le livre et révèlent la tête enfouie dans le capuchon. La créature est voûtée et le masque semble lourd, les traits du garçon sont dérobés par l'objet blanc, dont les traits arrondis soulignent des volutes sculptées dans le bois évoquant la forme d'un crâne, mais pas un crâne d'humain – un crâne de squelette de démon. Des vermicules ornent le dessus des yeux, les contours de ce qui devrait être la bouche, remplacée par un trou pour respirer. Au-dessus du front, de grandes pointes s'étirent en félines menaces.

Le démon masqué ausculte Zoey. Un sentiment désagréable le traverse, une main rugueuse qui passe sous ses vêtements. Il connaît cette bestiole.

Skyd

C'est le nom qu'il lui donne. Zoey a rencontré un de ses semblables dans le jeu vidéo de Zachary, le fils de l'ancienne blonde de son père (« ton demi-frère ? » « Non, c'est compliqué... »). Zachary possédait un Nintendo 64 qu'il avait payé lui-même, Zoey se souvient du jeu *Zelda*, leur préféré, même si tous ses souvenirs de l'été dernier sont pris dans une pâte trouble, oublieuse. Dans le jeu vidéo, un lutin étrange sortait de nulle part pour nous écœurer, il portait un masque, différent de celui de la créature devant lui. Zoey se rappelle son air monstrueux, envoûtant, accentué par d'énormes yeux jaunes. En apercevant Skull Kid dans le jeu de Zachary, il a eu la sensation de le connaître déjà, de retrouver une forme intime. La créature démoniaque, hantée par un masque maudit, évoquait une terreur familière, un point de douleur, comme un couteau retiré de sa gorge. Zoey voyait pour la première fois quelque chose qu'il portait en lui – un vide, une douleur, une cicatrice possèdent la même énergie, la même apparence que Skyd, lointain cousin du personnage de *Zelda* qui surgit devant lui. Les enfants possédés font le mal, dansent dans la joie du crime, un masque les corrompt et ils veulent faire tomber la lune sur la terre. L'épouvante a la texture précise du nom d'enfance.

Zoey n'a jamais revu Zachary, du jour au lendemain leurs parents se sont séparés. Zachary a gardé son Nintendo, mais les méchants de tous ses jeux vidéo ont quitté la télévision, ont arraché leurs bras tordus de l'image chatoyante, ont déboulé sur le plancher des salons d'Amérique. Ils poursuivent leur danse macabre dans les nuits orageuses et brumeuses, voyagent d'une forêt à l'autre, dansent entre les citrouilles. La créature masquée vient de là-bas, du monde aux trois dimensions, elle suit Zoey à la trace, chasseur déterminé à retrouver sa terreur creuse. Elle l'espionne depuis des jours, se manifeste sous ses yeux.

La cloche sonne, Zoey sort. La porte est lourde, il prend soin de la barrer. Dans le couloir, Yves-Marie et les frères Gagnon l'attendent pour remonter.

« On y va les boys. »

Yves-Marie se met à grimper l'escalier en se tenant sur la rampe. Zoey laisse passer les frères Gagnon en faisant attention de ne pas croiser leur regard. Juste avant de quitter le sous-sol, il jette un dernier coup d'œil à la porte de la bibliothèque. À travers la fenêtre, dans la pénombre de fin de journée, une forme circulaire, luminescente comme la lune, flotte dans l'air vague.

LA VEILLE

Tout ce temps-là, chaque jour, chaque instant, je m'émerveille, ces gens-là, oui, m'émerveillent et parfois m'horrifient mais m'horrifient merveilleusement, ils sont fabuleux, parfois dans la bêtise, parfois dans de très beaux savoirs, je veux dire savoirs de la terre, savoirs du bois, des animaux et je les trouve magnifiques surtout dans la langue qu'ils ont pour se dire et se parler.

Michel Garneau, *L'Hiver, hier*

– 10 –

On va toujours au lac Saint-Jean mais on voit jamais le lac.

La route est infiniment longue, deux heures au moins et Zoey n'a pas de Game Boy pour se distraire. Son père l'autorise à s'asseoir en avant, ils écoutent la radio. Les bords de chemin gris défilent. Depuis qu'ils sont partis, ils ne voient que des épinettes, des arbres tordus et des champs recouverts de neige. Parfois la voiture ralentit pour traverser un village, quelques maisons sont décorées avec des Pères Noël lumineux. Une pile de troncs d'arbre repose sur le bord du chemin. Zoey se demande ce qui pousse les gens à couper la forêt pour se construire des maisons ; il pense au boisé derrière l'appartement de son père qui vient d'être abattu par des bulldozers pour construire un nouveau quartier. La forêt magique, pleine de fées, de lutins et de crapauds, disparue à jamais.

Carl baisse le son. C'est mauvais signe, son père va encore essayer d'aborder des choses sérieuses. Il a un ton bizarre, comme s'il ne croyait pas à ce qu'il dit en le disant.

« On va passer un beau Noël chez les Lamontagne. Mamie va être contente de te voir sur un moyen temps. Tu vas voir ta cousine. Ça fait longtemps que tu l'as pas vue. On va avoir du fun ensemble, hein, mon tit homme ? »

Carl secoue le genou de Zoey, qui serre les dents et se laisse bercer par le geste rude.

Tout ce qui sort de Carl paraît décalé, forcé. Carl s'interrompt, il a une boule dans la gorge. Les émotions de son père rendent Zoey inconfortable. On dirait un comédien qui a mal appris son texte, un clown pitoyable, incapable de jouer sérieux. Les sentiments grincent, un spectre s'infiltre par une vieille porte aux pentures sèches. Zoey croise les doigts dans ses mitaines en espérant que son père se taise, qu'il remette la musique. L'habitacle de la voiture est trop étroit, trop chaud, il tombe sur eux et résonne d'une vibration lourde qui donne mal au cœur. Zoey n'aime pas être assis en avant. Carl prend une respiration pour ravaler l'émotion, Zoey sait qu'il veut avoir une conversation importante, il fixe la route. S'il avait des pouvoirs magiques, il lui effacerait la mémoire en faisant spiraler ses pupilles comme les méchants dans les films. Il regrette de ne pas avoir gardé le Game Boy volé. Il lui suffirait d'ouvrir un jeu pour disparaître dans un monde auquel son père n'a pas accès. Carl rassemble son courage.

« On serait bien ensemble. » Il secoue encore le genou de Zoey. « On pourrait se faire des belles activités comme t'aimes. Entre nous-autres. Entre gars. » Carl le regarde avec un sourire bizarre, qui tire vers le bas. « Ta mère a plus d'argent que moi. J'aime pas ça te parler de ces choses-là, mais j'ai pas le choix pis c'est important que tu comprennes. A peut t'acheter des affaires que moi, je peux pas. Mais si tu vivais chez nous, a nous donnerait des sous pour nous aider. A l'arrêterait de me coûter cher. »

Zoey répond pas, Carl ajoute : « Pis tu pourrais encore la voir. »

L'enfant ne dit rien. Une perle de sueur coule sur le crâne chauve de Carl, qui s'apprête à dire quelque chose avant de se raviser. Il agit d'une manière bizarre, comme s'il avait le hoquet, ses idées sursautent.

« Ta mère, elle a faite quelque chose de pas correct. »

Zoey se concentre et essaie de disparaître, de se camoufler au fond de lui. Tout devient noir, mais la voix de son père, l'air chaud dans son visage, la vibration de la voiture rendent sa concentration difficile. Les espaces se superposent, les voix intérieures recouvrent celle de Carl, Zoey n'écoute plus ce qu'il raconte.

Le Dôme est désert. Zoey tourne sur lui-même, ne voit personne. Le garçon masqué n'est pas ici. Ça le rassure – et l'inquiète. Est-ce qu'il est resté prisonnier de la bibliothèque de l'école ? Si c'est le cas, comment est-ce qu'il va se nourrir pendant les vacances ? Zoey imagine le concierge, en janvier, qui ouvre la porte et tombe sur le cadavre de l'être étrange, ce Skyd décédé sous une table. Mort de faim par sa faute.

« J'ai pas envie de parler de ça. »

Carl avale difficilement. Sa voix s'adoucit. « C'est ben correct, mon tit homme. »

Carl tourne à droite sur un chemin étroit. Après quelques mètres, ils arrivent sur un rond-point autour duquel se rassemblent des constructions de tailles différentes. Une maison à deux étages s'impose au fond de l'allée, elle veille sur des bungalows construits plus récemment, et d'autres bâtiments plus ou moins délabrés, des remises, des garages. Au centre du rond-point, une piscine creusée, endormie sous la neige, évoque des plaisirs inaccessibles. Une pancarte indique « Domaine Bilodeau. Privé ». La mousse, la moisissure recouvrent le bardeau des bâtiments mal entretenus, comme si la forêt avait commencé sa lente vengeance, dévorant le bâti, reprenant ses droits sur la matière. Le père Bilodeau aurait, raconte-t-on, acheté ces terrains pour une bouchée de pain d'un colon qui avait reçu le domaine du gouvernement, territoire dérobé aux Innus et donnée à des bons catholiques venus raser le bois, remblayer des rivières et fonder des familles bruyantes. Bilodeau allait un jour l'avoir, sa belle pelouse verte. Il rêvait d'un rond-point résidentiel comme dans les vues américaines. Il a défriché pour se construire puis, dans les années 1970, pour établir ses enfants sur la même clairière artificielle. Le domaine Bilodeau est la réalisation ratée, le reliquat de ce rêve ancien ; la pelouse ne pousse pas sur le sable acide, seules les mousses, les fraises et la fougère font l'été verdir la terre jaune et grasse.

Carl stationne la voiture devant une porte de garage reliée, d'un côté, à une salle communautaire en bardeau blanc et, de l'autre, à un bungalow en brique grise, dans une enfilade de bâtiments mal agencés. Zoey reconnaît la maison de son oncle Roch, cette demeure bizarre qui communique avec le garage et la grande salle par une série de portes mystérieuses.

Carl regarde sa montre.

« Trois heures et quart. On est d'avance un peu. »

- 11 -

« On a câllé le party à six heures, mais Gilles pis Carole sont arrivés depuis un heure après-medi. »

Roch parle d'une voix caverneuse. Le père de Zoey serre la main de son frère, c'est le fun, être là de bonne heure, ça nous donne plus de temps pour jaser avant que le monde arrive. Matante Carole, la femme de Gilles, est d'accord. C'est une femme bourgogne recouverte de bijoux clinquants, aux cheveux bourgogne, aux vêtements bourgogne, aux souliers bourgogne et au fard à paupières bourgogne qui parle avec un entrain parfumé. C'est pour ça qu'ils voulaient arriver tôt, mais ils étaient les seuls. Roch venait de se lever ! Eux autres sont levés depuis cinq heures à matin.

Roch se penche pour approcher son visage rouge de Zoey, sa moustache joufflue lui donne l'air d'un personnage de dessin animé, il lui tend une main énorme, « comment ce qu'il va notre grand garçon ? ».

Zoey sourit, gêné, en mettant sa main dans la sienne.

« Tes cousins sont en skidoo, ils vont revenir ben vite, il va faire noir bientôt. T'as-tu hâte de les voir ? »

Carl demande si on a des nouvelles de Benoît et compagnie. Roch leur a parlé ils prenaient le parc des Laurentides, ils devraient être là d'ici une demi-heure. Zoey va revoir Émie-Anne pour la première fois depuis que son père a déménagé, il se demande si sa cousine sait que ses parents sont séparés. Zoey préférerait qu'elle ne sache rien, qu'on n'en parle pas, mais c'est improbable. Émie-Anne a des opinions sur tout, elle aime des choses et en déteste d'autres, elle a un an de plus, elle est plus grande, plus avancée, elle vient de Québec où toutes les nouvelles affaires arrivent avant qu'elles se rendent au Saguenay.

Le petit groupe s'installe au bout de la table. La salle communautaire appartient à la famille Bilodeau, la famille de matante Sylvie, la femme de Roch, une dame courte et énergique avec une coupe de cheveux de prince. Les Bilodeau vivent en bande, Carole a toujours pensé que des secrets malsains devaient macérer dans les familles trop unies. En se mettant six familles ensemble, explique Roch, ils peuvent se payer des affaires chères, comme la belle piscine creusée, le tracteur pour déneiger les entrées et la salle communautaire.

Ces grandes tables de cafétéria là, ç'a été installé hier, ça. Chacune peut asseoir vingt-quatre adultes, elles courent jusqu'au comptoir de cuisine. « On a acheté ça à la polyvalente de Dolbeau, quand ils ont changé le mobilier », explique Roch. Il regarde Carl. « Sais-tu combien qu'on a payé ça ?

– Non.

– Essaye un chiffre. »

Carl réfléchit. « Je sais pas... Cent piastres chaque ? »

La fierté gonfle le visage de Roch, il laisse passer quelques secondes avant de donner sa réponse, triomphale : « Vingt-cinq dollars chacune ! » Il est pris d'un rire rauque.

Carole en revient pas. C'est ben pas cher ! Avoir su ! On s'impressionne qu'avec un peu de chance, une toute petite somme d'argent permette d'acheter des choses qu'on ne se payerait jamais autrement ; il faut arriver au bon moment, savoir négocier, on parle des petites annonces, des ventes de liquidation ou de faillite, surtout de celles qui ne sont pas publicisées dans les journaux. Quand faut que ça débarrasse, faut que ça débarrasse : c'est dans ce temps-là qu'on trouve des aubaines. Il faut être à l'affût, le monde regorge de secrets, de surprises.

« Là, c't'année, commence Roch, j'ai demandé à tout le monde d'apporter un petit queq-chose. On aime ça r'cevoir, mais ça vient chèrant en Jésus-Christ. J'ai perdu ma job, pas longtemps avant Noël. Tu l'as su ?

– Ben oui, j'ai su ça.

– La semaine que Marie-Claude a accouché, ajoute Sylvie en faisant de gros yeux.

– Y ont crissé vingt-cinq personnes déhors deux mois avant Noël.

– À cause des granolas pis des Greenpeace pis tout ça.

– Y nous ont donné un jambon pour nous remercier – on le mange à soir, le jambon.

– Ça pas de bon sens.

– À cause un jambon ? demande Carole.

– Pour leur faire pardonner d'enlever les fonds de pension.

– C'est cheap en hostie.

– Y auraient pu rien nous donner, aussi, relativise Roch.

– C'est sûr…

– Moi, je trouve ça fin pareil. Un jambon, c'est rendu cher.

– Comparé à un fonds de pension, Carole ! lance Gilles, fâché.

– C'est sûr…

– C'est des Américains, ça ?

– Oui madame.

– C'est à l'argent. » Carole frotte ensemble les doigts de sa main bourgogne, bronzés par son voyage en Floride.

Roch change de sujet.

« L'année passée, le thème hawaïen, ça coûté soixante-dix piastres en décorations à Sylvie. Pis a l'en a ramené de son école.

– C'était un maudit beau party, dit Sylvie.

– Un de nos beaux.

– Un maudit beau party, répète Sylvie.

– Moi, l'année "Mets chinois", poursuit Roch, l'année que la petite à Benoît est arrivée, c'était un de mes meilleurs, ça. »

Tout le monde fait « ah oui, ah oui ».

« Cette année, pas de thème, tranche Roch avec ferveur.

– C'est ben correct, cher.

– Pis tout le monde apporte un ptit quequ-chose. »

Une odeur de viande flotte dans l'air. Des guirlandes ont été fixées sur le plafond, elles descendent au-dessus des tables et ajoutent un peu de couleur aux murs beiges, au prélart usé. Au-dessus du comptoir de cuisine, tout au fond de la salle commune, rigolent deux gros visages de Pères Noël en plastique bosselé. Les nappes rouges étoilées tempèrent la lumière crue des néons. Une table plus courte est installée devant la porte des toilettes, la ribambelle de cousines et de cousins va bientôt la prendre d'assaut, colorier la nappe en papier, courir d'un bout à l'autre de la pièce, monter sur la scène pour jouer de l'orgue avant qu'on leur dise d'arrêter parce que c'est fragile, sauter sur les divans et pratiquer des performances de chansons suraiguës que personne n'aura envie d'entendre. Un feu a déjà été allumé dans le poêle à bois. La salle de fête est en ordre, tout est à sa place, Carole et Sylvie ont minutieusement placé les ustensiles et les assiettes jetables pendant que Roch montrait son nouveau quatre-roues à son frère.

« Une petite bière mon Carl ? » demande Gilles. Le plus vieux des Lamontagne est un monsieur maigre qu'on ne devinerait jamais parent de Roch ; sans l'arc épais de leurs sourcils, personne ne pourrait se douter que ce sont des frères. Roch a la constitution majestueuse des Lamontagne, c'est une formidable montagne de chair, le visage plein, bourru et tendre, la peau mate. Ses cheveux sont tellement noirs qu'ils tirent sur le bleu, ils sont aussi épais qu'un casque de bain, et ont la même forme. Son impressionnante moustache semble avoir une vie indépendante, aussi active qu'un mulot qui aurait élu domicile sous son nez. Même en sortant de la douche, Gilles sent la cigarette. Sa peau est terne, desséchée, ses cheveux gris tirant sur le jaune sont peignés vers l'arrière, dans une coupe vaguement disco qui sert à camoufler sa calvitie de fond de tête. Le corps minuscule de l'aîné est tendu, stressé, torturé par des nerfs mal accordés, noués trop serré. Sa sueur colle, laisse sur les objets qu'il touche une trace de goudron.

Roch, Sylvie, Carole et Gilles parlent avec le père de Zoey, ils ont déplacé des chaises et deux fauteuils pour s'asseoir en cercle au bout d'une table. Il n'y a aucune possibilité d'amusement, de complicité avec les mononcles, les matantes. Zoey est le seul enfant à être arrivé, il s'approche des jeux de société qui traînent dans une armoire, il n'en connaît aucun.

Carl n'a pas vu ses frères et ses belles-sœurs depuis les funérailles de leur père, au printemps, il venait de se séparer, la nouvelle avait circulé par le canal habituel : leur mère, que tout le monde appelle Mamie, téléphone à ses garçons pour livrer son bulletin d'informations hebdomadaire, passer ses messages, faire couler sa présence huileuse dans la mécanique familiale, attisant certains feux, graissant certains engrenages qui coincent tout en s'assurant d'obtenir de première main les nouveaux développements des affaires en cours.

La conversation aurait besoin de la présence animée de Mamie, chaque intervention est suivie d'un long silence. Carl a cette ganse qui lui serre la gorge. Ni Roch ni Gilles n'ont évoqué son divorce. Il se demande ce qu'ils en pensent, ce qu'ils en comprennent, eux qui ont des mariages stables, qui sortent avec la même femme depuis l'adolescence. Carl n'a pas envie de passer pour un homme trahi, un cocu, plusieurs couples se divorcent de nos jours, ça ne veut rien dire – pourtant son honneur est terni. Il a honte de présenter son échec. Gilles connaît la manière universelle de relancer une conversation, il aborde le sujet ultime, celui qui ne manque jamais de faire mouche dans les discussions d'hommes. Leurs imaginations sont peuplées des poissons frétillants de leur enfance, des bêtes légendaires qui traversent une forêt d'automne, animaux extraordinaires qu'ils observent, de loin, par la mire d'un fusil.

« Avec Mario pis Jacques Charette, on a appliqué sur un nouveau territoire de chasse. Pis on l'a eu. »

- 12 -

Des sons de moteurs résonnent au loin. « Bon, les tits gars qui reviennent. » Deux motoneiges s'arrêtent devant la salle communautaire, suivies par un Skandic jaune 1970 reconditionné, une méchante belle machine, une vraie pièce de collection que Roch a achetée d'un collègue qui bizoune ça. Trois silhouettes casquées, habillées comme des astronautes ouvrent la porte dans une grande bouffée d'air glacial. Leurs bottes font de la neige sur le tapis, « fermez la porte, escouez-vous déhors ! ».

« Zoey, viens voir tes cousins. »

La plus vieille s'appelle Geneviève. Zoey l'aime bien, il s'est fait garder par elle quand il était plus jeune. C'est rendu toute qu'une belle fille, remarque Carl, avec des cheveux blonds qui lui descendent jusqu'aux fesses et des grands ongles colorés. Elle sourit, demande des nouvelles de son oncle, elle est contente de les voir. Carl s'étonne qu'elle conduise le skidoo. « Je me laisse pas chauffer par mes fréres, y en est pas question ! » Damien et Olivier enlèvent leurs casques, les donnent à leur Sylvie, qui prend aussi les manteaux pour les faire sécher à ras le poêle. À seize ans, Damien fait déjà un mètre quatre-vingt, ça impressionne tout le monde. La peau de son visage est rouge, couverte de boutons et de cicatrices. Zoey remarque le logo « Volcom » du grand tee-shirt blanc qui apparaît sous sa salopette de neige, Damien la retire avant de la lancer à sa mère. Le tee-shirt est humide, il colle sur son torse et Damien le secoue pour l'aérer. Ses longs bras ne sont pas des lignes droites, ils sont recouverts de masses comme ceux d'Hercule. Carl serre le biceps de son neveu en demandant quel genre d'exercice il fait pour être bâti de même. Damien flexe son muscle sans pouvoir retenir un sourire béat. Roch répond à la place de son fils : « Il fait ben du Nintendo pis de la crossette.

– Câlice, p'pa ! »

Damien lance de sa voix grave : « Olivier a faite le mongol. Y a rasé d'écraser le Scandic dans un arbre.

– C'est pas quatorze ans pour chauffer un skidoo ?

– Pas pour un Skandic...

– Chus le seul à pas avoir l'âge, c'est chien ! répond Olivier. De toute manière, on va pas loin, on reste sur le terrain. »

« Zoey-boy ! »

Damien lève la main pour lui faire un high-five, Geneviève s'approche et le serre dans ses bras. Carl est jaloux, lui aussi aimerait avoir un beau bec de sa nièce, Geneviève embrasse son mononcle qui ricane comme un lutin en levant les épaules et en plissant le visage.

« Moi aussi, je peux t'embrasser si tu veux, mononc, lance Damien.

– Non merci ! Chus célibataire, mais chus pas trop làdedans... »

Damien rit de façon exagérée, fier d'établir une connexion humoristique avec un adulte. Puis il se détourne et se dirige vers les divans dans le coin de la pièce. Matante Carole dit deux fois « venez donc vous assire avec nous-autres, les jeunes ! », mais personne ne l'écoute. Zoey rejoint le coin des enfants, il est trop vieux maintenant pour s'asseoir sur les genoux de Damien ou d'Olivier ; sans que l'information soit claire dans sa tête, il le sait. Sur Geneviève, ça passe encore. Il s'installe sur ses cuisses.

Olivier, le petit frère de Damien, a une voix aiguë qui jure avec son allure d'adolescent. Il a seulement trois ou quatre ans de plus que Zoey, mais ses expressions ont été modelées sur celles des plus vieux qu'il côtoie. Ses bras sont longs et ses épaules larges, pas autant que celles de Damien, mais elles évoquent déjà la silhouette d'un petit adulte. Olivier parle sans bouger les mains, en demeurant calé au fond de sa chaise, la tête penchée vers l'arrière, les jambes écartées dans une attitude qui rappelle celle de leurs oncles, il utilise des expressions que Zoey n'a jamais pensé dire, il parle la bouche relâchée, lance des exclamations de la gorge pour manifester son étonnement ou son découragement, il dit « heu » au lieu de « jeu » et personne le corrige. On dirait un homme plus vieux enfermé dans un corps de douze ans, un monsieur de trente ans à la voix flûtée. L'idée qu'il pourrait ressembler à Olivier dans quelques années terrorise Zoey, il glisse des genoux de Geneviève pour s'asseoir sur le divan.

Olivier est sûr d'avoir vu l'abominable homme des neiges pendant leur promenade en skidoo. Il a vu comme une grande silhouette blanche entre les arbres, deux yeux brillants, une chance qu'il portait son casque parce que la créature aurait pu l'hynoptiser.

« On dit “hypnotiser”, crisse d'illettré.

– Il est pas illettré… Hein Oli ? Tu viens d'apprendre à lire cette année », ajoute Geneviève avec un sourire en coin.

Olivier est piqué au vif par sa sœur, il voudrait avoir une réplique prête à être dégoupillée sur les blagues de Damien et de Geneviève, mais rien ne lui vient. Olivier a de la difficulté en lecture, il consulte un spécialiste pour ça – c'est supposé être un secret, Geneviève a pas le droit d'en parler, mais visiblement elle l'a dit à Damien. Oli ne répond pas, change de sujet au plus vite de peur que Damien, qui joue à des jeux vidéo remplis de dialogues interminables qu'il faut déchiffrer sur l'écran, se mette à le traiter de déficient devant tout le monde.

« Est-ce que vous avez des jeux le fun ? demande Zoey.

– Non, rien que des jeux plates. »

Olivier sort une boîte longue et étroite, couverte de tomates, de laitue et de boulettes joyeuses qui font la file pour s'installer dans un pain hamburger. Son choix ne fait pas plaisir à Damien : « T'as ben des goûts de marde, c'est gai, c'te jeu-là…

– Toé t'es gai. »

Damien s'assoit tout de même autour de la table.

Le jeu se joue à quatre, Zoey se met en équipe avec Geneviève, les règles sont simples. Après quelques tours, Zoey se lève pour aller voir son père. Il est quelle heure, Émie-Anne arrive quand. On n'a pas le temps de lui répondre qu'il est interrompu par une exclamation : « Ah ben calvaire ! Mononc Yvan matante Odette sont déjà là…

– Y est même pas cinq heures », déplore Sylvie.

Est pas encore douchée, pas habillée, pas maquillée, à chaque année, Sylvie Bilodeau se fait prendre par les Lamontagne qui arrivent d'avance au souper. C'est pas de même du côté des Bilodeau, les gens arrivent à l'heure, mais les oncles, les tantes, la famille élargie des Lamontagne vit dans des villages dispersés partout autour du lac, des endroits isolés, des maisons de rang, des bungalows perdus. Ils voient les convives se pointer chez leurs voisins, ça les excite. Les vieilles tantes s'ennuient, les vieux oncles sont perdus dans leur silence, ils passent toute l'année seuls à la maison, et même si le party commence à six heures, ils sautent dans la voiture au beau milieu de l'après-midi, ils se disent « on va arrêter gazer en chemin, acheter de la bière », comme si leur commission allait rallonger la route de manière conséquente. Ils débarquent une heure plus tôt que prévu dans la salle familiale en essayant de masquer leur excitation, en faisant comme si de rien n'était. Ça enrage Sylvie, qui est loin d'être prête.

Le couple fait son entrée, un vieux monsieur tient le bras de Matante Odette, qui a du mal à monter la marche. Elle avance à pas prudents, déjà hilare en embrassant ses neveux. On remarque tout de suite sa bouteille d'eau Naya remplie de gin qu'elle traîne à tous les partys (officiellement, elle ne boit plus depuis les années 1980). Tout le monde se précipite pour saluer cette dame aux cheveux bétonnés, passés au fer, puis laqués de fixatif dans un monumental empilage de rubans drus.

« Comment ce qu'a va ?

– A va comme une bonne femme ! *Eeeeeeeeeee-eeeeeeeeee-eeeeeeeeeee !* »

Son rire aigu l'accompagne partout comme un chien excité qui mord les mollets des enfants, Sylvie avait enfermé René, son shih tzu, dans le garage, mais quelqu'un l'a fait sortir. Il court en rond en jappant, Gilles se fâche, le repousse sèchement, petit crisse de chien. Sylvie s'excuse, essaie d'attraper René en disant : « M'a aller le porter dans sa cage. »

Odette déambule sur ses talons hauts qui lui font perdre l'équilibre, mais jamais le sourire, droit et blanc, qui ne quitte pas son visage. Ses yeux noirs, où l'iris ne se distingue pas de la pupille, scrutent la salle. Odette sourit dans le vide et prend une bonne gorgée d'eau Naya. Elle porte une robe molle qui ne lui va pas et qu'elle n'aime pas. On voit rarement Odette porter des jupons, sauf à Noël ; une vieille idée la pousse à croire qu'il faut faire un effort une fois par année, laisser de côté les jeans et les chemises de chasse qui constituent habituellement sa garde-robe.

Mononcle Yvan tend une tourtière à Roch.

« On en avait déjà deux.

– Ça va vous faire des restants. Faut nourrir ça, ces grands garçons-là », l'octogénaire le dit en serrant la main de Damien.

Les hommes sont déjà rendus à leur troisième Coors Light, Sylvie regarde l'heure, nerveuse. Elle s'excuse, mais il faut vraiment qu'elle aille se préparer, elle a l'air d'une vieille moppe. « *Eeeeeeeeeeee-eeeeeeeeeee-eeeeeeeeeee !* » Matante Odette échappe son rire de soprano, on dirait qu'elle a respiré de l'hélium, ses yeux sont noirs, vides, complètement fous. Elle prend une gorgée d'eau Naya pour se calmer. Sylvie se secoue les cheveux, sort par le garage.

Olivier s'ennuie, il a du mal à se concentrer sur le jeu, il veut retourner dehors. Damien va y aller avec lui. Carole est déçue, elle parle du nez avec une musique mélancolique dans la voix : « Restez donc avec nous-autres, là, les enfants... Qu'on en profite un peu pour être ensemble... C'est Noël... » Elle prononce « Nouëlle ».

Alors que Damien et Olivier s'apprêtent à sortir, les phares d'une voiture inondent les fenêtres d'une lumière blanche, aveuglante. Deux silhouettes tracent des ombres passagères et la porte s'ouvre.

Elle est là, enfin là.

La silhouette d'Émie-Anne apparaît dans la lumière crue. Elle porte des bottes blanches en faux poil, un manteau long en feutrine rouge, des mitaines avec un bonnet assorti. Elle traîne une valise à roulettes Bratz comme une voyageuse qui reviendrait pour la première fois sur sa terre natale après un long séjour dans un pays lointain. Elle retrousse les lèvres, retire son bonnet pour dévoiler ses cheveux noirs, raides, frangés, coupés carré, parfaitement peignés. Elle salue chaque personne en hochant la tête et en disant « bonsoir ».

Émie-Anne a grandi depuis la dernière fois que Zoey l'a vue. Il se demande si ça veut dire que sa personnalité est différente, si elle va préférer passer du temps avec Geneviève, les cousins plus vieux ou pire, avec les adultes. La frontière qui sépare le monde des enfants de celui des plus vieux est imperceptible, difficile à situer, Zoey se croise les doigts en espérant qu'Émie-Anne ne l'a pas encore franchie, qu'elle n'a pas reçu sa lettre de convocation pour la préadolescence, la pire chose qui pourrait leur arriver, pour Noël, c'est qu'Émie-Anne s'enfonce dans cette brume opaque, épaisse et sans intérêt dans laquelle tant d'enfants finissent par se perdre pour ne plus jamais être les mêmes. Du jour au lendemain, le voisin de Zoey a cessé de jouer avec lui, dans une grande vente de garage il a liquidé toutes ses figurines *Star Wars*, toutes ses cartes Pokémon, tous ses Playmobil pirates sans rien garder d'autre que son PlayStation et son panier de basket, ses parents ont repeint sa chambre et ont remplacé sa douillette Jar Jar Binks par une immonde housse rayée. En passant sur la rue à vélo avec d'autres garçons de son âge, le voisin, une fois, a pointé Zoey, qui s'était pourtant retiré sur son île au trésor près des plates-bandes, il a souri en prononçant des mots que Zoey n'a pas entendus, mais qui faisaient référence, il en est certain, à l'univers parallèle (parallèle pour eux) dans lequel Zoey se trouvait. Ne voyaient-ils pas cette grande mer qui coulait sur le quartier, encerclait les îlots formés par chacune des maisons, les voisins à vélo n'étaient-ils pas des corsaires pourris, apôtres du désenchantement, vendus au monde des adultes ? Quelques semaines plus tôt, Renaud jouait avec Zoey, ils élaboraient ensemble les plus audacieuses chasses au trésor. Maintenant, il se tenait loin en riant. De sa cachette dans les plates-bandes, Zoey avait répondu par la bouche de ses canons, en criblant les minables embarcations de boulets en fonte.

La mère d'Émie-Anne porte un simple bandeau sur son abondante crinière frisée, elle a l'air d'un ange en pashmina blanc et en chandail bouffant, elle embrasse les mononcles, les matantes et sème des étoiles autour d'elle. On adore la belle Sandra Trudel, même si elle est originaire de Québec. Sandra est contente de venir faire son tour au lac Saint-Jean chaque année, elle boit du vin blanc, elle est discrète, sauf quand vient le temps de rire des blagues de mononc Roch : elle éclate à cœur joie. On la connaît peu, elle nous intimide, on sait qu'elle a une job au gouvernement, mais on préfère ne pas lui poser de questions pour ne pas qu'elle se sente forcée d'en parler. Les frères Lamontagne ont été éduqués à ne jamais s'intéresser aux autres, à se détourner des sujets qui ne leur sont pas familiers, à ravaler leur curiosité que Mamie a toujours perçue comme un vice, un défaut, les sommant d'arrêter de poser à tout bout de champ des grandes questions existentielles. « Ça fait simple. » Gilles voudrait bien prendre des nouvelles de sa belle-sœur Sandra, mais il ne sait pas comment procéder sans être indiscret, sans fourrer son nez dans des affaires qui le regardent pas. Il dit : « Moi, la dernière fois que j'ai pris le parc des Laurentides en hiver, chus tombé sur une grosse accident. »

Gilles a l'air tellement sec que Sandra aurait envie de le laisser tremper dans l'eau, ou de l'embaumer dans la crème hydratante. Le petit bonhomme à la peau et aux cheveux gris la prend d'assaut. Il lui tire une chaise à côté de la sienne, il lui sert un verre de pinot grigio et met Sandra à jour sur les derniers potins familiaux avant que les gens concernés arrivent.

Zoey et Émie-Anne se font un câlin froid d'enfants qui ne savent pas comment se saluer. Émie est joyeuse. Zoey a tant de choses à lui raconter qu'il ne sait pas par où commencer, il doit adapter les sujets de conversation, le ton de ses interventions en prenant en compte les gens qui se trouvent dans la pièce – il ne parle pas de la même manière devant son père ou seul avec sa cousine. Émie demande : « Lina pis Carl sont séparés ? »

Zoey rougit, il ne sait pas quoi dire pour sa défense.

Il prend un air fier. « C'est cool. Ça me fait deux maisons avec deux chambres. Pis deux fois plus de cadeaux. »

La mâchoire d'Émie se décroche toute seule.

À tout bout de champ, de nouveaux invités déboulent dans l'entrée. Chaque fois qu'on cogne à la porte, Sylvie, revenue les cheveux séchés et placés, marche dans toutes les directions en bougeant des coussins, en déplaçant des chaises, en ramassant des bières vides et en répétant « chus pas prête, chus pas prête », manière de s'excuser autant que de se plaindre que les gens arrivent avant l'heure prévue. Roch la voit faire et lui lance « relaxe, chérie ». Sylvie se retourne, si elle pouvait lui cracher du venin par les yeux elle le ferait.

Les voix forment un tissu enveloppant qui remplit les temps morts des conversations, on passe d'une discussion à une autre, change de place pour quitter un sujet ennuyeux ou un vieil oncle sourd, on parle à une belle-sœur qu'on n'a pas vue depuis un an. Pour avoir le droit de se prendre une bière pendant le souper, Geneviève et Damien doivent servir à quelque chose : ils font le tour de la salle avec ferveur en distribuant des breuvages. Olivier chiale parce qu'il a pas le droit de boire d'alcool. « Calvaire, Oli, t'as douze ans. Prends ton mal en patience !

– T'en souviens-tu, Carl, quand qu'on t'avait faite boire ? »

À l'âge d'Oli, les grands frères et les mononcles de Carl lui avaient refilé des ponces de gin pendant le Jour de l'an, avec le sucre, c'est moins fort, il en avait bu une bonne dizaine (« cinq ou six, max », corrige-t-il). Carl suppliait d'aller se coucher mais on l'avait forcé à continuer, « tu veux boire, bois comme un homme ! ». Vers la fin de la veillée, il tenait plus debout, le plancher bougeait, on l'avait reconduit dans son lit pis il avait vomi dans sa malle à linge.

« J'ai jamais retouché à la boisson après ça. »

Personne n'ose répondre ; tout le monde sait que Carl finit souvent ses soirées torché, endormi sur un divan ou par terre dans un coin.

Il se corrige : « Pas avant un méchant boute, entécas. »

– 13 –

Zoey et Émie sont disparus. Faufilés par la porte du garage où ils établissent leur quartier général, à l'abri du brouhaha de la salle à manger. Ils fuient les becs parfumés de vieilles dames inconnues, les grandes mains rugueuses qui te passent dans les cheveux. Émie dépose sa valise sur une chaise, l'ouvre pour montrer à Zoey ce qu'elle contient, des toutous de chats, de poissons, de serpents, un kit Playmobil princesses de voyage qui se replie sur lui-même, une tonne de livres, des gros livres, des romans de deux cents pages pleins d'aventures extraordinaires, de duels de magie et de combats à l'épée. Zoey est fasciné par ses choses de fille, les poupées et les figurines colorées, les robes et les bobettes différentes des siennes, en tissu plus doux, les boucles, les bidules roses dont il ne connaît pas l'usage et que sa cousine utilise sur son corps de fille.

Au fond de la valise, Émie-Anne attrape quelque chose qu'elle cache dans son dos. « Faut pas que les adultes voyent ça. » Zoey demande de lui montrer, il dira rien, il le jure, « plize plize pliiiiiize, entre nous deux on se dit toute, ok ? » Sa cousine dévoile un boîtier en plastique.

« Le meilleur jeu vidéo de la terre. C'est treize ans et plus. Mon père se l'est acheté pour lui, mais j'ai volé la boîte pour te le montrer. »

Sans console, ils n'ont aucune manière d'accéder au monde fabuleux, « treize ans et plus », dont parle Émie. Sur le boîtier, un garçon blond aux yeux bleus, habillé en Moyen Âge, se regarde dans l'eau, sauf que son reflet n'est pas celui d'un enfant, mais d'un homme mûr, avec un sourire épeurant, des tatous dans le visage et des mèches de cheveux sales qui lui tombent sur les yeux. Ses pupilles sont du même bleu électrique que celles de l'enfant du reflet. Dans le livret du boîtier, on voit des scènes de combat avec des arcs à flèches, des épées, des sortilèges. En tournant les pages, Zoey tombe sur un personnage avec une capuche, portant un masque noir et rouge terrifiant. Il reconnaît ce vilain. Skyd. Un Skyd différent, réincarné dans un autre jeu, avec un autre masque. L'entité n'est pas unique, c'est la constante, la matière plastique qui prend forme dans toutes les histoires, dans tous les univers, qui emprunte chaque fois un masque différent pour tracasser le héros. Sa longue épée donne froid dans le dos.

Personne ne sait encore qu'une créature est sortie d'un jeu vidéo, qu'elle s'est arrachée à son univers de polygones et de couleurs vives pour hanter leur réalité. Il faut que Zoey trouve une manière d'en parler à Émie.

« J'avais pas le goût de venir, j'ai pleuré dans l'auto.

– Moi non plus j'avais pas le goût.

– J'aime pas notre famille », Émie le dit avec un sourire dominant. Sa certitude est le fruit d'une longue réflexion. Zoey lève les yeux au ciel.

« Depuis tantôt, ils font juste parler…

– De choses plates à mort, j'te gage !

– Ouain. »

Zoey se demande quoi ajouter. Il hésite.

Il n'est pas impossible que sa cousine rejette la proposition qu'il a en tête, Émie-Anne sait ce qu'elle aime et surtout ce qu'elle n'aime pas, contrairement à Zoey qui est d'abord confus face à une idée nouvelle, à un phénomène inconnu. Sa proposition est bouillante, il ressent une masse urgente l'incitant à la partager avec Émie, la seule personne qui peut comprendre. Zoey parle à voix basse :

« J'ai été suivi jusqu'ici. »

Émie-Anne demeure prudente, elle se demande si son cousin la niaise.

« Par qui ?

– Skyd. »

Elle procède à un calcul mental élaboré. Ne trouve pas de réponse.

« C'est quoi, un skid ?

– C'est moi qui l'appelle comme ça. C'est un genre de démon avec un masque. Il vient des jeux vidéo. Il parle pas, il reste dans le coin pis il me regarde. Des fois, il fait des danses fuckées. Tantôt Olivier l'a vu rôder dans le bois pendant sa ride de skidoo. »

Émie hésite. Quelque chose doit se décider. Un doute barbelé la traverse, une vague de raison emporte ses pensées et l'incite à faire demi-tour, elle pourrait aisément se mettre à rire, la pochette de velours qui contient les rigolades incontrôlées est pleine. Mais un autre sentier apparaît dans le désordre qui la peuple, une voie familière, empruntée des centaines de fois pour rejoindre son cousin. Les démons maléfiques, Émie connaît, elle est spécialiste de la chasse aux monstres et aux vampires ; Zoey frappe à la porte de sa cave pour l'inviter dans une grande aventure, lui demander de revêtir un habit qu'elle croyait avoir rangé pour de bon. Émie-Anne examine son costume, les coutures tiennent, la teinture n'est pas trop délavée, elle enfile le vêtement. Il lui fait encore. Elle répond :

« Dans mon livre de magie, à la maison, j'ai déjà vu ça, un Skyd. »

Le signal est clair, Zoey est enchanté. Leur complicité est autorisée, Skyd tombe dans la catégorie « acceptable » du système de valeurs imprévisible d'Émie. L'enquête démarre.

Le principal objectif, à ce stade, c'est de comprendre ce que veut Skyd, pourquoi il est sorti de son jeu vidéo, le démon désire peut-être nous transmettre un message, ou s'en prendre à nous, à nos proches, restons vigilants parce que les adultes ne croiront pas à la manifestation surnaturelle d'une entité, ils seront pour cette raison particulièrement vulnérables… Zoey n'a jamais vu le vrai visage de Skyd, il porte un masque, c'est peut-être un autre démon qui se costume et se fait passer pour un enfant squelette. Quand Skyd est dans les parages, il fait surgir des fantômes. « Ce n'est pas bon signe, pense Émie, il convient de laisser les morts en paix. » Depuis le début de la mission, ils parlent avec un accent français comme dans les films, à force de jouer, ils vont reprendre leur langue habituelle, avant de revenir à un français étriqué, souvent fautif, lors des moments les plus cruciaux de l'aventure. Elle ouvre la porte du garage, « il est désormais temps de retourner dans la grande salle afin de mettre les mains sur des indices ».

Une tempête épouvantable de voix, de rires, de cris déboule dans le garage dès qu'on ouvre la porte. Un bébé n'arrête pas de pleurer, il hurle par-dessus la musique. Les vibrations les secouent, les étourdissent, les néons sont éteints pour ne laisser que des lampes chaudes et des lumières bleues, rouges, vertes éclairer la pièce. D'autres enfants viennent d'arriver, des plus jeunes, de la marmaille qui court partout ; Émie regarde Zoey en soupirant.

Deux cousines de six ans courent vers Émie pour s'arrêter dans une position pétrie d'admiration, de crainte, de respect. Les petites savent qu'il est trop tôt, elles se doutent de la réponse d'Émie-Anne, mais elles sont tellement excitées qu'elles ne peuvent s'empêcher de demander d'une voix contenue : « Pourrais-tu écrire nos noms ? »

Émie-Anne regarde sa montre Razmoket, répond avec assurance : « Tantôt, les filles. »

Dans la cuisine, ils tombent sur Madeleine, leur tante bizarre, qui est assise toute seule sur une chaise. Elle regarde la salle avec un détachement attentif, comme un sauveteur sa piscine en ordre. Madeleine est différente des autres matantes, ses cheveux gris ne sont pas arrangés, ils forment une touffe raide, courte, et elle n'est pas habillée pour Noël. Elle porte des jeans et un tee-shirt d'oursons bleu poudre qui ressemble à un pyjama. Elle applique une couche épaisse de Lipsil sur ses lèvres gercées, fendues, en lorgnant la salle.

Zoey lui parle avec un ton légèrement moqueur, celui que prennent tous les adultes lorsqu'ils s'adressent à Madeleine. On ne veut pas être pris au sérieux quand on lui parle, on veut signaler qu'on sait à qui on s'adresse : « Mado ! On cherche une bébitte. Un monstre avec un masque. »

Mado nous regarde comme des fuckés. Elle sent le pamplemousse à cause du Lipsil.

« T'as-tu vu ça, un monstre avec un masque ? demande Émie.

– Ça va trop vite. »

Émie et Zoey se regardent en riant.

« C'est pas ça qu'on te demande, Mado. On cherche des indices. T'as-tu vu quelque chose ? »

Elle répond en faisant des gestes abrupts.

« Non, j'ai rien vu de ça. »

– 14 –

Ils se glissent dans la salle en longeant les murs, passent sous les tables pour ne pas être interceptés. Le plancher est louche, le prélart semble avoir été brûlé à plusieurs endroits. Des tuiles de plastique noirci frisent, elles sont encore chaudes, ça pourrait bien être Skyd qui essaie de mettre le feu au party pour cramer tout le monde d'un coup, ça s'est déjà vu.

« Émie-Anne Trudel-Lamontagne ! Viens dire bonjour à mononc Mario. »

Elle supplie Zoey de continuer l'enquête, mais il la suit comme un chien dressé.

« Salut ma grande, salut mon neveu. Joyeux Noël. » Il prononce « No-well ».

Mononc Mario a une nouvelle blonde, on nous la présente : Josiane. Émie la hait immédiatement. Impossible d'expliquer pourquoi, quelque chose de toxique, de sirupeux se dégage de Josiane, qui fait de grands sourires gentils, se penche à leur hauteur pour leur parler avec une voix de bébé. Quel adulte fait ça ? On est pas caves, on est capables de parler sérieusement, sans prendre de voix de bébés, même si on sait que cette manière de parler nous protège, que les adultes nous placent dans une autre catégorie quand on fait semblant d'être tristes pour des niaiseries et qu'on chantonne en disant « *mamânhaahânn ?* » Josiane aussi veut passer pour une innocente, elle s'adresse à mononc Roch avec une voix d'enfant, ses vêtements jurent, elle s'habille comme une fille de ville, une chanteuse de vidéoclip, avec ses lunettes de soleil sur ses cheveux noirs même si on est en pleine nuit. Elle s'approche d'eux pour leur confier un secret, « c'est la première fois que je viens ici, je suis stressée », « passez-vous une belle soirée ? ».

Qu'est-ce qu'on est supposés répondre ?

Josiane nous révolte. En l'entendant parler avec la mère d'Émie, on comprend qu'elle est psychothérapeute. Zoey fait une face paniquée à sa cousine, il fait semblant de se trancher la gorge avec la main, laisse pendre sa tête en sortant la langue. Émie l'ignore peut-être, mais les psychologues, psychothérapeutes, sont des bourreaux médiévaux, les exécutants des pires condamnations, ils vivent dans leurs cachots au sous-sol des écoles, ils ne peuvent jamais voir la lumière du jour, ils creusent des canaux secrets sous la terre pour rejoindre leurs semblables, ils te font copier toute la période et te jouent dans la tête, te posent des questions pas-rapport qui te font sentir comme si t'avais respiré du poison. Les parents d'Émie-Anne ont déjà évoqué l'idée qu'elle aille voir un psy, elle est scandalisée, Benoît et Sandra sont tellement cons, parfois, ils l'enverraient tout droit dans la gueule du loup si elle prêtait pas attention – ils voient pas le complot révélé par la présence de Josiane, qui va les charmer pour éviter les soupçons, avant de nous droguer et nous enlever en bonne psychologue. Pour Émie, les choses deviennent très claires : la première fois que Zoey a vu Skyd, il était dans le sous-sol de l'école, chez le psy. C'est certain que Josiane est complice avec le démon, et que le démon est relié aux psychologues de toute la planète. C'est pour ça que la nouvelle blonde de Mario est stressée d'être ici. Elle a peur qu'on la découvre, qu'on la fasse exorciser ou mettre en prison. Peut-être que Josiane n'existe même pas, que c'est Skyd qui a changé de masque pour se transformer en madame ? Zoey imite sa manière de parler en pinçant les lèvres, en prononçant toutes les syllabes. Méchante péteuse.

« Arrête de casser les poignets de même ! » lance Carl.

Il redresse son fils. Zoey se sent regardé par toute la salle, voudrait disparaître, se liquéfier et se mélanger à l'eau des bottes bue par l'épais tapis d'entrée. Le père de Zoey a le don de parler des choses déplaisantes devant tout le monde. Il s'approche et adoucit le ton :

« Je te dis de pas te tenir de même, tu sais-tu pourquoi ? Parce que c'est les homosexuels qui se tiennent comme ça. »

Son père prétend lui parler, mais il s'adresse en vérité aux gens qui les entourent, aux oncles et aux cousins qui observent la scène en souriant ; il fait tout le temps ça. Carl se sent mal d'avoir haussé le ton, il essaie de se rattraper en s'expliquant :

« Les homosexuels, c'est des monsieurs avec des moustaches qui embrassent d'autres monsieurs. »

Carl parle avec un ton ridicule, en mettant un doigt sous son nez.

« C'est des femmes dans des corps d'hommes », précise matante Sylvie. « Je le sais : mon premier chum était de même…

– C'est bizarre, hein ? »

Zoey vendrait son âme au diable pour que Carl se taise. S'il en avait le courage, il attraperait la pelle de métal qui traîne dans l'entrée et lui étamperait un bon coup dans la face.

Émie-Anne n'arrête pas de faire signe à Zoey de la suivre, mais son cousin n'ose pas bouger. Il faut choisir le bon moment, partir sans susciter les soupçons, sans accorder d'importance au comportement débile de son père. Josiane décide de s'interposer, elle parle avec un sourire dans la voix.

« Franchement, Carl, laisse-le donc faire sa propre opinion plus tard…

– Moi, je serais contente d'avoir une tapette dans la famille, poursuit Geneviève. Il pourrait nous faire des coiffes !

– Calvaire, Geneviève. Y a juste huit ans… »

Zoey est prêt à se laisser partir, il prie les forces occultes pour qu'elles viennent le chercher, pour qu'une catastrophe cosmique s'abatte sur la salle et mette fin à son interminable embarras. Mais un miracle se produit. Un cri de mort, un cri qui glace le sang. Tout le monde se retourne.

Pourquoi Émie-Anne crie de même ?

Elle joue la traumatisée, avec de grands yeux ronds :

« Je viens de voir Skyd. »

Elle fait signe à Zoey de la suivre.

C'est le moment. Une urgence justifie toutes les fuites. On décrisse en courant.

– 15 –

« Mamie arrive ! »

Roch emprunte sa voix volcanique pour qu'on l'entende par-dessus le vacarme. Mamie arrive ! Toute la pièce tremble. L'information est reprise, diffusée jusque dans le moindre racoin. Mamie arrive. Une panique se dilue dans l'air et le volume des voix baisse de moitié. La porte s'ouvre et le spectacle commence.

Mamie fait son entrée en tenant la main de Carl, elle joue la fragilité, la tristesse, ses lèvres peintes en rouge boudent, aucun muscle de son visage ne retient ses joues molles et fardées, elle bouge comme un animal blessé, tient sa sacoche collée contre elle comme si elle avait peur de se la faire voler. Mamie feint de boiter pour qu'on comprenne bien que son jeu est dans le registre du malheur, de la souffrance et du drame.

Elle attend que le silence dans la salle soit complet, puis lance sa réplique préparée : « Je pensais que Carl allait avoir une petite femme à me présenter. Je suis ben déçue de ça. »

Sa voix est pleureuse, nécessaire. Carl referme la porte derrière elle, rouge de honte. Il n'ose pas regarder l'auditoire qui se forme autour d'eux. Les cinq autres fils viennent tour à tour saluer Mamie, prendre son manteau et le pain sandwich qu'elle a préparé.

« Ma belle petite Chinoise ! Eh, que Mamie est contente de te voir… »

Émie-Anne déteste sa grand-mère, elle sait que tout le monde est censé vénérer Mamie, mais la vieille la révulse. Quand elle est là, Émie n'est jamais à l'abri d'un commentaire pour lui rappeler qu'elle ne vient pas d'ici, qu'elle n'est pas une Lamontagne comme les autres, à chaque fois, le détachement d'Émie-Anne envers sa grand-mère grandit. Quand Mamie se détourne, Émie montre les dents, crispe les doigts de sa main pour lui envoyer des éclairs et faire souffrir la blessure au dos dont la grand-mère se plaint en sillant dans l'oreille d'une matante.

Mamie agrippe la main de son petit-fils quand il passe : « Damien, mets-nous donc un disque de Noël. Pas tes grandes affaires simples, là, des beaux cantiques… Nicole Martin, Ginette Reno, Fernand Gignac. »

Elle caresse les cheveux de Zoey en lui disant de se tenir droit, ses doigts sont plissés et secs, ornés de bagues aux pierres qui changent de couleur avec son humeur. Ses ongles sont sur le point de tomber, couverts d'un épais vernis bordeaux. Mamie est embaumée d'une odeur forte de pot-pourri. Elle reprend son rôle de tragédienne, parle d'une voix chantante en cascades déprimées :

« On l'aimait *beaucoup*, nous-autres, Lina. »

C'est la première fois qu'on parle de sa mère au passé, Zoey se sent comme si on lui annonçait qu'elle était morte et qu'il était coupable de sa mort. Mamie l'embrasse sur la joue en laissant une trace rouge, l'abandonne avant de continuer son chemin en distribuant ses méchancetés. « T'as grossi, Sylvie… Anne… Virginie… Geneviève. » Les prénoms arrivent en chapelet dans sa tête : pour nommer sa petite-fille, elle passe d'abord par une bru, une cousine, une tante. « Tu t'en viens grassette », elle le dit en prenant sa voix triste.

Des cordes pincées, légères comme des bulles de savon, émettent dans l'air des sons de fête. Muriel Millard chante « *ding dong, ding dong* » et Mamie se traîne dans la foule à pas chancelants, en embrassant tout le monde. « Comment ça se fait que Pierre-Marc est pas descendu de Montréal, êtes-vous en chicane ? *Gilles ?* » Elle ne s'assoit pas, ne prend pas des nouvelles de ses enfants, et se rend aussitôt dans la cuisine où ses brus se démènent dans la bonne humeur. Les belles-sœurs préparent les grands plateaux de salade de macaronis, décorent les plats de ragoût et de ketchup vert. Deux vieux fourneaux fonctionnent à plein régime, un pour cuire la tourtière, l'autre pour réchauffer la dinde sèche, le jambon cuit. Ça sent la pâte brunie, la viande mijotée.

Geneviève reprend sa tâche, elle roule une tranche de fromage jaune avec une tranche de viande, puis Madeleine les fait tenir avec un cure-dent orné d'une cerise au marasquin. Le cure-dent est la clé de toutes les bouchées, on perce à travers les saucisses fumées qui cuisent dans leurs bandelettes de bacon ou dans leur manteau de pâte beurrée, tout s'embobine sous les doigts agiles des tantes, les tranches de dinde se tortillent autour d'un boursin à la ciboulette, des préparations de chocolat fondu enrobent des guimauves colorées et la bûche renferme une couche épaisse de confiture. Le four s'ouvre et déroule son imposant tapis d'odeurs, Sylvie verse de l'eau dans le trou d'un gros pâté, la tourtière est un désordre de viandes mixtes, porc, bœuf, orignal si on est chanceuses, avec des cubes de patates, sel, poivre, une pâte épaisse renferme la mixture qui cuit pendant des heures, la saveur jaillit de l'absence absolue d'épices, d'aromates, de l'égalité radicale des ingrédients. Au terme de la cuisson, les morceaux de bœuf fondant sont impossibles à distinguer de l'orignal ou du porc. La tourtière forme une même matière viandeuse, amidonnée et grasse, qu'on hydrate d'un jet de Ketchup.

« Mme Lamontagne, allez donc vous asseoir. On s'en occupe, du manger… »

Il est temps que Mamie reprenne le contrôle de ce qui a commencé sans elle. Ses brus ne savent pas rouler les bouchées qui se défont toutes, elles ne savent pas chauffer les tourtières et les pâtés de viande. Sans s'annoncer, Mamie prend la place de Sylvie en lui ordonnant de sortir la tourtière du four.

« Elle va continuer de cuire avec le couvercle. Si on la sort pas, ça va être sec.

– Ma mère a jamais fait ça, sortir la tourtière avant le temps. »

Sylvie a pas le goût de se faire bosser par sa belle-mère. Elle invoque la rivalité des mères, force égyptienne, pour confronter le pouvoir de Mamie qui répond le plus naturellement du monde :

« On est pas chez ta mère. On est chez nous. »

– 16 –

Émie-Anne observe la foule avec une angoisse diffuse. Tout le monde se ressemble, elle retrouve les lèvres charnues, en forme de cœur, et les sourcils épais, expressifs de son père sur les visages de purs inconnus. Émie n'a pas les caractéristiques des Lamontagne, même si parfois on lui dit qu'elle ressemble à Benoît à cause de leurs expressions faciales et de leur humour absurde. Se trouvent ici d'innombrables gens qu'elle ne connaît pas, des enfants impossibles à associer à un parent précis, des adolescents en chemises colorées, des garçons avec du gel dans le toupet, des filles aux robes étroites et aux coiffures bouffantes. Les vieillards ont l'air de personnages antiques, de fossiles de notre civilisation, les ancêtres sont descendus des vieux albums photo et des portraits en noir et blanc pour regagner leurs couleurs beiges, le parvis des églises, devant lequel des familles entières posaient pour la caméra, s'est vidé pour que les monsieurs et les madames du passé se rendent à la veillée de Noël. À minuit, ils devront regagner leurs photos sous peine de passer l'éternité en enfer. Un vieil oncle porte des lunettes immenses à monture argentée, ses cheveux ont été peignés en 1912, son complet en laine a l'air bouillant, il est de la même couleur que ses dents jaunes, presque noires. Sa femme est une Cléopâtre âgée qui ne sourit jamais, ses lunettes ailées lui font des yeux féroces, elle se berce dans un silence obstiné au milieu d'un cercle d'anciens, ils ont cent, deux cents ans, ils sentent la gargouille et parlent une langue disparue. Émie-Anne est impressionnée, légèrement effrayée de côtoyer un monde aussi antérieur au sien. Les vieilles et les vieux sont issus d'un temps où on égorgeait les cochons, où on battait les enfants, où on brûlait les mains des polissonnes sur les ronds du poêle. Elle ferait mieux de ne pas trop s'approcher.

Les adultes ne semblent pas voir les traces laissées par Skyd dans la neige. Les mêmes pieds curieux ont marché partout dans la salle. Depuis qu'Émie-Anne a prétendu apercevoir l'entité démoniaque, elle ne doute plus de son existence. Feindre déclenche en elle les mêmes effets que si elle avait réellement vu. Elle redouble d'effort dans sa recherche d'indices, refait sa trajectoire en suivant chacune des marques ; il y en a beaucoup trop, Skyd est allé partout. Il a laissé une trace de brûlé sur le calorifère de la salle de bains. Il a rongé l'établi du garage. Tout à l'heure, Zoey a trouvé une paillette brillante sur le sol : un morceau du costume de Skyd, Émie en est certaine.

Skyd est une grande toile imperméable qu'Émie appose sur la soirée. Elle se sent loin de sa chambre, sa mère et son père sont occupés, elle doit se distraire toute seule avec des cousins, des cousines qu'elle ne connaît pas, qu'elle voit une fois par année. Émie ressent une menace diffuse, elle ne sait pas où elle se trouve, où elle va dormir ce soir, si elle est assaillie par les cauchemars, pourra-t-elle aller réveiller Benoît et Sandra ? Les plus vieux, Damien, Olivier, Geneviève lui font un drôle d'effet, ils portent des signaux qu'Émie déchiffre instinctivement et qu'elle a appris à associer au danger. Une chaîne dans le cou, des boutons sur le nez, des seins sphériques tracent un sentier boueux et touffu qui apparaît dans son esprit. Cette voie mène à des territoires inconnus, dont les pavés d'adolescence, de drogue, de sexe et d'autres choses plus innommables encore risquent de lui faire perdre pied, de lui fouler la cheville. Si elle suivait ce chemin, Émie pourrait être prise de cette damnation qu'on évoque parfois sans donner de détails, un garçon tellement drogué qu'il est viré raisin, la jeune fille de Cap-Rouge dont ils ont parlé aux nouvelles, qui a eu un bébé trop jeune et qu'on a éventrée pour la guérir. Émie ne comprend pas tout ce qu'impliquent ces histoires, mais elles forment une muraille d'avertissements dans son esprit ; les terres qui se trouvent au-delà sont dangereuses. Il est difficile de les quitter une fois qu'on y a mis les pieds. Il n'est pas impossible qu'Émie-Anne accepte la proposition de Geneviève de lui faire des tresses, mais si sa cousine lui offre de la bière ou de la drogue (Émie se demande comment ça se prend, de la drogue, elle croit savoir que ça se fume dans des cigarettes spéciales au papier noir), Émie va répondre fermement « NON ». D'ici là, l'enquête visant à déchiffrer les intentions de Skyd suffit à donner un sens à sa présence, un squelette sur lequel pourront prendre différentes greffes, jeux et complots, missions et aventures. En lisant des gros volumes, Émie a appris qu'une mission, même une mission niaiseuse, est nécessaire à l'histoire, la vie des enfants de ses romans est illuminée, justifiée par une tâche hors du commun, sauver le monde, combattre le Mal, trouver le trésor d'une civilisation perdue. Soudainement les héros quittent l'insignifiance du quotidien pour devenir essentiels à la survie de la planète ; leur existence est, en retour, sanctifiée. Tout ce qui contribue à attiser l'espoir d'un destin utile et nécessaire transporte Émie, la dote d'une confiance qu'elle n'a pas quand aucune menace ne pèse sur ses parents, sur l'école ou sur le quartier. Lorsque Émie perd cette fonction d'héroïne, elle se met à se poser des questions désagréables. Avec un but à atteindre, elle est investie d'un sens qui la dépasse, un sens opaque qu'il faut prolonger, faire persister dans le mystère qui la fonde.

Plus on y pense, plus la nouvelle blonde de Mario, Josiane, est de mèche avec Skyd. On appelle les femmes de nos mononcles nos « matantes », mais le mot ne colle pas à Josiane. La nouvelle, la péteuse, l'inconnue qu'on admet au party même si c'est pas vraiment une Lamontagne. La psychologue, la psychopathe, l'étrangère à qui il faut pas faire confiance. Josiane nous court après, elle nous demande à quoi on joue.

On joue pas, innocente. On te traque. On va ruiner ta vie. Bloquer ton complot.

À voir son sourire en coin, son air de petit minou innocent, Josiane se doute qu'on se doute. Mais elle ne se doute pas qu'on a une longueur d'avance sur elle. De retour dans notre base secrète du garage vient à Émie l'idée du siècle : lui tendre un piège. À côté de la porte qui mène à la salle à manger se trouve une immense étagère remplie de luges, de crazy carpets, de chaises pliantes et d'outils. Sur la tablette du haut, un gigantesque coffre en métal.

Émie aide Zoey à grimper. Elle est plus grande et se met à quatre pattes, comme pour les pyramides humaines dans les cours d'éducation physique. En l'ouvrant, là-haut, Zoey confirme que le coffre est rempli de tournevis et de patentes pesantes. Il a de la misère à le bouger.

Les démons sont immortels. Il faut néanmoins montrer à Skyd de quel bois on se chauffe ; c'est pas en nous envoyant une vulgaire émissaire qu'il va s'en tirer. Si on assomme Josiane, peut-être qu'elle va nous lâcher cinq minutes, qu'elle va rester étendue par terre avec des étoiles qui lui tournent autour de la tête, peut-être que Skyd va avoir peur de nous, ou nous prendre en admiration.

Zoey redescend. On adopte notre air le plus innocent pour s'en retourner dans la grande salle.

– 17 –

« Rolande Ross, c'est pas parent avec p'pa, ça... C'est du bord des Fisette.

– C'est ça je disais, Roch. C'est du bord des Fisette, répond Carl.

– Est-tu morte, elle ? demande Gilles.

– Ben oui est morte, répond sèchement Roch.

– Est pas morte, je l'ai eue au téléphone en septembre.

– Carl ! J'étais là, à ses funérailles, rajoute Roch.

– Tu t'es trompé de morte, mon Roch. J'ai eu Rolande Ross au téléphone ça fait même pas trois semaines. On le saurait si était partie. M'man nous l'aurait dit.

– Rolande Ross est morte. Veux-tu qu'on gage ? »

Roch est sûr de lui, Gilles tente de le faire rire :

« J'imagine Roch recevoir les condoléances aux funérailles d'une inconnue parce qu'y pense que c'est quelqu'un de sa famille qui est dans la tombe. »

Les gens rient, pas Roch.

« Le prêtre a pas dit son nom pendant la messe ? demande Carl.

– Roch dormait ! »

Des rires, encore.

Carl tente de clore le sujet : « Je te le dis qu'est vivante, je l'ai eue au téléphone…

– T'as téléphoné à Rolande Ross, toi ? demande Roch, un gros doute dans la voix. En quel honneur ?

– Elle était chez Luc quand je l'ai appelé pour ses soixante ans.

– C'est qui Luc ? » demande Josiane en tentant de s'intégrer à la conversation.

Mario lui répond, à part : « Luc Fisette, ça se trouve à être son fils. Notre grand chum. »

Roch se tourne vers Josiane : « Luc a grandi avec nous-autres.

– Eille, *Rolande Ross*… A l'avait-tu le nom pareil… » Josiane rit toute seule de sa remarque. Personne ne réagit, comme si Rolande Ross était un nom archicommun.

« On va demander à Mamie. Ça m'étonnerait ben gros que la mère de Luc soit morte.

– J'ai vu son corps embaumé, allongé dans la tombe… Chus pas fou ! répond Roch, enragé. Tu vas pas me dire qu'elle s'était étendue là rienque pour attirer l'attention ?

– A s'est relevée quand le monde sont partis. »

Roch ne capte pas la blague et répond en faisant tonner sa voix : « C'est n'importe quoi, une morte, c'est mort ! »

Gilles adopte un ton calme, qui fait baisser la tension : « Roch, j'étais avec toi à ces funérailles-là. » Son frère s'adosse contre sa chaise – enfin quelqu'un qui corrobore sa version. « Je sais ben que t'étais là ! Je m'en souviens très bien. »

« C'était en 1992, poursuit Gilles. Le salon était à Alma. On était en pleines vacances d'été, on avait pogné une grosse orage électrique en s'en revenant.

– C'est ça. Une grosse orage électrique. Le jour des funérailles de Rolande Ross, la cousine au demi-frére à m'man. Du bord des Fisette. La mère à Luc Fisette. » Roch se retourne vers Carl en souriant : « Tu vas-tu nous croire, astheure, ou tu veux continuer à faire ton épais ? Deux témoins, c'est tu assez pour notre historien ?

– À qui j'ai parlé au téléphone si Rolande Ross est morte ? » demande Carl avec un sourire en coin.

Mario prend une grande respiration et parle calmement : « Tu t'es mélangé, mon Roch. J'étais avec toi, mais c'étaient pas les funérailles de Rolande Ross. C'étaient les funérailles de matante Aurélienne. La sœur à Rolande. Carl a raison. Je pense qu'est vivante, matante Rolande… »

Roch rougit d'un coup, son visage gonfle, ses yeux noircissent, sa moustache se trempe de sueur. Les cavités dans sa gorge vibrent et la mâchoire se ramollit. Sa voix résonne : « Vous vous mettez toujours tout le monde contre moi ! Vous me direz pas que j'ai pas été à des funérailles quand j'ai été à des funérailles… Je l'ai vue morte dans son cercueil, calvaire ! »

Personne n'ose parler, Roch a les larmes aux yeux. « On avait tous pleuré une shot à ces funérailles-là…

– Qu'elle soit décédée ou non, c'est pas grave… »

L'insouciance forcée de Josiane agace. Elle essaie d'atténuer le malaise, mais elle n'a pas d'affaire à parler. La nouvelle blonde de Mario ferait mieux d'apprivoiser ses beaux-frères avant de se mêler de conflits de famille. Il y a des dynamiques qui lui échappent, c'est mieux qu'elle se taise, Mario va lui dire, plus tard, quand il aura un moment tout seul avec elle. Il sait que Roch n'avouera jamais son erreur, l'aîné de la fratrie se voit comme l'archive vivante, le gardien du passé. Sa mémoire est une grande et puissante machine pouvant recoller les morceaux les plus anciens d'une conversation, faire réapparaître la couleur d'un vêtement, le nom d'une connaissance disparue, citer des adresses sur des rues qui n'existent plus. Mais une machine qui fait défaut. Roch récolte n'importe quoi dans ses grandes plongées sous-marines, il ramène tout un bazar, assemble mal les morceaux du passé familial, fixant des membres à des endroits étonnants pour donner naissance à des anecdotes aux corps mutants. Ses facultés mémorielles ressemblent à un vaste trésor dans lequel on aurait déversé plusieurs pelletées de monnaie fausse, de diamants en toc – impossible de savoir, à l'entendre raconter un épisode, si Roch vient de tomber sur une authentique pierre précieuse ou un morceau de plastique. Tout entre dans la composition de ses grandes fresques où les lieux changent, où on est à deux endroits en même temps, où les personnages se fondent les uns aux autres, se condensent, vivent des aventures secrètes avec des gens qu'ils n'ont jamais connus, des scènes mémorables dix ans après leur mort, sont pleurés longtemps avant leur disparition.

Carl, Gilles et Mario ont l'habitude des anecdotes de Roch. Ils ont appris, à force de l'entendre réciter des souvenirs qui, tant bien que mal, finissent par se greffer aux leurs, qu'une histoire n'est jamais à prendre à la lettre, que la vérité est secondaire dans l'ordre des valeurs, qu'il faut savoir tirer le faux du vrai. Sous les défaillances des récits de Roch se cache une vérité pas comme les autres, une sorte de vérité spéciale.

« L'important, c'est qu'on passe un beau Noël », lance Josiane pour combler le silence.

La conversation arrive à un cul-de-sac. S'ils continuent dans cette voie, ça pourrait escalader et se terminer aux poings, aux larmes. Carl s'adresse à Josiane pour changer de sujet : « On t'a-tu déjà dit que ton chum Mario, y a toujours ressemblé comme deux gouttes d'eau à matante Aurélienne ?

– Y ont les mêmes, *mêmes* traits. On les mélange, des fois », ajoute Roch, en sautant sur l'occasion pour sortir de ses retranchements.

Mario fait son possible pour avoir l'air indifférent, mais on le sent énervé. Il joue avec son bracelet, regarde sa nouvelle compagne. Josiane semble amusée. Mario force un sourire calme, il fait un geste confiant de la main : « Mes fréres ont toujours dit que je ressemblais à Matante Aurélienne pour m'écœurer… J'avais huit ans pis ils m'appelaient la Sœur volante. Chus t'habitué.

– Matante Aurélienne, on l'appelait Bertrille, comme la Sœur volante, parce qu'était dans les bonnes sœurs elle avec.

– Elle portait le même genre de chapeau.

– Le genre de chapeau à Mario.

– Il t'a-tu déjà montré son beau chapeau pour le soleil ?

– Bon, je vais aller me chercher une bière, moi, interrompt Mario. Qui qui en veut une ? » La diversion est habile, mais

Roch, Gilles et Carl sentent que leur frère commence tout juste à mordre à l'hameçon.

« C'est pas mêlant, Josiane, Mario, c'est la réincarnation de Bertrille.

– Bientôt, on pourra plus faire la différence.

– C'est son côté métrosexuel de Hicoutimi qui rend ça mêlant. » Roch fait référence aux vestons en jean Parasuco de Mario, à ses bracelets en cuir et à ses greffes de cheveux, à son parler sophistiqué pour rien. Josiane scrute son chum. Elle ne l'avait jamais réalisé avant, mais avec son visage parfaitement rasé et la peau molle qui lui pend dans le cou, il pourrait avoir l'air d'une vieille dame.

« Esprit que vous êtes pas un cadeau… » Mario quitte le cercle de chaises en faisant un geste sec de la main. Roch ajoute bien fort : « Plus il se fâche, plus il ressemble à matante Aurélienne ! »

Deux petites silhouettes se faufilent et se dirigent vers Josiane. Émie-Anne et Zoey font des yeux angéliques : « Peux-tu nous rejoindre dans cinq minutes ? On veut te faire un spectacle. »

Le visage de la psychologue s'illumine.

« J'adore les spectacles ! »

Josiane veut nous parler d'un spectacle de cirque qu'elle a vu à l'auditorium de Jonquière, mais on s'en tabarnaque On se sauve d'elle, de ses histoires poches, de sa gentillesse puante, de ses grandes dents blanches. On retourne dans notre garage en courant, Zoey escalade de nouveau l'étagère, place le coffre comme il faut, puis redescend prudemment avec l'aide d'Émie.

C'est long cinq minutes, c'est l'éternité, surtout quand ton piège est prêt, ton faux spectacle aussi. Zoey et Émie ont des foulards autour de la taille et tiennent des fanions de motoneige comme des majorettes. Ils sont excités, se sentent rusés comme le petit gars de *Maman, j'ai raté l'avion*, qui élabore toutes sortes d'inventions pour attraper les voleurs.

« A l'arrive ! »

On entend Josiane jacasser, on se place au fond du garage avec nos fanions. La porte s'ouvre doucement. Le coffre à outils, qui reposait sur l'entrebâillement, tombe d'un coup.

PO-TOW-TOW !

Ça fait dans un barda terrible, on agite nerveusement nos fanions. Les tournevis roulent par terre, des milliers de clous explosent sur la dalle de béton. Le coffre est éventré, son tiroir de métal projeté plus loin. La base d'acier est cabossée, elle aurait pu fendre la dalle de béton.

Le coffre n'est pas tombé sur la tête de Josiane comme on l'espérait. On a manqué notre shot, vacherie de vacherie. La psychologue est consciente, elle nous regarde avec des yeux de truite sortie trop vite de la rivière.

Elle ne peut pas s'imaginer qu'on a fait ça par exprès.

Dans la grande salle, le coup de feu coupe court aux discussions. Plane un silence anxieux. On espère qu'il n'est rien arrivé de grave. Deux ou trois mononcs surgissent dans le garage. Une étagère est peut-être tombée sur un flot, un luminaire pourrait s'être détaché du plafond… Le visage en point d'interrogation de Roch apparaît.

« Mon coffre à outils… »

Zoey hausse les épaules, Émie-Anne explique en montrant son fanion qu'on avait préparé un spectacle quand il est tombé d'un coup, *boum !*

« Avez-vous grimpé ? Y était su l'étagère…

– On n'a pas grimpé, c'est benque trop haut.

– C't'un accident », confirme Zoey, quelque chose de suspect dans sa voix. Émie-Anne aurait préféré qu'il se taise. Leur plan était excellent. Crime que c'est fâchant. Émie-Anne s'en veut de ne pas avoir mieux arrangé le piège ; ils sont passés à un cheveu de l'avoir, la maudite psychologue. Leur prochaine chance n'arrivera pas de sitôt.

On les envoie dans la grande salle pendant qu'on ramasse les outils. Personne ne demande à Josiane si tout va bien. Elle doit être correcte, elle a pas l'air blessée, elle aide à ranger le bordel. Roch jette quelques outils cassés dans la poubelle en sacrant. Il fixe le vide et ne dit rien.

– 18 –

On cherche d'autres stratégies pour piéger un démon, ou une femme trop gentille avec nous. Il faudrait attirer Skyd dans le garage, il suffirait de l'enfermer en barrant la porte. Les adultes pourraient l'observer par la fenêtre, ils auraient pas le choix de nous croire. Les adultes, ça croit jamais rien avant d'avoir des preuves. On va leur charger vingt-cinq sous pour ouvrir le rideau et observer Skyd, comme au zoo.

« Penses-tu que Skyd mange de la tourtière ?

– Peut-être les boutes brûlés…

– Il doit manger des affaires qui se mangent pas.

– Comme du similipoulet.

– Ou des êtres humains.

– Des humains, c'est gros pour lui. Skyd est à peu près grand comme nous.

– Il mange peut-être des bébés. »

Le regard d'Émie-Anne s'illumine.

« Marie-Claude a un bébé. »

– 19 –

Marie-Claude est assise près du foyer sur un fauteuil berçant. Elle parle avec d'autres adultes. Siméon dort dans son landau une dizaine de mètres plus loin, derrière l'orgue, près de l'armoire de jeux de société, dans le coin le plus tranquille de la salle, un havre de paix séparé par des divans, où personne ne risque de marcher dessus par accident.

On étudie notre cousine. On applique nos techniques d'infiltration. Dans les jeux vidéo, dans les films d'espionnage, on apprend à déchiffrer le rythme secret du monde, chaque chose a son motif, son propre tempo, la grande salle est un entrelacement d'irrégularités, la porte de la salle de bains s'ouvre et se ferme à toutes les minutes, mononc Roch se ferme la trappe un maximum de douze secondes, matante Sylvie remonte ses lunettes aux six secondes. Elle est constante, régulière, aussi infaillible qu'une horloge. On estime que Marie-Claude regarde son bébé une fois aux deux minutes. Émie-Anne calcule sur sa montre Razmoket pour être sûre.

Une minute trente-deux, trente-trois… Fuck !

Marie-Claude fout en l'air notre théorie en surveillant son bébé après une minute trente-trois.

Quand une théorie se révèle fausse, il faut arrêter de penser et passer à l'action. Dès que Marie-Claude regarde ailleurs, on saute sur le berceau. Émie-Anne sait comment prendre les bébés, elle s'est pratiquée des centaines de fois avec des poupées ; elle soulève doucement le petit Siméon en faisant attention de bien lui tenir la tête. Sa mère est en pleine conversation, elle ne voit rien.

Il faut passer à la prochaine étape du plan. Le trajet de retour à la porte du garage – notre base, notre sanctuaire, notre château cosmique – n'est pas très long, mais il nous force à marcher à découvert sur cinq mètres. N'importe qui pourrait nous voir.

Zoey propose de se mettre devant Émie-Anne pour la dérober aux regards. Elle pense que ça marchera jamais : on va voir qu'elle avance bizarre, avec quelque chose dans les bras. On aurait dû y penser avant, notre plan est à l'eau. Impossible de revenir au garage sans se faire remarquer.

Ce qui est cool avec les adultes, c'est qu'en plus de ne rien croire, ils ne voient jamais rien. Sans réfléchir on décide d'y aller d'un coup. Tant pis si on se fait pogner, on inventera une excuse. On marche à vitesse normale pour pas attirer l'attention, pour pas briser le rythme secret du monde, et on se téléporte dans le garage sans que personne ne nous voie.

– 20 –

En fermant la porte du garage, Zoey et Émie sont euphoriques. On ne sait pas où mettre Siméon, faqu'on le dépose à terre. On se serre dans nos bras pour s'électrifier comme deux batteries pleines de voltage. Notre âge nous permet de faire des choses qu'on n'aurait jamais été capables de faire il n'y a pas longtemps, des verrous tombent, des actions techniques, des réflexions complexes, des éclairs de compréhension auparavant inenvisageables nous sont désormais accessibles. On pense qu'on réussira jamais à nager toute une longueur et on est déjà à l'autre bout de la piscine. Le livre trop difficile devient soudainement limpide, les images nous coulent dedans, claires comme un film. On emprunte un bébé sans se faire voir. Les grands pensent qu'on résoudra jamais leur devinette et on l'a du premier coup ; on se fait même traiter d'« intelligente ». Les adultes sont fous de n'avoir rien remarqué ; ça nous enivre et nous terrifie à la fois. On n'ose pas se demander ce que ça signifie pour notre sécurité, on a toujours pensé que les grandes personnes nous protégeaient, qu'elles assuraient une forme de surveillance. Mais non. Personne ne veille. Pas surprenant que personne n'ait aperçu la manifestation obscure qui hante le party.

Zoey fait un coussin avec des genouillères de jardinage, Siméon est tellement petit qu'il tient sur un carré de mousse. Il est tout rouge, tout potelé, il a les yeux entrouverts et il nous montre ses gencives. Siméon n'a pas l'air très en santé, on dirait un vieillard minuscule, tout ridé, il n'a rien des poupées de bébé avec lesquelles Émie-Anne jouait, quand elle était plus jeune (avec lesquelles elle joue encore, parfois, mais vraiment pas souvent).

Émie va chercher le matériel nécessaire pour appâter l'entité démoniaque pendant que Zoey amuse Siméon. La salle à manger est un temple ancien remuant de pièges et de bestioles dangereuses, Émie-Anne l'aventurière doit faire preuve d'agilité, se glisser comme une archéologue adroite. Elle dépasse l'entrée sans s'arrêter, avec son air le plus enfantin, quand elle met l'aiguille de son cadran intérieur sur « cinq ans », elle bouge différemment, les adultes la perçoivent autrement, ils ne se doutent pas de tout ce qu'elle prétend ignorer.

On lui caresse le dos près du sapin, mais elle réussit à disparaître en se glissant sous la table. Elle évite quelques souliers de cuir, quelques jambes recouvertes de bas de Nylon, elle progresse dans son passage secret. Le tunnel rejoint la surface, elle ressort près de la porte des toilettes, dans un coin moins achalandé. La cuisine est à quelques mètres, mais il lui faut traverser deux groupes d'inconnues qui parlent devant le comptoir pour l'atteindre. La porte de la salle de bains s'ouvre d'un coup et laisse apparaître un ennemi, une créature épouvantable, certainement liée aux forces du mal. La chose fait quelques pas maladroits, tremble comme si elle avait reçu un coup sur le cabochon. Émie recule, coincée entre le mur et la porte. Merde. Il y a une fenêtre dans son dos, elle pourrait l'ouvrir et s'enfuir dehors, mais le loquet est trop haut. L'être a la peau jaune, la bouche étirée, il se traîne vers elle en avançant la mâchoire du bas. Deux dents solitaires jaillissent de sa gencive.

Un gobelin.

Un vrai de vrai gobelin.

Un Skyd qui a perdu son masque. Émie comprend à son expression qu'il essaie de sourire. Trois brins de cheveux frisent sur son crâne chauve, il porte sur le nez des loupes de télescope qui lui donnent l'air d'un savant fou. Le gobelin lève le bras en s'approchant. Émie voudrait fuir cette ignoble relique, mais elle n'a pas de place. Elle se colle contre le mur et retient son souffle. Le gobelin ouvre la bouche, mâchonne des vieux mots suçotés longtemps :

« C'est à qui c't'e petite fille là ? »

Il veut l'enlever, repartir avec elle, la descendre dans le tuyau de la toilette jusqu'à son royaume de Saroumane, sa mine souterraine où il va l'enfermer dans une cage pour que les familles du Mordor la prennent en photo, la fassent manger de la moulée dans leurs mains visqueuses.

Elle ne répond pas. Le gobelin s'approche encore, révèle trois dents carrées, brunes, espacées comme des coquillages sur une plage déserte.

« Es-tu gênée la belle fille ? »

Le gobelin casse son dos voûté pour se mettre à sa hauteur, son cou veineux s'étire, Émie essaie de ne pas croiser son regard, elle fixe le vide comme une traumatisée. Une odeur pique son nez, une senteur de pain humide et de vieille chaussure. Le gobelin pue la mort. Est-ce qu'ils ont des douches, sous terre ? Il est collé, pourrait lui caresser les cheveux, une répulsion vive bouillonne en elle.

« C'est-tu la p'tite que Benoît est allé se chercher, ça ? »

Il bat des paupières comme s'il n'arrivait pas à la voir nettement. La créature tombe en poussière, ses cils et ses sourcils décharnés retiennent des flocons de peaux mortes qui forment une croûte séchée au coin de l'œil.

Émie ne répond rien, se ferme le clapet. Quand une guêpe ou une abeille te tourne autour, tu fais la statue pis t'attends qu'elle s'en aille.

« A parle-tu français la belle fille ? »

Émie quitte son rôle de statue, se tourne vers le gobelin et secoue la tête, dans un « non » vif. Le visage du gobelin s'éclaire, comme s'il saisissait quelque chose.

Elle en profite pour se sauver en courant.

Sandra est en train de donner un coup de main aux cuisines, elle est tout au fond, derrière le comptoir, Émie entre dans l'enclave. Sa mère est une muraille ambivalente, Émie est soulagée de tomber sur son enveloppe protectrice, une défense contre les envahisseurs, tout en sachant très bien que sa mission risque de s'affaisser contre la façade droite, impénétrable, des règlements inflexibles de Sandra.

Au bout du comptoir, assise sur une chaise haute, se trouve Madeleine, la tante bizarre. Elle ne cuisine pas comme les autres tantes, mais étudie toujours la fête avec attention. Émie a une idée.

« Mado ! J'ai faim. » Elle n'a pas l'air de comprendre, Émie le redit plus lentement : « *J'ai faim.* »

Mado se frotte les mains.

« Moi aussi. »

Émie ne sait pas quoi répondre. Un adulte, ça donne à manger aux enfants. Mais Madeleine, Émie s'en doute, n'est pas une adulte comme les autres. Elle n'a pas de mari et ne met pas la main à la pâte. Elle reste à l'écart, immobile comme une statue, avec un drôle d'air. Quelque chose d'étrange brûle en elle, une flamme de joie ou de colère.

« À cause tu restes tout le temps dans la cuisine ? La fête est là-bas.

– Ça parle trop fort. Ça va trop vite. J'aime mieux rester ici.

– T'aimes pas Noël ? »

Ses sourcils s'arquent sur son front, ses yeux s'arrondissent.

« J'adore Noël. »

La gorge d'Émie se serre, une vague de chaleur la surprend, lui fait perdre l'équilibre. Elle ne comprend pas ce qui lui arrive, des certitudes étranges moussent dans sa tête, comme si des pensées de Mado s'emparaient des siennes par une sorte de télépathie. La lueur dans ses yeux : Mado veut faire partie de la fête, comme tout le monde, mais le théâtre furieux de la rencontre familiale se déroule dans le plus bruyant désordre, elle aimerait plonger dans ce grand tintamarre, échanger dans le ragoût absolu de paroles, la compétition de rires gras, de discrets gestes d'amour. La fête est un grand feu, Madeleine s'efforce de rester loin. À cause de sa – Émie hésite – « différence » (le mot sonne bizarre, étrangement personnel), Mado a de la misère avec les bruits trop forts, les conversations encombrées, la repartie agaçante des frères Lamontagne. Leur tante est repoussée sur la grève, comme si elle ne savait pas nager. Toute la famille continue de rire comme si de rien n'était. Personne ne ralentit le rythme pour Mado, personne ne vient la chercher par la main. Émie n'a jamais rien vu d'aussi cruel. Elle se sent terriblement coupable d'avoir ri de Mado plus tôt, prend une voix douce.

« Veux-tu venir jouer avec nous dans le garage ? »

Madeleine la regarde dans les yeux, l'examine. Hésite, sa paupière tilte. Elle pointe la salle.

« Ils riraient de moi. »

Sandra s'approche. Elle porte un tablier orné d'un bonhomme de neige. « C'est qu'il y a, ma chouette ?

– J'ai faim.

– On mange bientôt, ma poulette. » Émie prend sa voix de bébé. La tristesse lui entrave la gorge, elle parvient presque à pleurer des larmes sincères. « Mais j'ai *faaaiiim*.

– Si tu grignotes, tu voudras plus manger. Pis tu vas t'ennuyer à table. Sois patiente. »

Sandra est tout le temps en train de l'empêcher de faire des choses. Sa mère ne sert qu'à ça, inventer des règles pas d'allure, établir des frontières, interdire la rigolade, s'inquiéter pour des niaiseries. Qu'est-ce qu'elle fait dans la cuisine ? Si elle n'avait pas été là, Émie aurait pu faire ses yeux doux et obtenir tout ce qu'elle veut.

Mamie est interpellée par l'échange. Dans son monde, personne ne se voit refuser de la bouffe. Sous aucun prétexte. Il est toujours temps de manger, de sortir un dessert du congélateur ou de piger dans les restants. Les repas de sa petite enfance à Lowell, dans le Massachusetts, étaient maigres, ceux de son enfance à Dolbeau guère plus copieux. Des soupes allongées avec de l'eau, des pâtés de viande coupés à l'avoine, des choux et des navets bouillis à lever le cœur. Mamie connaît la faim, la vraie. Face à l'abondance, pourquoi se priver, s'imposer des limites ? On ne manque jamais de pain ou de beurre de nos jours, et puis Émie est tellement maigre. Il faut dire qu'on ne nourrit pas beaucoup les enfants, là-bas. La Chine, dans la tête de Mamie, évoque famine et pauvreté, sa compréhension est floue, elle néglige la géographie et englobe sous le vocable « Chine » une part généreuse de la misère du globe ; même si Émie-Anne était thaïlandaise ou vietnamienne, dans l'esprit de sa grand-mère, elle viendrait de « Chine ». Mamie connaît peu de gens qui sont nés ailleurs, et même si Émie avait cinq mois quand elle est arrivée, elle demeure associée dans l'esprit de sa grand-mère à la Chine telle qu'on la percevait dans les écoles des années 1930, où les prêtres et les maîtresses d'école encourageaient les enfants à donner leurs sous pour acheter des petits Chinois, comme on le disait, recevant en échange de notre pécule des coupons bleus et roses ornés de photos d'enfants sous lesquelles on laissait un espace vierge où écrire son prénom, les fillettes s'échangeaient les coupons comme les garçons leurs cartes de baseball, on le faisait pour gagner son ciel, rien n'était plus noble que de se sacrifier pour un enfant inconnu, vivant à des milliers de kilomètres sous nos pieds, dans un pays effrayant, cruel, l'œuvre pontificale distribuait dans les villages des portraits de jeunes enfants et des miettes de supériorité morale. On les accompagnait d'amples récits sur la souffrance des pauvres petits, Mamie conserve de son éducation chrétienne l'idée d'une Asie sans adultes, peuplée d'enfants affamés nommés « Pierrette », « Roger », « Germaine », des enfants survivant grâce aux sacrifices de leurs parrains canadiens-français. Chaque sou noir versé se rendait en Chine, croyait-on, l'argent voyageait plus rapidement que nos prières, nos sacrifices et nos aumônes, la petite monnaie vivifiait directement le garçon de ferme suppliant de son regard souffreteux sur le carton rose. La Chine devrait un jour nous rendre quelque chose, nous remercier de toutes nos donations, il y aurait bien un juste retour pour les tâches accomplies, pour tous les sous envoyés. Mamie donnait son argent aux prêtres et la Chine lui offrait une bonne conscience à prix abordable, la certitude que la religion catholique allait sauver le monde et débarrasser les enfants de faussetés impies et faméliques, bientôt remplacées par l'amour nourrissant du Seigneur.

Elle s'impose entre Sandra et Émie.

« Ta mère veut pas te nourrir ! Pauv' tite... Eh qu'est méchante... Tu veux quoi ma belle É-mie ? »

Quand elle prononce son prénom, Mamie fait toujours une pause entre le « É » et le « mie », comme si c'était un nom rare, exotique. La petite déteste ça. Elle pointe le plateau de charcuterie. Mamie pige dans la belle présentation de Sylvie, qui a mis beaucoup d'efforts pour placer ses rouleaux en rosace. Matante Sylvie ne rouspète pas, mais elle comble les vides en soupirant. Mamie tend l'assiette bien garnie à sa petite-fille.

« Partage avec ton cousin. »

– 21 –

On a tout ce qu'il faut pour notre nouveau piège. À son retour, Émie-Anne réalise que Siméon a ouvert les yeux. Zoey l'amuse en mettant son doigt dans la main minuscule du bébé. Siméon ne pleure pas encore, faut se dépêcher. On commence à disposer nos viandes froides autour du bébé pour former une sorte de cercle magique, Zoey déroule quelques tranches et les colle sur les jambes, les bras de Siméon, c'est gluant et ça tient tout seul. Le bébé gigote et gémit, fait quelques grimaces, mais ne dit rien. Il est bien élevé en mautadine. Émie lui fait une couronne de similipoulet en plaçant des rouleaux côte à côte sur sa tête duveteuse.

« D'un coup que Skyd mange Siméon. »

Émie hausse les épaules. « Ouais pis ?

– Ça serait plate. Ça ferait de la peine à Marie-Claude. »

Émie-Anne dissipe les craintes de Zoey : « Skyd aura pas le temps de le manger. Mais qu'on l'aille pogner, on va remettre Siméon dans son landau. »

On est fières de notre mise en scène. Notre disposition de viande froide rehaussée de quelques olives évoque assez bien les préparations rituelles de *Buffy contre les vampires* ou de *Charmed*, avec un aussi bon piège à démons, toutes les entités qui se trouvent dans les parages vont être attirées comme des mouches par le sucre, c'est certain. On laisse la porte entrouverte et on se cache derrière, collés contre l'établi. Dès qu'on voit une silhouette à capuchon, on claque la porte. *Bam !*

On attend, mais rien ne se passe. Zoey pense que Skyd doit préférer la noirceur. Il s'étire le bras et touche l'interrupteur.

Noir.

Siméon se met à pousser des geignements. Il fait un bruit de moteur qu'on essaie de partir. Soudainement, il éclate. Il chigne des grands cris douloureux d'animal à l'abattoir. On rouvre la lumière. Le bébé grimace, montre ses gencives. Le son qu'il fait n'est pas humain, c'est un couinement d'insecte, de barbot lanterne en perdition.

« Siméon ? »

La voix vient de la grande salle. La porte s'ouvre et Marie-Claude apparaît.

« Ben voyons donc… que c'est ça ? »

Elle retire la couronne de viande fumée de la tête de son bébé et le prend dans ses bras.

On commence à se sentir mal en hosto. Notre cousine était pas supposée voir qu'on emprunte Siméon, encore moins qu'on le décore pour le rendre appétissant pour les entités. Émie-Anne était en contrôle de tout avant que Zoey décide d'agir seul et de fermer la lumière. Elle lui fait de gros yeux. Il a rompu le pacte, il aurait jamais dû faire quelque chose sans lui en parler avant.

« C'est qu'il fait dans le garage ton bebé ? »

C'est la voix de Roch. On tremble.

« Je sais pas, répond Marie-Claude, je pensais qu'il était avec maman. Il est plein de jambon.

– De jambon ? »

La porte bouge et trahit notre cachette. On est serrées contre l'établi. On essaye de prendre nos airs innocents, mais quelque chose empêche nos sourires d'apparaître. Marie-Claude et Roch ont la mâchoire pendue jusqu'aux genoux. Le ciel noircit. Les nuages s'agglomèrent. Le tonnerre gronde.

« Le coffre à outils talleure, le bébé à Marie-Claude astheure, vous poussez les limites en hostie ! »

Un adulte utilisant un sacre devant un enfant est un signe universel de gravissime pétrin.

« C'est peut-être pas eux-autres, p'pa…

– Pas eux-autres ! Pas eux-autres ! Qui c'est que c'est, d'abord ? Plein de manger gaspillé à terre. Tu vois-tu d'autre monde ici-dedans ? C'est mieux de pas être eux-autres, parce qu'à prochaine histoire simple, ça va barder en hostie. »

Roch brandit son doigt dodu comme une saucisse.

« Vous avez-tu compris ? Vous allez voir que mononc Roch il est ben fin, mais il peut aussi être malin. C'est chez nous, icitte. »

Roch n'a pas d'affaire à nous bosser, plus il se fâche, plus Émie le trouve ridicule ; plus il est ridicule, plus Émie a envie de le punir, de le mordre et de boire son sang. Il n'a aucun pouvoir. Les adultes ne lui font pas peur, Émie connaît les règles et sait très bien que son oncle n'a aucun droit sur les enfants qui ne sont pas les siens. Elle rouspète :

« Qu'est-ce tu vas nous faire ? »

Roch reste bête.

À quoi elle pense ? Tout ce que veut Zoey, c'est que la chicane s'arrête. Il est pas habitué de se faire crier après, pas habitué aux menaces épeurantes. Il a hâte de sortir de leur racoin, il voudrait tasser le corps immense qui leur bloque le chemin, redevenir un bon enfant, apprécié des adultes.

« J'ai élevé quatre enfants, crois-moi que j'manque pas d'idées pour vous apprendre à vivre.

– Envoye, redresse-nous ! » Émie dérape.

« Ma petite côlisse…

– Grosse baleine ! »

Le visage de Roch est prêt à exploser. Il n'a pas le temps de répondre : Émie, avec la ferveur et le courage fou d'un chevalier chargeant à lui seul une armée, en rajoute :

« Donne-nous-la, ta pénitence. On s'en sacre. »

Tout le vin que Roch a pris remonte d'un coup, colore son visage de plaques mauves.

« Tu vas retirer ce que t'as dit, ma petite tabarnaque. Pis vous allez vous tenir les fesses serrées, sinon je vous mets tous les deux sur un bateau pis je vous renvoye… »

Roch ne termine pas sa phrase, Émie le fait pour lui.

En Chine.

Il a pas le droit de dire ça, Émie le sait.

Elle semblait impossible à impressionner une seconde plus tôt ; maintenant les larmes lui montent aux yeux. Elle est saisie par la surprise. Dévisage Roch. Elle a beau faire sa baveuse : c'est lui l'adulte. Il y a des choses qu'un adulte n'est pas censé dire.

Le caractère frondeur est enrayé dans son fonctionnement, les mots silencieux de Roch ont touché quelque chose. Zoey n'a jamais vu Émie à court de moyens, elle semble avoir perdu sa langue. D'habitude, elle surfe n'importe quelle vague, sait amortir n'importe quel choc pour en absorber la puissance et la renvoyer vers son ennemi. Pour la première fois, Émie lui paraît pleine d'incertitude, fragile, sensible à l'approbation et à l'amour qu'elle reçoit des autres.

L'engueulade les sort de leur jeu. Même si c'est la journée la plus spéciale de l'année, Zoey est puni ; séparé d'Émie-Anne pour au moins une heure. Les cousins se tiennent tranquilles, Zoey se sent mal d'avoir fermé la lumière, il se sent mal d'avoir contribué à enlever un bébé, même si c'est Émie qui le tenait dans ses bras. En dernier recours, il pourra toujours essayer cet argument : c'était l'idée d'Émie, c'est elle qui a pris le bébé dans le landau.

Sa cousine est fâchée contre lui. Avant de s'asseoir à l'autre bout de la table pour le souper, Émie lui a chuchoté à l'oreille : « Ça aurait marché si t'avais pas fermé la lumière. »

- 22 -

Noël est foutu. Zoey a gâché la seule chose qui lui faisait plaisir – revoir sa cousine. Émie est en beau joualvert après lui, il fait toujours foirer leurs plans, Zoey n'a pas l'habileté d'Émie-Anne, sa finesse, son intuition, il ignore comment elle fait pour glisser sur les choses, choisir ce qui lui convient et ne lui convient pas comme sur un menu de restaurant. Et maintenant, elle refuse de lui parler. Fini les abris qu'ils se construisent ensemble ; fini les histoires qu'ils s'inventent. Carl va tout raconter à Lina, et Zoey va se faire engueuler par sa mère, en plus de recevoir des conséquences qui vont durer jusqu'au Jour de l'an au moins.

Émie-Anne, elle, n'en reçoit pas, de conséquences ; les parents d'Émie-Anne adhèrent à toutes ses menteries et ne croient pas à ça, les conséquences. Zoey rêverait d'avoir des parents aussi tolérants, c'est d'une injustice crasse de faire un mauvais coup avec sa cousine et de se prendre toutes les punitions alors qu'elle n'en reçoit aucune.

Tout le monde se lève pour se servir au comptoir transformé en buffet. Les assiettes de carton se remplissent. Une sandwich-pas-de-croûte, une cuillère de ragoût, un morceau de tourtière, quelques cubes de fromage et des charcuteries. Il faut revenir pour un deuxième, un troisième service si on veut goûter à tout, les salades, les pâtés et le glorieux pain sandwich à Mamie.

Gilles s'approche de l'imposante brique recouverte de fromage orange coulant, décorée de cornichons et d'olives. Il attrape le couteau pour se servir la première tranche – la meilleure, celle avec le plus de glaçage. L'intérieur du pain sandwich est blanc. Les tranches sont nues. Aucun étage de jambon, aucun étage de poulet, aucun étage d'œufs à la mayonnaise. Que du pain bien blanc, un peu sec, recouvert de fromage à tartiner.

Roch le remarque. « On dirait qu'il y a rien dedans... » Gilles coupe une autre tranche sous le regard expert de son frère. Pareil. On voit les lignes régulières du pain au lait, tranché sur le long.

« M'man a oublié de le garnir... » Les frères se regardent. Une étincelle complice passe et ils ont de nouveau quinze ans.

Roch se retourne pour attirer l'attention. « Eille ! Eille ! » Il lève le plateau à la vue de tous. « Il est ben beau ton pain sandwich, Mamie, mais il goûte pas grand-chose. » Il révèle l'intérieur blanc. Les rires et les exclamations incrédules se répandent plus vite que des applaudissements dans une salle en liesse. Les belles-sœurs savourent leur vengeance. Sylvie se tourne vers sa voisine, « elle l'a pas garni ! » Son rire fait des gammes complexes, recouvertes par les arabesques hilares de matante Odette. « *Eeee-eee-eee-eeeee !* » Impossible de ne pas rire quand on entend le ressort mécanique se mettre à tourner, quand on voit la vieille tante chercher ses voisins de ses petits yeux noirs.

Il faut trouver la phrase qui va faire débouler tout le monde en cascades hilares, les cousins, les mononcles s'essayent avec plus ou moins de succès.

« On va avoir faim talleure. »

« C'est pour les végétariens ! »

« Je vas t'en prendre une grosse tranche, moi, chus sur la diète ! »

« C'est un pain-*sans*-dwitch. Dans le sens qu'il y en n'a pas. »

Aucune blague n'est à la hauteur de la réaction de Mamie. Elle refuse d'être objet de dérision et relance sans le vouloir l'exaltation générale. Aucune faute n'est plus grave que de se prendre au sérieux, de refuser de se moquer de soi. Mamie est une femme fière. Elle se lève pour sa défense, parle en levant et en baissant les bras.

« Mario ! Remets ça sur la table. Arrête de faire ton clown ! C'est même pas moi qui l'a faite.

– Mme Lamontagne, je l'ai sorti de votre frigidaire en allant vous chercher…

– Je l'ai acheté aux Vieilles Carmélites. Elles ont dû se tromper. »

Personne n'avale la menterie de Mme Lamontagne. On retient ses moqueries – ça les rend encore plus explosives.

« Ça fait cinquante ans que je fais des pains sandwichs, pas une fois j'ai oublié la garniture. Je commencerai pas c't'année. »

Personne n'ose répondre. Mamie est heurtée, elle adopte un ton boudeur. « J'en ferai plus, l'an prochain, de pain sandwich ! Vous mangerez d'autres choses.

– Il venait pas des Vieilles Carmélites ? »

C'est reparti de plus belle. Les enfants, les petits-enfants, les neveux et les nièces se payent la tête de la matriarche. Même les grands-tantes et les grands-oncles de quatre-vingt-dix ans secouent des épaules. Mamie a trimé dur toute sa vie pour ce monde-là, pis ses fils, ses *propres* fils, mènent l'assaut contre elle, l'humilient devant toute la tablée en plein réveillon. Il est hors de question qu'elle se mette à pleurer, hors de question qu'elle leur cède un pouce de terrain. Mamie est orgueilleuse même si depuis la mort d'Henri, plus personne ne la respecte. Garnir le pain sandwich, ça toujours été la tâche de son mari. Elle préparait les mélanges de jambon, de poulet, d'œufs cuits durs, Henri les étendait sur les longues tranches qu'il empilait les unes sur les autres. Mamie recouvrait le pain de glaçage au fromage ; un blanc au Philadelphia, un orange au Cheez Whiz. C'était la méthode depuis toujours.

C'est pas vrai qu'elle en perd des bouts depuis qu'Henri est mort. Mamie est tout aussi active, elle en fait autant, elle s'est toujours occupée elle-même de son ménage. Elle ne conduisait pas depuis des années, mais elle a réappris à prendre le volant pour aller acheter les articles notés sur sa liste rose. Les choses ont beaucoup changé de place, dans les commerces. Il faut parfois demander aux employés un coup de main pour s'orienter.

Mamie conserve chacune des traditions, même si elle n'a plus personne avec elle. Ça va faire bientôt huit mois. Elle est capable de préparer le ragoût toute seule. Le pain, la tourtière. Parfois, elle ajuste les quantités. Ou recommence une recette. Elle a raté une ou deux recettes. C'est beaucoup d'ouvrage. C'est elle qui donnait les ordres, mais Henri était une aide utile. Elle le réalise, maintenant.

Comment aurait-elle pu oublier de garnir son pain sandwich ?

Elle s'en serait aperçue, c'est certain. Les Tupperware inentamés, pleins de jambon, de poulet, d'œufs auraient sonné une cloche. On a lui a joué un tour. Un mauvais tour. Le soir de Noël. C'est comme ça qu'on la remercie. Pour tout ce qu'elle a fait. Élever six gars. Roch a levé son pain dans les airs, devant tout le monde. Même Jacques Lamontagne, quatre-vingt-dix-sept ans, tapait de ses grands bras secs en riant. Les gens sont tellement méchants avec elle.

Mamie picosse sa tourtière. Elle ne mange presque pas. L'idée qu'elle n'impose plus aucun respect dans la famille passe de travers.

– 23 –

Les convives retournent s'asseoir avec des montagnes brunâtres plein les assiettes. Les frères Lamontagne mangent à toute allure, Josiane comprend d'où vient le stress alimentaire de Mario. La fratrie occupe le centre d'une grande table et impose son rythme, le reste du monde essaie de les suivre, on croirait assister à un concours, ils ont chaud, s'essoufflent, avalent des bouchées immenses qu'ils font descendre avec une gorgée de bière, ils gobent un morceau de tourtière, enfoncent une, deux fois les dents dans la matière salée, puis se tordent le cou pour l'avaler et reprendre part à la discussion. En parlant la bouche pleine, ils garnissent les conversations de morceaux de nourriture catapultés dans l'air comme des satellites en orbite.

La salade roule dans la bouche d'Émie-Anne, elle déteste tout ce qui est vert, mouilleux, surtout la laitue imbibée de sauce Vio qu'on la force à prendre dans son assiette. Elle ne mange que du ragoût, en laissant les patates de côté. C'est impossible qu'on la mette sur un bateau pour la Chine. L'idée lui serre la gorge. Les menaces des adultes la font rire, d'habitude. Elle n'arrête pas de repenser à Roch, à son visage mauve, aux secousses qu'il envoyait dans les airs en beuglant. Ses parents lui jurent qu'elle n'aura pas de cadeaux (elle en reçoit quand même), lui interdisent d'écouter la télévision (elle préfère jouer à l'ordinateur de toute manière). Si on lui donne une punition, elle se laisse porter dans l'une des crises dont elle a le secret et finit par obtenir ce qu'elle veut. Jamais elle ne retourne les menaces des adultes dans tous les sens, d'habitude. On n'a pas le droit d'enlever un enfant à ses parents, non ? Du moins, c'est ce qu'elle pense. Benoît et Sandra sont à l'autre table, non loin de Roch. Émie espère qu'il ne leur dira rien. Il pourrait leur mettre des idées dans la tête. Elle plante sa fourchette dans une boulette en imaginant crever l'œil de mononc Roch. La loi est peut-être différente quand l'enfant n'est pas chez lui, surtout s'il fait des bêtises. Roch est notre oncle avec la plus grosse voix, le plus sévère, le plus fru de la vie, le plus fou-mental. On est sur son territoire. Dans ces cas-là, un oncle a tous les droits. Émie est prise d'une envie de sortir d'ici, de sauter dans la voiture et de s'en retourner à Québec.

Si Zoey n'avait rien fait, s'il n'avait pas décidé de fermer la lumière sans lui en parler, Siméon n'aurait pas eu peur et tout se serait bien passé. Émie ne comprend pas le raisonnement de Zoey, son geste la révolte. Les bébés ont peur du noir : c'est connu. Et on ne détient aucune preuve nous disant que Skyd préfère la pénombre. D'où lui est venue cette pensée niaiseuse ?

Parfois, Émie se sent comme si le cerveau de son cousin fonctionnait mal. Pas juste celui de son cousin, elle trouve les autres enfants lents, peu doués. Elle s'ennuie avec eux, gagne toujours aux échecs contre les gens de son âge, Émie sait comment il est facile de tromper quelqu'un, elle comprend aussitôt la moindre formule mathématique, la plus ridicule règle de grammaire, le plus rigoureux jeu de société. Elle écoute en bâillant ses professeurs expliquer pour la cinquantième fois un problème à la classe, en se retenant de se lever pour résoudre les exercices des autres élèves à leur place.

Comme Émie ne commet jamais d'erreurs, accepter celle de Zoey lui est difficile. Elle avale une boulette de viande. Il faudrait que son cousin apprenne à mieux planifier, à avoir une longueur d'avance, à évaluer ce qu'il faut faire et ne pas faire en prévoyant tous les scénarios possibles. Qu'il apprenne à comprendre le monde tel qu'il est.

– 24 –

Les enfants ne tiennent plus à table.

Trois cousines plus jeunes accourent vers Émie-Anne en la suppliant, manches remontées, bras étirés : « Peux-tu écrire nos noms ? Peux-tu écrire nos noms ? » Émie est assise sur un sofa à lire son *Ewilan*. Elle lève les yeux et répond, agacée : « Plus tard ».

« Mais tantôt t'as dit plus tard… »

Émie ignore les trois babounes déçues, et replonge dans son livre. Sa réaction ne laisse pas de place à la négociation, les petites s'en vont déranger quelqu'un d'autre en se traînant les pieds.

Le vacarme des conversations ne semble pas la distraire. Émie se passionne pour les histoires fantastiques dans lesquelles un jeune garçon ou une jeune fille qui n'aime pas la vie découvre un autre monde, ses personnages traversent une armoire, un mur de brique ou se téléportent pour éviter de se faire frapper par un camion, comme Ewilan. Tu connais pas *Ewilan* ? C'est le meilleur livre. Son pouvoir c'est de fermer les yeux et de dessiner quelque chose, n'importe quoi.

Quand elle les rouvre, la chose imaginée apparaît dans la vraie vie. Comme tous les héros des livres d'Émie, Ewilan s'ennuie, sent qu'elle n'a pas sa place chez elle, les enfants des romans qui champignonnent dans la mousse épaisse de sa bibliothèque ont perdu leurs parents à la guerre, dans un incendie, sont adoptés par des oncles qui les martyrisent, chacun des romans est un portail vers un autre univers, leurs histoires font la promesse qu'ailleurs, il existe un lieu où les lois sont différentes, où la magie règne et ou les enfants comme Émie trouvent une place. Elle ouvre le roman et un vortex l'emporte, elle s'imagine enfin rejoindre un royaume où on l'attendrait depuis toujours. Il n'en faut pas beaucoup pour mettre le pied dans l'autre réalité : une lettre d'invitation, une trappe dans le sous-sol, un lapin blanc, un garçon perdu qui entre dans ta chambre en pleine nuit et te saupoudre de poussière de fée. Ses parents biologiques ne sont pas en Chine, non, mais dans un pays des merveilles où ils règnent sur leur fastueux royaume, depuis sa plus tendre enfance, elle porte cette certitude d'être singulière, pas comme les autres, une Porteuse de masque, une chauve-souris qui a osé regarder le soleil, une princesse dans une réalité rustre, une sorcière chez les moldus. Si elle trouve ce portail, elle pourrait quitter le lac Saint-Jean, les Lamontagne, les règlements injustes de sa mère, trouver un univers, une famille, des parents gentils, qui ne passent pas leur temps à chialer et à lui dire qu'on va la renvoyer ailleurs. Il y a un secret à découvrir, un destin extraordinaire l'attend quelque part, c'est certain, comme ses héros de roman qui vivent des aventures incroyables, voyagent sur le dos des géants, chevauchent des licornes, lancent des sortilèges et se battent à l'épée pour triompher des forces du Mal.

Elle avait vraiment envie d'entrer dans l'histoire de Skyd, la présence maléfique au réveillon de Noël l'enchantait, l'enfant démon dont il faut déchiffrer le message, le lutin prêt à brûler vive toute la famille, mais aucun piège n'a marché et les indices se font de plus en plus rares. Émie arrive au bout des ressources de son imagination. L'histoire de Skyd l'ennuie, elle l'a retournée dans tous les sens pour en tirer le jus ; la possibilité qu'un monstre hante la fête de Noël n'est plus qu'une vieille pulpe sèche entre ses doigts acides. Elle a fait beaucoup d'efforts pour nourrir la magie, pour entrer dans le jeu de Zoey, mais ses ressources d'émerveillement s'épuisent. Elle a trop lu de bons romans pour être prise par un scénario aussi limité, où tout est à construire. Elle s'approche de dix ans et sent que les élaborations improvisées, bricolées au fur et à mesure, les faussetés dont on voit chacune des marques de fabrique, mais auxquelles on prétend tout de même croire, ne seront bientôt plus pour elle.

Zoey s'approche d'elle prudemment, une boule dans le ventre.

« Roch t'a dit des affaires pas correctes. Tu devrais le rapporter aux parents. » Émie lui assène un regard aigu. « Si tu le fais, je te tue. » En le disant, elle réalise qu'elle a exagéré, portée par l'énergie violente de la bataille que les personnages de son roman viennent de livrer à une grosse mante religieuse ensorcelée qui voulait réduire les êtres humains en esclavage.

Elle prend une voix plus douce pour poursuivre : « Roch, il peut ben dire ce qu'il veut. Il est pas dans ma famille. »

Zoey réfléchit. Émie se trompe. Son père à elle, Benoît, est le frère de Roch. Elle poursuit, une note de fierté dans la voix : « Mes parents l'ont dit dans l'auto : c'est peut-être la dernière fois qu'on vient ici.

– Ça veut dire qu'on se verra plus ? » Zoey repense à tous les projets qu'ils se sont faits pour quand ils vont être grands : acheter leur propre ferme en forêt, vivre à New York, jamais se marier ni avoir d'enfants. Il n'est pas certain de comprendre ce que sa cousine veut dire. À part Roch, tout le monde adore Émie, c'est la coqueluche, l'enfant attendue pendant des années, la petite parfaite de Québec, la gâtée pourrie qu'on n'arrête pas de filmer et de prendre en photo parce que c'est la plus belle, parce qu'elle fait sa drôle, parce que ses cheveux sont toujours bien placés, qu'elle fait des chorégraphies hip-hop et qu'elle prend des cours de chant. Zoey donnerait n'importe quoi pour échanger de place avec elle, pour être acclamée par les plus grands, pour susciter l'admiration des tantes, des cousines, pour avoir ses cheveux, ses vêtements, ses poses tendance, pour passer dans le magazine *Cool* comme elle dans le numéro de septembre. Une grande photo pleine page avec des accessoires à la mode.

« Tout le monde, ici, c'est notre famille…

– Peut-être pour toi. Moi, je choisis ma famille, pis j'aime personne. J'aime pas Roch, j'aime pas Mamie, j'aime pas Marie-Claude. Personne nous aime, Zoey. Penses-tu vraiment que ces gens-là nous aiment ? »

Zoey ne sait pas quoi répondre. Il ne se l'est jamais demandé. La question le trouble, Émie met le doigt sur quelque chose de tendu, qui pourrait, s'il suivait sa réflexion, ébranler beaucoup de choses qu'il croit fixes. Elle continue :

« C'est tellement con, une famille ! Du monde que t'es obligé de voir une fois par année même si tu les haïs. Ma famille à moi, elle est plus petite. Elle s'arrête à mes parents… pis à toi. »

Zoey est légèrement rassuré. Il trouve un terrain commun, moins glissant : « Moi, en tout cas, j'aime pas Josiane.

– Crime que moi non plus ! »

L'attitude d'Émie change, comme si un coup de vent venait de balayer sa mauvaise humeur. Elle ferme son roman et se lève d'un bond.

« On se trouve-tu un jeu ? Je vas mettre mon livre dans ma valise. »

Elle gambade vers le garage. Ils pourraient faire un jeu de société, ou se poser des questions avec ses cartes sur les animaux – conçues pour les douze-quatorze ans, c'est écrit sur la boîte, mais Émie connaît toutes les réponses par cœur.

Elle ouvre la porte du garage, frappe l'interrupteur et se dirige vers sa valise. Elle s'arrête, échappe son livre. Il est là. Hostie. Ça se peut pas.

Skyd. L'enfant squelette.

La magie reprend. Émie recule, régresse, revient sur ses pas, retrouve le sentier de l'imaginaire qu'elle venait de contourner. Il est luxuriant, attirant, une silhouette se découpe dans la maigre lumière. La chose est plus grande qu'elle. Skyd ressemble à un garçon déguisé pour un film. Il porte un grand capuchon et, ce qui frappe, un masque terrifiant, blanc couleur d'os, avec de grandes pointes menaçantes au-dessus des yeux sombres, des cornes de chèvre pointues. Le masque n'a pas l'air fait de plastique, mais de bois travaillé, d'ivoire rare, précieux. Une série de motifs en relief se laisse deviner dans la blancheur oppressante des néons du garage.

Ça pourrait être son cousin Olivier déguisé, qui lui joue un tour. Mais le corps osseux ne fait pas penser à celui d'Olivier. Il flotte dans des vêtements larges, des pantalons cargos retenus à la taille par une ceinture disparaissent dans des bottillons d'hiver qui lui montent sur les mollets. La créature porte des gants Hot Paws usés, taille adulte. Émie aperçoit la peau du poignet. Grise, sèche, écailleuse. Une couleur inhumaine.

Quelque chose se noue dans son ventre.

La même peau malade, sans couleur, est visible dans le cou, près du col, sous le masque. C'est à ce moment qu'Émie les remarque : les yeux bleu liquide aux paupières sableuses. Un regard nerveux, qui fouille dans tous les sens.

Elle ressort en vitesse du garage et claque la porte, la verrouille. Adossée au mur, elle reprend ses esprits.

Zoey. Elle part à la course retrouver Zoey. Il faut qu'elle lui raconte ce qu'elle vient de voir. C'est pas croyable. Émie est excitée, anxieuse, c'est la première fois qu'elle voit une entité, une vraie, une créature vivante, magique, qui bouge vraiment. La peau grise, les bras trop longs, les mouvements bizarres. Skyd respirait, ses petites épaules montaient et descendaient. Il avait l'air fragile. Émie ne doit pas se fier aux apparences. D'après Zoey, c'est une créature rusée, qui peut commettre des gestes graves.

« C'est lui. C'est le même que j'ai vu dans la bibliothèque de l'école », confirme Zoey en regardant par la fenêtre. Skyd bouge à peine, il tourne la tête, replace son capuchon. Il se tient dans une drôle de position, le cou tordu. Il a sûrement été attiré par l'odeur du jambon mélangée au jambon. Il faut se méfier, il doit avoir quelque chose à nous dire, une annonce démoniaque à nous transmettre. Peut-être qu'une entité plus grande, plus vilaine, menace la fête ? Que Skyd veut nous protéger ? La créature reste muette, balance la tête sur le côté, cligne des yeux avec énergie : des paupières grises et plissées apparaissent sous le masque.

Il faudrait apprivoiser Skyd pour qu'il arrête de sursauter à chaque fois qu'on bouge, il est stressé comme un lapin. À force de le regarder, Émie le trouve presque cute. Elle avait peur de lui avant de le rencontrer. Le petit être nerveux se frotte les mains, lève la tête, puis retourne fixer le sol. Émie rouvre prudemment la porte du garage. Elle ne sait pas comment faire pour lui dire qu'on est gentils, pour qu'il nous parle de son espèce, de ses semblables, du monde d'où il vient. Elle veut lui demander pourquoi il nous suit, pourquoi il nous envoie des indices et prend les traits d'un squelette.

Il bouge brusquement, on sursaute, il sursaute plus fort. Sa position est alerte. Il a peut-être entendu un adulte s'approcher. Émie verrouille la porte du garage derrière nous, elle nous emprisonne avec le démon.

Zoey est étourdi, son ventre se serre, sa vue se brouille. Il regarde ce petit être étrange, inhumain, qui se trouve sous ses yeux. Il se sent comme devant la carcasse du chat du voisin, trouvée sur la rue en passant à vélo, il savait qu'il ne fallait pas plonger ses yeux dans le trou rouge, les entrailles défaites, ne pas fixer le pauvre animal, qu'il était dangereux de rencontrer un cadavre, de plonger son regard dans la plaie, qu'on risquait de voir la mort. La sensation est la même devant Skyd, cette chose qui le repousse, qu'il ne devrait pas voir. La terreur monte, Zoey tente de contenir la panique, il hurle, frappe, sort, il ne fait rien. Émie est ravie. Elle fixe Skyd le sourire fendu jusqu'aux oreilles.

Zoey ne peut pas la décevoir, même si ça bouillonne en lui, même s'il a mal au cœur.

Skyd étudie attentivement la manette noire à côté de l'interrupteur. Il appuie sur un bouton, la porte de garage émet un grondement, une pierre qu'on déplace pour dévoiler l'entrée d'un tombeau. Elle s'enroule sur elle-même.

Skyd se précipite dehors, dans la neige. On fouille dans la pile de manteaux déposée sur le siège du quatre-roues pour trouver les nôtres, ils sont gigantesques, plus grands que nous, ils forment des cabanes et des passages secrets, certains sont raides, noirs et sentent le gaz. Un énorme manteau de fourrure dégage une odeur de parfum. Le poil d'animal mort est dégoûtant, Émie ne veut pas y toucher, elle pense que c'est du renard et c'est vraiment dégueulasse de tuer des bébés renards en voie d'extinction pour se faire du linge avec.

On s'habille en vitesse, la neige craque sous nos bottes. Pas le temps d'avoir froid. Pas le temps de réfléchir. On se précipite dehors pour rattraper Skyd.

– 25 –

Le monde a fini de souper depuis une demi-heure. On se demande si on commence pas un petit jeu, si on débouche pas les cadeaux. Y en a-tu qui prendraient du café ? Olivier monte sur la scène où se trouve l'orgue et commence à jouer un morceau de violon rapide, grinçant. « Geneviève, accompagne-le donc à l'orgue. » Elle fait non de la tête. Ça swing un peu. Matante Sylvie distribue des verres de St Raphaël, des bières fraîches. La bouteille d'eau Naya est à moitié vide, Odette a l'air dans les vapes avec son sourire figé, ses yeux mousseux. On se demande si elle suit la conversation au moment précis où elle lance une blague salace, qu'elle accompagne de son grand rire maniaque. « *Eeeeeeeeeeeee-eeeeeeeeeeeeee-eeeeeeeeeeee !* » Elle s'étouffe, tousse, se tape la poitrine, puis se gargarise d'une bonne rasade d'eau Naya.

Les ceintures se détendent autour des ventres pleins, les cravates se détachent autour des cous rouges. Matante Carole va dans la toilette se passer un papier brun imbibé d'eau froide sous les bras. Les portions de tourtière macèrent dans l'alcool, au fond d'estomacs stressés par le travail à accomplir. Ça parle moins fort.

Pour la première fois depuis le début de la veillée, on a l'impression que les autres écoutent quand on raconte quelque chose.

Carole et Sylvie font le tour de la salle pour ramasser les assiettes jetables en passant des commentaires. « Vous l'avez pas aimé mon pâté de viande, matante Berthe ? » Personne ne se lève pour leur donner un coup de main. Au bout de la table, Gilles et Mario écoutent leur frère Carl raconter ses infortunes de cœur à Josiane. La bière a libéré ses censures, il déverse sans gêne les liqueurs amères, en parlant fort.

« La mère de mon gars a faite pareil. A m'a mis les avocats sur le dos. Pour me sucer mon cash. J'y verse de l'argent tous les mois.

– Ça vient que ça coûte cher, tsé, philosophe Josiane.

– Sont toutes de même ! constate Carl. J'ai plusieurs chums qui leur sont arrivés la même estique d'affaire. C'est comme rendu une mode. Y lisent qu'il faut faire ça dans leurs magazines de filles. C'est eux-autres qui veulent se séparer, pis c'est à nous-autres de payer. Est où la logique ?

– Sont ben en crisse.

– Y a une méchante gang de folles dans société.

– La fille que tu voyais pendant été, Carl, comment ça se fait que ça marche plus ? demande Mario.

– Cindy ? A vivait trop loin... Pis c'était tout le temps du niaisage de dépendance affective. A voulait un homme, mais a voulait corriger toutes les affaires qui font que je chus t'un homme. » Mario comprend. C'est-tu fatigant, se sentir surveillé ? C'était tout le temps des reproches, pis du chiâlage... À moment donné, Carl s'est tanné.

« Chus pas de même, hein, moi ? demande Josiane en lui flattant le bras. »

Mario éclate d'un rire sarcastique. « T'es de même en calvâsse. »

Carl est dans sa tête. Il revient dans la conversation et ajoute à l'adresse de Mario : « Pis Cindy, a l'avait un gars. Un peu plus vieux que le mien. Zachary. Y était pas ben fin avec Zoey…

– Les enfants c'est rough des fois. »

Pendant qu'on parle des femmes, elles ramassent. Sylvie et Carole terminent leur tournée en traînant leur grand sac de poubelle lourd. En s'approchant de Roch pour le débarrasser, Sylvie lui sacre un coup de coude pour le réveiller. Ses yeux commençaient à fermer tout seuls. Roch écoute la discussion, mais il se laisse partir une petite minute de temps en temps. En voyant que son assiette décolle, il panique :

« Hey, hey, hey ! J'ai pas feni ! »

Sylvie lui montre le fond du sac de vidanges en voulant dire : va la chercher si tu la veux.

« Hostie que vous êtes toujours pressées… »

Sylvie l'ignore, si elle ne ramasse pas tout de suite, en profitant de l'aide de sa belle-sœur, elle va devoir se taper le ménage demain, toute seule. Elle se sent tout de même un peu mal d'avoir été tranchante avec Roch : « De toute manière, il reste les desserts !

– Va donc faire sortir ton shih tzu avant qu'il se chie t'sus. »

Les frères de Roch trouvent le jeu de mots excellent.

Sylvie transporte dix sacs de plastique noir remplis d'ustensiles jetables, de nappes souillées, de restes de table dans le garage.

C'est étrange que la porte soit ouverte, est-ce que quelqu'un est sorti en oubliant de la refermer ? Les deux skidoos sont là. *Ça doit être les ados*, pense Sylvie, en appuyant sur l'interrupteur pour que la grande porte se rabaisse.

Dans la cuisine, Mamie est après mettre du papier d'aluminium sur les restants. Elle fait signe à Roch d'approcher. Elle voudrait dire quelque chose. Roch fait tonner sa voix :

« Bon ! M'man a quelque chose à dire ! »

Gilles murmure dans l'oreille de Josiane :

« A veut lyrer, encore… »

– 26 –

Il fait clair comme le jour, un jour bizarre, renversé comme une photo en négatif. La neige rayonne d'une teinte bleutée, phosphorescente, qui donne au sol la texture luminescente des veilleuses qui nous permettent de trouver notre chemin quand on se réveille la nuit dans la maison mangée par les ténèbres. Des zones d'ombre, des amoncellements de neige dessinent des creux sombres où la lune ne se rend pas.

L'entité dépasse les voitures stationnées, gambade vers le lampadaire qui émet une auréole jaune jurant dans le bleu intégral du paysage. Skyd s'arrête sur le rond-point, devant la piscine creusée. Au clair de lune, des gravures anciennes apparaissent sur son masque, des motifs exotiques, des lignes claires mettent l'accent sur ses yeux bleu pâle.

Une montagne immense et dure a été soufflée par la déneigeuse. En utilisant ses mains adroites, Skyd escalade la butte, arrivé au sommet il étire son doigt de sorcière pour pointer le ciel. Au-dessus de la salle familiale pend une boule énorme, une sphère recouverte de cratères et de cavités, poquée comme si on l'avait échappée plusieurs fois par terre. La lune dépasse en taille la salle communautaire et le garage mis ensemble. Ce n'est plus un simple point de lumière dans le ciel, mais une forme ronde, pleine, massive, plus imposante qu'une montagne. Pour la première fois, Zoey et Émie perçoivent sa densité rocailleuse, les trois dimensions de sa matière lourde. Comment un objet aussi gigantesque peut tenir dans le ciel ? Jamais la lune n'a flotté aussi dangereusement proche de nous. Un avion en vol risquerait de foncer dedans. Émie a le sentiment étrange qu'elle pourrait tendre le bras pour la toucher.

Skyd fait une drôle de danse, comme s'il voulait attirer notre attention, nous dire quelque chose. Il pointe la lune, puis la salle communautaire, mime une explosion en ouvrant les bras.

« Il veut faire tomber la lune sur la salle.

– Faut l'arrêter. »

Une lueur brille dans les yeux d'Émie. Zoey n'aime pas son sourire en coin.

« Ou faut l'aider ? Imagine. On serait débarrassés de tout le monde, on pourrait vivre notre vie comme on veut, dans des nouvelles familles. »

L'idée n'enchante pas Zoey – à vrai dire, elle le terrifie. La grosse lune ne lui dit rien de bon, c'est complètement anormal qu'elle soit aussi près de la Terre. Skyd a manipulé quelque chose dans le tissu astral pour la rapprocher dangereusement. En un choc, elle pourrait détruire le domaine Bilodeau au complet. Il n'arrive pas à estimer la distance qui la sépare du sol. Différents cratères tracent un visage presque humain. Zoey trouve un œil, puis un autre, il identifie ce qui pourrait être un nez, un sourcil. La bouche est tendue dans une grimace meurtrière, un sourire désaxé. Le visage qu'il recompose glace le sang. La lune beige nous regarde avec une soif de vengeance.

Ça vaut la peine, pense Émie, d'envisager la voie de la destruction, Skyd n'est pas apparu pour rien, il sait que nos familles nous font chier, que nos oncles nous menacent, on nous envahit de psychologues, tantôt quelqu'un a même traité Zoey de tapette. Pour Émie, le Mal n'existe pas vraiment, les méchants dans les films ont de bonnes raisons de nuire aux héros, et très souvent Émie est dans leur équipe, elle compatit avec les seigneurs des ténèbres, les sorcières cannibales, les personnages rebelles qui brisent les règles, le côté obscur, avec ses belles robes noires, son mascara et ses cheveux extravagants, la séduit ; les Serpentard sont toujours les mieux habillés. Qu'est-ce qui l'empêcherait de laisser la lune s'écraser sur la salle ? Elle pourrait décider de sauver certaines personnes – son père Benoît, par exemple. Damien, aussi, le cousin plus vieux. Laisser Josiane et tous les autres se faire écrapoutir. Être enfin débarrassée des règles strictes de Sandra, vivre sa vie avec une nouvelle mère, loin de Québec, une mère qui ne critique pas, qui ne réprimande pas, qui n'ordonne pas tout le temps une chose et son contraire. Personne ne pourrait suspecter que la catastrophe est le projet des deux enfants – à la télévision, on parlerait d'un phénomène inédit, un astre qui s'écrase sur la Terre et décime une famille entière le soir de Noël. On pleurerait un peu, puis rapidement, on passerait à autre chose.

Émie ne sent pas qu'elle fait partie de ce groupe dont elle déteste la plupart des membres. Elle est engluée dans une grande toile d'araignée peuplée de moucherons dégoûtants qui lui répugnent. Si elle reste trop longtemps dans ce lieu toxique, la vie pourrait la quitter. Émie désire vivre, faire ce qu'elle veut comme elle le veut et si, pour ça, il faut laisser un démon provoquer un gros accident, ainsi soit-il. Les catastrophes brassent les cartes, changent les choses, nous défont des platitudes infinies de la vie. L'image de la salle ravagée par une boule immense qui s'écrase comme un astéroïde lui procure un plaisir vif. Émie a envie de faire du mal, elle s'imagine les gens crier, courir partout, brûler, se rouler dans la neige et se retient de ne pas rire d'une joie vive, interdite.

« C'est pas correct de faire ça, pense Zoey.

– Maudit que t'es plate. Tu veux tout le temps faire l'affaire *correcte*. C'est ça, ton problème. L'affaire *correcte* est pas tout le temps claire.

– C'est clair que faire tomber la lune sur la terre, c'est pas correct en tout cas.

– Quand tu fais l'affaire correcte, ça va-tu mieux ? »

Zoey repense à Christopher Ouellet, sa proposition d'alliance, un pacte contre Sébastien Gagnon sur lequel le Christopher a craché. La réponse qui monte d'instinct lui déplaît. Il ne peut pas donner tort à Émie. Il ne peut pas la décevoir une fois de plus, courir le risque qu'elle ne lui parle plus jamais. Il prononce un « non » à contrecœur. Émie émet un sulfureux sourire.

Il sait que sa cousine dit la vérité, chacun de ses mots résonne en lui, fait monter des émotions, une tristesse qui apparaît quand on nomme une chose juste, mais il n'est pas prêt à se poser ce genre de questions. Les réponses l'amèneraient à changer trop radicalement, elles risqueraient de trouer la coque de son navire de pirate qui se mettrait à prendre l'eau.

Skyd fait tomber un rocher de neige compacte en le poussant de ses bras maigres comme des bâtons. Une autre motte déboule en bas de la butte et se casse sur l'asphalte. L'éboulis laisse apparaître une ouverture. On ne voit pas très bien, mais le trou a l'air profond. Sans attendre, Skyd s'enfonce. Émie est prête à le suivre, mais Zoey hésite.

« D'un coup que le banc de neige nous écrase ? Si la souffleuse passe, on est faites.

– La souffleuse passera pas en pleine nuit.

– On sait pas si Skyd est gentil ou méchant. »

Émie se retourne. Les fenêtres de la salle de Noël forment un îlot chaleureux, un village de crèche lumineux dans le paysage froid. Elle n'a aucune envie de retourner là-bas. Le danger que représente Skyd est excitant. Il éveille son envie de comprendre, de découvrir, de maîtriser par le raisonnement ce trou dans la logique. *Si Skyd avait voulu nous faire du mal, il l'aurait fait avant…*

« Pour une fois qu'il se passe quelque chose, Zoey. T'as le goût, toi, de faire comme si de rien n'était ? De retourner déballer tes cadeaux ben normal ? Sans jamais savoir ce que Skyd veut nous montrer ? »

Zoey ne répond pas.

« Il a peut-être des pouvoirs magiques pour nous. »

Quelque chose s'allume dans le regard de son cousin.

« Peut-être qu'il va nous donner un masque comme le sien, un masque pour se transformer. Pour espionner les adultes, ou manquer l'école, ou devenir invisibles… »

Des images vagues du jeu *Zelda* reviennent dans l'esprit de Zoey. Une fillette blonde au bonnet vert enfile un masque, son corps se transforme, c'est effrayant, douloureux, mais elle peut faire des choses qu'elle ne pouvait pas faire avant.

« C'est l'équivalent de notre lettre pour Poudlard, Zoey. Si on y va pas, c'est comme si on disait "non" à Hagrid. »

L'argument est béton. S'il refuse et retourne dans la salle de fête, il va grandir avec le souvenir du Noël où il a levé le nez sur la seule chose fantastique qui lui soit jamais arrivée. Le genre de chose qui n'arrive qu'aux enfants, jamais aux adultes ou aux adolescents.

Ils se prennent la main et s'enfoncent dans le tunnel.

– 27 –

« C'est sûr que je vas pas en rajeunissant. Votre père est parti.

– A roucoule comme un pigeon…

– … J'ai été la femme d'un seul homme, moi. C'est sûr qu'y a des choses qui me déçoivent. Je pensais voir Jonathan.

– Y est chez sa mère, m'man !

– … Je pensais que le bord des Charette à Yvan Charette allait venir. J'aurais ben aimé ça, rencontrer la petite famille à Marie-Pierre… Le pain sandwich des Vieilles Carmélites… en tout cas. J'ai eu six gars, pas un pareil. Sont là ce soir. Vous les avez vus. Vous les avez entendus. C'est ben rare qu'on les entend pas. Roch travaille pus. Le sixième est en chicane. Carl a pas de femme. Mario nous en présente une chaque année. C'est des affaires de séparation. C'est de même, de nos jours. Je comprends pas ça, moi. J'ai été la femme d'un seul homme.

– Ça fait deux fois que tu le dis.

– … Mais j'ai des beaux petits-enfants. Gentils à part de ça. Zoey. Geneviève. Damien. É-mie… Je serai pas là tout le temps. Henri aurait pu rester encore quelques années. J'ai demandé au bon Dieu pourquoi qu'Il est venu le chercher. J'y ai demandé de pas trop attendre avant de venir me chercher. »

Mamie se rassoit et laisse un silence épais, collant, elle a plombé l'atmosphère et c'est son droit. Roch lève son verre pour peupler le vide.

« À p'pa ! »

Toute la salle fait comme lui.

« À p'pa. À Henri. »

Pendant un instant, les gorges se serrent. Des images d'un vieil homme silencieux, aux sourcils épais, aux oreilles tombantes jaillissent dans les esprits. Un souvenir de pêche. L'époque du garage. Les étés sur la plage de Vauvert. Les semaines de vacances en Floride.

La salle est saisie d'une émotion vraie.

« Tant qu'à être déprimante de même, a l'aurait été mieux de rien dire… »

– 28 –

Un monde s'ouvre à eux, plus riche, plus vrai encore que les contrées parcourues par Ewilan, un monde où la puissance de leur imagination se rencontre, s'unit, s'assemble et se multiplie. Ils sont portés par des magies très anciennes. L'espace entre eux se tisse, se renouvelle, Émie et Zoey sont réconciliés, merveilleusement réconciliés, dans toutes les fibres de leur être. Ils se promènent dans un réseau souterrain de passages étroits, de sentiers arrachés à la glace et à la neige compacte. Pour passer à certains endroits, il faut arquer le dos, ramper au sol. Skyd progresse rapidement, on a peur de le perdre. Des ouvertures se présentent, des embranchements indiscernables les uns des autres. Zoey se demande comment ils vont faire pour ressortir de là, s'ils ressortent.

Ils arrivent devant une porte en bois grossier qui paraît beaucoup plus large que le tunnel. Un verrou transversal en laiton muni d'un cadenas ne laisse aucune illusion sur la possibilité d'y pénétrer sans en posséder la clé. Skyd claque des mains et quelque chose s'actionne dans la porte. Comme si elle était dotée d'un mécanisme électronique, les loquets bougent sans que personne les touche. Un frisson chatouille le dos d'Émie. Tout à l'heure, en plein milieu du garage, elle tombait sur une sorte de lutin démoniaque aux intentions obscures sans s'en formaliser, et maintenant, un loquet de porte ancienne qui s'actionne tout seul l'impressionne.

On pénètre dans une pièce ovale, creusée dans la neige. Les murs, contrairement à ceux du tunnel, sont lisses, polis, recouverts d'une couche de glace. L'ensemble dégage une lumière bleutée, comme si la neige était gorgée de rayons lunaires, des halos jaillissent des objets, Zoey et Émie sont dans un endroit où des histoires millénaires ont commencé. Skyd ajuste l'éclairage de sa cabane en allumant deux lampes à l'huile, qui nous permettent de mieux discerner le décor. Tout est miniature, comme dans une maison de poupées dont les meubles auraient été taillés par un ébéniste pressé muni d'outils rudimentaires. Le sol est recouvert de tapis touffus aux couleurs variées, délavées, qui s'empilent autour d'un lit. Le matelas est fait de branches de sapin, déposées sur un cadre en bois. Trois fauteuils usés font office de salon. Sur une table traîne une assiette remplie d'os, Zoey remarque l'odeur vague de poulet qui flotte dans l'air. Une bibliothèque longe l'un des murs, elle est remplie de livres atypiques, retenus par des ficelles, avec des couvertures en bois ornementées de motifs sculptés dans une langue indéchiffrable, des genres de symboles, pense Émie. Au centre de la pièce, quelques braises luisent encore sous une marmite pleine d'eau, retenue par un support. Un tuyau métallique tenant grâce à des fils de fer rouillé sert de cheminée au foyer central, il disparaît par une ouverture noircie dans le plafond.

Émie pense aux illustrations de livres merveilleux qui présentent, sur une page double, les intérieurs de chaumières d'un gnome, d'une fée, d'un lutin en nous expliquant leur mode de vie, en indiquant chacune des pièces, chacune de leurs inventions astucieuses (des sous-marins dans un bocal en verre, une boîte d'allumettes pour dormir, un ascenseur actionné par un vélo). Elle se trouve dans un de ces espaces dont elle en était persuadée de l'existence tangible sans les avoir visités parce qu'elle a lu tant de contes, d'histoires enchateuses et épeurantes. On se dit en refermant le livre qu'ils n'existent pas mais ils existent. Émie s'y trouve.

Skyd penche la tête comme si son cou était fait de caoutchouc. Ils se trouvent chez un inconnu qui a fermé la porte derrière eux. Personne ne les entendrait s'ils se mettaient à crier. Tous les éléments des dangers les plus élémentaires, des catastrophes contre lesquelles on les prémunit depuis leur naissance sont réunis : un inconnu louche, masqué, leur a demandé de le suivre dans un endroit inaccessible, inconnu des adultes. Un peu plus il leur offrait des bonbons. Émie et Zoey n'ont averti aucune grande personne de leur escapade.

La créature bouge de manière étrange, animale et enfantine. Skyd enlève son capuchon, dézippe son coton ouaté, retire une manche, puis l'autre. Le corps de la bestiole se dévoile et des signaux de panique explosent dans la tête de Zoey, qui se sent en danger, pourtant la bête ne fait rien d'autre qu'enlever des vêtements.

S'ils étaient plus grands, Émie et Zoey pourraient défier l'entité, se défendre contre Skyd en cas d'attaque, mais ni l'un ni l'autre ne dépasseront la taille du lutin maléfique avant un an de croissance, peut-être deux. C'est long, deux ans sans revoir ses parents, sans aller à l'école. Deux années enfermés sous une butte de neige, à être serviteurs des forces du Mal. Émie se demande où vit Skyd, l'été, lorsque sa maison se met à fondre. Elle aimerait lui poser toutes sortes de questions. Le lutin se met à bouger comme une marionnette aux fils emmêlés. On ignore s'il est pris d'un spasme ou s'il danse. Il s'approche de nous.

« Recule ! »

Zoey est prêt à se défendre, à frapper de toutes ses forces. Même si ça ne sert à rien, il s'en fout, c'est plus fort que lui. Il crie, les mains devant. Émie n'a jamais entendu cette voix aiguë. Le cri de son cousin est suivi d'un silence étouffé, la neige absorbe les sons.

Skyd nous regarde en clignant ses grands yeux bleus, comme s'il ne comprenait pas la réaction de Zoey. Émie essaie de le calmer en lui prenant la main, en tendant son esprit vers lui comme le ferait Ewilan. Elle ressent une masse de peur vive. Zoey affronte un danger. Tout son corps réagit à la menace. Il faut ouvrir la porte, s'enfuir au plus sacrant.

Noël est tellement loin.

La peur de Zoey se réverbère en elle. La panique se délave sur la conscience intacte d'Émie, l'édredon blanc se troue et laisse entrevoir des fosses obscures. Émie ne veut pas céder à la peur, elle amasse quelques flacons étanches qu'elle décapsule pour inspirer des senteurs de courage. Elle pense à Ewilan, la magicienne, la frondeuse, l'indépendante, l'arrogante envers les adultes, celle qui n'a pas peur de désobéir.

Skyd se retourne et, pour la première fois, l'arrière de sa tête ronde, nue, nous apparaît. La peau grise lève le cœur de Zoey. La tête de Skyd est chauve, mangée par le masque ivoire qui lui embrasse le front, le menton et remonte sur les mâchoires. Son crâne est couvert de blessures. Des outils coupants ont fouillé sa peau, des entailles profondes ont cicatrisé en formant des talus, des rivières. Plus Zoey l'observe, plus Skyd se détache d'une image abstraite en polygones 3d de jeu vidéo. À l'arrière de sa tête, sous le capuchon, le masque est retenu par deux bandelettes de cuir, fixées par des boucles métalliques en forme de papillons, qui battent leurs ailes dans la lumière maladive des lampes à l'huile.

L'entité retire ses gants, les lance par terre. Des ongles sales jaillissent d'un renflement dans les doigts tortueux, comme si l'os avait continué de croître pour percer la peau et noircir au contact de l'air. Skyd pousse quelques reniflements, se tapote l'arrière de la tête, s'attarde sur les papillons verrouillés avant d'enfoncer ses ongles dans son crâne. Il les remue en laissant échapper un jappement, tente de tirer sur les lanières qui retiennent le masque. Sa peau se déchire, saigne.

Leur ravisseur se blesse sous leurs yeux.

Il gémit de douleur, se tord sur le sol. Des blessures coule une sève foncée, collante comme de la mélasse. Skyd gratte énergiquement ses cicatrices, il continue même s'il a l'air de souffrir le martyre.

« Arrête ! »

Émie ne peut pas le voir se mutiler sans rien faire.

Deux grands yeux humides se retournent. Sous le masque, la pauvre créature renifle.

Émie-Anne s'approche avant qu'il ne se blesse encore, qu'il s'arrache toute la peau du crâne avec ses ongles bestiaux. Tout est clair pour elle : Skyd leur demande de l'aide. Émie-Anne est contaminée par le désespoir de l'entité. Même Zoey, à la vue du sang, a calmé son envie de s'enfuir en courant. Il est pris d'une oppressante compassion pour l'étrange lutin qui poussine de douleur sur le plancher. Pour la première fois, l'idée dégoûtante que Skyd puisse souffrir s'impose à lui, et tout lui paraît différent. Ses mouvements nerveux, son silence, les contours de ses yeux ridés. Ses paupières d'enfant de cent ans.

On s'approche de lui. Le masque épouse les formes de sa tête, Émie tente de le faire glisser, mais c'est impossible. Il faudrait lui briser les os des joues. Elle tente de soulever les verrous papillons, essaie de tirer sur les bandelettes. Elles sont prises dans la peau meurtrie. Émie touche les gales gluantes en retenant son souffle. Rien ne bouge. Les attaches de cuir sont tellement serrées qu'elles compriment la peau du crâne chauve, mince comme du papier. Même si elle voulait les couper avec des ciseaux, elle charcuterait Skyd. Elle a les mains pleines de sang collant comme du caramel fondu. Elle les essuie sur son manteau avant de remettre ses mitaines.

« Si y peut pas enlever son masque tout seul, c'est peut-être parce qu'on lui a mis de force.

– Qui aurait fait ça ? »

On réfléchit.

« Josiane ? »

Émie n'a pas l'air convaincue.

« Il va mourir si on fait rien. » Elle déroule son foulard et le noue autour de la tête de la créature. Skyd étire le cou comme un chat qui se laisse flatter, l'image trouble Zoey. Le polar du foulard absorbe un peu de sang liquoreux.

« D'un coup que le masque l'empêche de faire des mauvaises choses. D'un coup qu'on lui enlève, pis que ça libère un vrai démon ? »

C'est un risque qu'Émie est prête à prendre. Au fond d'elle-même, elle perçoit une confiance solaire, un rayon de certitude qui ne la trompe jamais. Skyd n'est pas méchant. Il a mal. Il n'en peut plus. Elle sait que la douleur, à la longue, transforme les êtres en monstres. Elle l'a déjà entendu quelque part. Émie s'imagine, triomphante et fière, en docteure magicienne qui renverse des malédictions. Elle retire le masque de Skyd (n'arrive pas à se représenter un visage), soigne les plaies de l'entité (sans visage) qui guérit, devient son alliée, son chien-chien d'amour, une force qui l'accompagne partout, soutient l'héroïne dans sa quête, lui dévoile les secrets, la voie sacrée pour faire tomber la lune sur la terre. Sauver Skyd est sa chance de tout recommencer, de se libérer enfin des Lamontagne, des maudits fatigants qui la chialent tout le temps, de sa mère qui la contrôle comme si elle était une servante, surveille ses notes à l'école, n'est jamais satisfaite de ses spectacles de danse, l'empêche d'aller jouer chez des amis, de s'inscrire à des cours d'escrime. Émie rêve d'atterrir dans une autre famille, une famille sans Roch et sans Marie-Claude, sans Josiane, sans Mamie, une famille loin du maudit trou perdu du lac Saint-Jean où elle ne connaît personne, n'a nulle part où s'enfuir, encerclée qu'elle est par la ténébreuse forêt, assaillie par des créatures de l'ombre, gobelins momifiés à la peau râpeuse. Une catastrophe lui ferait du bien, un cataclysme épouvantable permettant de changer le passé, de transformer le destin, un portail s'ouvrirait et Émie vivrait dans un monde médiéval recouvert de champs labourés par des paysans – ou bien à Montréal, où les enfants adoptés atterrissent, d'habitude. Toutes les filles de son orphelinat, celles qui sont arrivées dans le même voyage et qu'Émie peut voir sur la vidéo que ses parents ont filmée quand ils sont allés la chercher en Chine, toutes ses lointaines sœurs qu'elle rejoint une fois par année, l'été, vivent à Montréal, à des centaines de kilomètres de chez elle. Émie et ses parents participent à la rencontre annuelle en août, font le voyage en voiture. Les parents de Montréal sont trop cool comparés aux siens, les autres filles ont des chambres magnifiques, des parents compréhensifs, qui les écoutent et leur donnent toutes sortes de permissions spéciales, ce sont parfois des gens célèbres, qui passent à la télé, dirigent des spectacles avec des acteurs et des tours de magie, de cirque, c'est une injustice impardonnable qu'Émie se retrouve à Québec avec Benoît et Sandra, des inconnus qui travaillent au gouvernement, qu'elle soit tombée dans une famille du fin fond du lac Saint-Jean, et pas dans une vraie ville comme les autres petites, celles qui ont des parents célèbres et des cadeaux rares, qu'on peut juste acheter à Montréal.

Zoey ne voudrait jamais emprunter le portail vers l'autre dimension avec elle, Émie le sait. Elle croise le regard de son cousin, l'excitation se teinte de peine, toujours cette même coloration de peine dans ses yeux, une tristesse abyssale, la larme au coin de l'œil. Zoey devrait détester la famille autant qu'elle, manigancer contre elle, Émie ne comprend pas pourquoi Zoey a horreur du moindre mauvais coup, craint la moindre punition, son cousin est malheureux, mais il veut jamais que rien change. C'est nouveau, croit Émie, il n'avait pas autant peur de tout avant, elle serait prête à le jurer, s'explique mal son désir que rien ne bouge.

Ils ont une mission à accomplir. Peu de temps pour le faire. Émie a la tâche supplémentaire de convaincre Zoey, de le gagner à leur cause. La possibilité de faire tomber la lune sur la terre ne se présentera pas cent fois dans leur vie. Il faut saisir l'occasion pendant qu'elle se manifeste, Zoey va comprendre, mesurer la chance unique qui se présente, son cousin sera bien plus heureux en enfant adopté, vivant dans une maison superbe, avec des parents stars, eux aussi deviendront des stars médiévales en grandissant, ils ne seront plus cousin et cousine, mais frère et sœur, et ils auront toutes les filles du même orphelinat pour sœurs aussi. Zoey comprendra, partagera le désir d'Émie. Comment Zoey pourrait ne pas désirer le rêve d'Émie ?

– 29 –

« Sandra ? Où c'est qu'a l'est, la p'tite ?

– Je sais pas…

– Je la vois nulle part. »

Sandra dépose les cartes à jouer.

« A doit pas être loin.

– On commence à ouvrir les cadeaux, là.

– Okay. On va la trouver. A doit pas être…

– Tu la surveillais pas ? »

Sandra a été négligente, vraiment négligente. Il ne faut jamais perdre les enfants d'un œil ; elle le sait. Émie est grande, elle joue avec son cousin depuis tout à l'heure. C'est Noël, il y a plein d'adultes partout, Sandra a baissé sa garde en se disant que tout le monde surveillait les enfants. Elle s'est laissé prendre dans le jeu de cartes niaiseux, un jeu stupide mais divertissant, qu'on vient de lui montrer. Ses rires amusés par les différentes réactions des joueurs, son plaisir enthousiaste lui reviennent armés de reproches, la honte tape fort dans sa poitrine.

Tout à l'heure, quand le sentiment de panique retombera, elle se rejouera la scène avec Benoît en changeant les répliques.

Tu la surveillais pas ?

Sandra aurait dû répondre aussitôt, de manière franche.

« Pourquoi c'était à *moi* plus qu'à toi de la surveiller ? »

Dans son scénario alternatif, Benoît s'excuse et ils retrouvent Émie-Anne ensemble. Mais sur le coup, aucune réplique ne lui est venue. Rien qu'un sentiment sourd de faute. Quelle mère oublie sa fille ? Pour un jeu de cartes ? Une petite comme Émie, qui l'a pas eue facile ?

Il faut jamais activer son schéma d'abandon, Sandra le sait. Elle a suivi les formations exigeantes destinées aux parents qui adoptent. Vous pouvez les punir, mais jamais les enfermer dans leur chambre. Évitez les conséquences qui isolent l'enfant. Ils doivent comprendre que vous serez inconditionnellement là, peu importe ce qu'ils font pour vous mettre au défi, même s'ils font des crises abominables, vous disent que vous êtes pas leurs vrais parents et qu'ils vous haïssent. Même s'ils essayent de vous frapper ; ce sont des manières de tester le caractère inconditionnel de l'amour parental.

Tu la surveillais pas ?

Sandra fait le tour de la salle en commençant par la cuisine, demande aux gens qu'elle croise s'ils ont vu Émie-Anne. Elle vient de passer en courant. Elle jouait avec les plus jeunes. Elle coloriait sur la table, je pense. Non, elle était assise sur le fauteuil, plongée dans un livre. Il y a cinq minutes à peine… À moins que ce soit quinze. Vingt minutes ?

Toutes sortes d'histoires sordides déboulent dans sa tête, comme si elle venait d'allumer un téléviseur au canal des nouvelles. Dans les cas de disparition ou d'enlèvement, les premières minutes sont cruciales.

(« Enlèvement », le mot lui grafigne l'esprit.)

Émie s'est assise sur le fauteuil après avoir terminé son assiette.

On a fini de manger il y a quoi, vingt minutes ?

(Une demi-heure ?)

Tu la surveillais pas ?

Non.

J'étais trop occupée à jouer aux cartes.

Sandra fait deux fois le tour de la salle avec Benoît. Carl n'a pas vu Zoey depuis un bout, il ne semble pas trop s'inquiéter.

« Y peuvent pas se perdre, y savent où ce qu'y sont… »

Sa nonchalance révolte Benoît, Sandra le remarque. La rage rougit d'un coup son visage. Son chum est actif, il marche rapidement. Quand l'idée lui vient, il se précipite vers le garage.

La valise d'Émie est là. Son livre a été rangé dans ses affaires.

Sandra pense aux vêtements d'hiver. Elle cherche les bottes blanches. Combien il y a de paires de bottes ici ? Il y en a de toutes les tailles et de toutes les couleurs. Mais les blanches avec des pingouins sur le côté, Sandra ne les trouve nulle part. Le manteau de feutrine rouge non plus.

– 30 –

On suit Skyd dans les méandres souterrains, dans les sentiers de neige qui risquent à tout moment de s'effondrer. L'entité avance à quatre pattes avec agilité, on traîne nos manteaux et nos bottes lourdes derrière lui. Le tunnel ne débouche pas vers la sortie, mais sur une pièce sombre.

On peut pas lui faire confiance, Émie. Il nous laissera jamais sortir.

Skyd se retourne abruptement vers Zoey, le dévisage de ses yeux ronds comme des billes. Émie communique avec la bestiole, elle décode son langage et sent une véritable connexion avec l'être surnaturel. Elle se demande à quelle profondeur sous la terre ils se trouvent. Ils ont marché longtemps pour que l'entité les guide jusqu'ici. Elle ouvre les yeux sur une salle plus grande et plus sombre que la tanière de Skyd. La pièce circulaire a la couleur et la texture mate de la suie. Émie cherche la source de lumière, mais ne la trouve pas. Au-dessus de sa tête, un plafond élevé courbe comme s'ils se trouvaient au milieu d'une sphère immense coupée en deux. Les murs poudreux ont l'air d'avaler la clarté, pourtant elle voit.

Zoey reconnaît immédiatement l'endroit. Le grand Dôme sans odeur, aux parois recouvertes de cendre noire. Ce lieu enfoui au creux de sa tête, où il se réfugie à volonté. L'endroit où il disparaît quand le monde devient intolérable. La dernière fois que Zoey est venu ici, il s'est mis à creuser dans la matière noire et les voix ont pris de l'ampleur. À force d'aller trop profond, il a fini par déterrer le cocon de la bestiole qui leur cause du trouble. Son ancien repaire n'est plus sûr, en lui macère un danger, une impureté qui contamine le réel. Le démon a accès par les chemins complexes, des labyrinthes de tunnels sous la neige, au Dôme, le même Dôme qui se trouve au fond de Zoey, qu'il croyait être un espace intérieur, exclusif. Son lieu personnel, secret, son espace de sécurité est visité par des forces étranges, envahi par une entité malfaisante, un parasite. Pourquoi il nous amène ici ? Même si la bestiole semble moins agressive qu'au départ, il s'agit probablement d'une mascarade pour les tromper, les enfermer dans sa petite cabane épeurante.

Zoey juge sa cousine imprudente. Le côté aventurier d'Émie l'enivre, rien n'est jamais ordinaire avec elle, mais il estime qu'elle fait confiance trop facilement. Émie se pense capable de maîtriser les situations dangereuses, elle croit toujours être en mesure de s'en sortir. Zoey n'a pas cette épuisante assurance. Les humains sont potentiellement méchants, mal intentionnés, Zoey le sait. Ils vous font des beaux sourires avant de vous enlever et de vendre vos organes dans des pays froids.

Skyd longe les murs noirs à la recherche de quelque chose. Il se met à gratter la poussière.

« Arrête ! »

Malgré l'avertissement, Skyd continue de fouiller dans la poudre compacte, qui s'effrite au moindre toucher. Zoey sait ce que cherche Skyd : le trou inquiétant dans la paroi, d'où les voix parlent, murmurent des vérités désagréables. Le nid d'où il vient. Il veut remonter jusqu'à l'origine des voix pour libérer ses semblables.

Zoey tente de l'en empêcher, Émie l'intercepte.

« Laisse-le faire ! »

Zoey proteste : « Tu comprends pas, Émie ! Je suis déjà venu ici, c'est dangereux. »

Skyd arrache frénétiquement la terre avec ses grands ongles. Ses gestes sont rapides, agressifs. Il heurte quelque chose de dur, émet un reniflement douloureux.

« Oh-maille-god, check ! »

Émie pointe le fond du trou. Le démon exhume une sorte de pierre, cachée sous les cendres. Plus il frotte, plus le mur droit, solide, se dévoile sous la couche caverneuse de plâtre noir. L'architecture de la grotte n'est qu'une façade, une décoration. Skyd s'arrête un moment pour éternuer, il reprend ses reniflements erratiques. Émie utilise ses mitaines pour balayer la saleté. Son manteau cerise est couvert de poudre noire, mais elle s'en fout. Elle frotte le mur avec énergie.

« On dirait une porte. »

Zoey reste en retrait, il n'ose pas toucher aux murs du Dôme.

Je veux m'en aller.

Deux battants de pierre se dévoilent. Une porte de la taille d'un enfant, composée de deux rabats massifs en marbre vert

– il faut décrasser pour que la couleur, vert émeraude, apparaisse dans toute sa richesse.

Skyd nettoie minutieusement, d'un ongle précis, une sorte de gravure. On reconnaît le symbole. La forme exacte, simplifiée, de son masque mortuaire.

« Ça veut dire que c'est de là qu'il vient. De l'autre côté. »

Émie est émerveillée.

Skyd enfonce un ongle dans la porte, le fait tourner et dévoile un trou circulaire. Il se retourne, agite nerveusement les mains. On comprend rien de ce qu'il essaie de nous dire. Il étire l'index, forme un cercle avec son pouce, puis fait entrer le doigt de son autre main dans le trou. Zoey est gêné par le geste vicieux, sexuel, avant de comprendre que Skyd mime une serrure – c'est lui, qui a les idées croches, qui voit des choses vulgaires même quand il n'y en a pas.

Émie traduit, elle parle doucement, comme si elle essayait de montrer à Skyd la langue des humains : « Une serrure, ça s'appelle. *Ser-rure.* » Elle se retourne vers Zoey. « Si on trouve la clé, on va pouvoir entrer. » Émie donnerait sa vie pour visiter le monde de Skyd, et lui permettre de retourner d'où il vient, dans son pays souterrain dont l'entrée s'est refermée. Skyd a été oublié dans notre monde. Il couine, renifle, s'agite, pointe le dessin de masque, puis se désigne de ses grands ongles. Avec l'une de ses griffes, il fait semblant de se trancher la gorge.

On n'a pas besoin d'explications pour comprendre ce que ça veut dire. Le masque est en train de le tuer.

– 31 –

Benoît a emprunté la motoneige de son frère pour parcourir les alentours. Sandra est assise derrière lui, elle braque une lampe de poche sur les sous-bois. À tout bout de champ, elle aperçoit un sapin, une ombre sur la neige qu'elle croit être une silhouette d'enfant.

Les enfants sont sortis sans avertir personne ; Benoît se doute bien qu'il s'agissait d'un plan de Zoey, son neveu fantasque. Il est gentil devant les adultes, mais Benoît est certain qu'il a une mauvaise influence sur Émie. Jamais sa fille n'aurait pensé s'enfuir toute seule. Elle sait qu'elle a besoin de nous, elle est trop intelligente pour se perdre ou se sauver. Souvent, Émie-Anne l'étonne en posant des questions auxquelles il n'avait jamais réfléchi, des affaires philosophiques, sur la mort, le sens de la vie. À quatre ans, elle demandait à ses parents de lui expliquer la différence entre le « monde » et « l'Univers ». À n'importe qui, Benoît aurait répondu « j'ai-tu l'air d'Hubert Reeves, crisse. » Mais la question venant de sa fille à lui l'avait ému, éveillant des connexions nouvelles, des échos vastes.

Ils viennent de finir leur premier tour du rond-point quand Sandra lui frappe l'épaule. « Arrête le moteur. » Émie-Anne est là. Tout près de la piscine. Sous la clarté pure de la lune.

« Vous étiez où ? »

Émie marche vers eux en tenant son bras devant son visage pour ne pas être aveuglée par la flashlight. Elle est suivie de près par Zoey.

C'est qu'ils faisaient là, calvaire ?

Les enfants sont en manteau et en bas de soute, ils sont allés jouer dehors sans avertir personne. On aurait pu avoir peur, faut toujours avertir les adultes, demander la permission pour sortir. Benoît essaie de contrôler son ton pour ne pas qu'on entende la tension dans sa voix : « C'est que tu fais dehors, Émie-Anne Lamontagne ? Comment ça, tu sors sans le dire aux adultes responsables ? »

Sandra débarque du skidoo et prend sa fille dans ses bras.

« On a eu peur ma cocotte. »

Zoey est étonné, il ne croyait pas être parti longtemps. Son père à lui n'est pas sorti chercher, il doit être à l'intérieur, à boire de la bière avec ses frères. Il ne s'est pas inquiété comme les parents d'Émie. Ça devrait le soulager ; il n'aura pas de conséquence pour son escapade nocturne, son père est occupé ailleurs. C'est bizarre, mais Zoey aurait préféré que Carl se précipite dehors, qu'il l'attrape par le poignet et qu'il l'engueule d'avoir disparu.

« On faisait juste jouer, répond Émie en haussant les épaules.

– Mais t'es toute sale, t'as des grandes taches noires sur ton manteau. »

À la lumière de la lune, le manteau d'Émie est souillé, comme si elle l'avait roulé dans les cendres froides d'un poêle à bois. Elle hausse les épaules, grimpe sur le siège du skidoo, derrière son père. Zoey et Sandra les suivent en marchant.

On retourne dans la salle silencieuse. La musique a été coupée. Avant que la porte du garage se ferme, Émie jette un dernier coup d'œil dehors. La lune pèse, menaçante au-dessus de nos têtes.

– 32 –

Des corps s'animent sur l'image rayée. Quelques vêtements aux couleurs franches – rouge, vert – se détachent des noirs, des beiges, des bruns. La caméra gobe les lumières chaudes, sature les blancs. On voit tout mais rien n'est clair. Les contours des corps, des cheveux, sont brumeux, mal définis, comme s'ils avaient été usés, polis par l'appareil. Des mains se propulsent dans le vide, des inconnus font des façons. On ne comprend rien de ce que les lèvres grimaçantes disent, les voix ne se détachent pas de la couche épaisse de discours.

L'angle change. La caméra plonge pour filmer une troupe d'enfants qui crient, chantent, improvisent des spectacles, cherchent l'attention du caméraman. Elle fait un panorama de la pièce, passe rapidement sur l'entrée, le poêle à bois, l'orgue, les grandes tables à manger, la cuisine, la rangée de divans contre le mur, juste à côté du bouleau de Noël croulant sous les décorations scintillantes.

L'image coupe/reprend.

Une jeune femme aux traits délicats, des lunettes de soleil sur la tête, est assise dans un attroupement. Le plan zoome.

La jolie châtaine prend désormais tout l'écran, elle réagit aux propos des autres, échange des sourires et des airs de surprise. Le zoom continue d'avancer pour cadrer ses seins volumineux, retenus par une robe décolletée. La caméra reste fixée quelques secondes sur ses seins.

L'image coupe/reprend.

La même jeune femme est assise sur le sofa. Un homme plus vieux, rasé de près, lui amène une boîte à bijoux. Elle sourit. Hors champ, une voix rauque se fait entendre : « Josiane ! Il te donne le cadeau, moi je vas prendre le bec. » Elle rit en secouant la tête. Josiane essaie de couper le papier avec son ongle, arrache délicatement l'emballage, sans le déchirer. D'un coffret elle sort deux boucles d'oreilles dorées en forme de libellules aux reflets bleutés, qu'elle fait semblant de porter en prenant des poses d'actrice pour la caméra.

L'image coupe/reprend.

Un homme chauve, stressé par l'excitation, tient le bras d'une très vieille femme au dos voûté et aux cheveux blancs impeccables. Elle porte un foulard de soie et des dizaines de bracelets en métal sur ses poignets squelettiques. La dame regarde au loin, elle ne semble pas comprendre ce qui se passe. L'homme fixe la caméra, attend un signal.

« Go ! »

Il parle à voix basse en approchant sa tête de l'objectif, masquant une partie de l'image.

« J'ai queque-chose à montrer à mon frére Roch. »

Il progresse dans la foule en guidant la vieille femme qui avance péniblement. Elle regarde dans toutes les directions en s'agrippant fermement à l'homme plus jeune, qui se retourne pour s'assurer que la caméra le suit. Arrivé près du buffet, il pointe la silhouette d'un homme plus grand et plus corpulent, fait un pouce en l'air malicieux.

« Roch, Roch, Roch ! Regarde qui vient d'arriver. »

Roch se retourne, voit la caméra, se doute de quelque chose. L'homme tire sur la vieille dame pour qu'elle s'approche.

« Tu la reconnais-tu ? »

Roch scrute la femme en se grattant le menton. La caméra zoome. Il allume pas. La dame lève les bras, les laisse flotter dans le vide. Elle dit quelque chose qu'on n'entend pas. Le visage de Roch change. L'autre homme étire le cou pour se placer devant l'image, il parle fort et le son du micro griche.

« Les retrouvailles entre Rolande Ross pis son neveu préféré. »

La caméra retrouve le visage de Roch. Il affiche un sourire marbré. La voix du caméraman, qui cadre serré, se fait entendre : « La réaction authentique de Roch qui voit une morte pour la première fois. »

L'image coupe/reprend.

« Bon, vous avez eu quoi, vous-autres ? »

Un groupe d'ados timides se tient au centre de l'image. Une grande blonde aux cheveux crêpés, des traits noirs sous les yeux, prend la parole pour expliquer qu'elle a reçu un disque de Green Day, mais qu'ils se sont pas faits de gros cadeaux cette année parce qu'ils vont faire un voyage.

« Pis toi ? »

Un adolescent à moustache molle, portant une casquette sur ses cheveux noirs retroussés, sourit béatement.

« Moé ? »

Il étire son bras et attrape une boîte rectangulaire sur la table.

« C'est un livre ?

– Un jeu de Nin.

– De 64, précise un garçon plus jeune, à cause qu'on n'a pas de GameCube. »

L'adolescent approche de la caméra la boîte obscure, aux coins racornis. Le lettrage indique « Zelda » en mauve sur un fond noir, accompagné d'un masque multicolore aux grands yeux jaunes et aux contours ornés de pointes, qui envoie des rayons foncés – l'envers de la lumière.

« Ça l'air le fun.

– C'est la suite d'un jeu que j'aime. » Le plus petit se place devant lui sur la pointe des pieds, on ne voit que le haut de son visage.

« Le premier *Zelda*, on l'a passé dix fois.

– *Je* l'ai passé. Pis plus que dix fois. Oli y est pas capable de le passer tout seul parce qu'il lit pas l'anglais.

– Il lit pas le français non plus », précise la blonde.

La main d'Oli attrape la caméra, on se débat et l'image bouge, les sons saturent le micro, puis tout devient bleu.

L'écran indique « 24/12/04, 22 : 22 ».

– 33 –

Émie est excitée même si elle sait que l'essentiel de ses cadeaux vont lui être donnés pendant le réveillon avec juste la petite famille. Il y a trop de monde ici, quand on se donne un cadeau, on n'a pas le temps d'en profiter, on peut pas dire « merci » parce qu'on sait plus ça vient de qui. Elle a reçu de son parrain un nouveau roman qui a l'air vraiment hot, l'image est ténébreuse, juste la couverture lui donne des frissons. C'est une jeune fille qui se détache d'une foule d'hommes, elle a attaché ses cheveux blonds négligemment, porte un manteau rouge et elle tient un fusil. Émie n'a jamais vu une fille avec un fusil. Ça l'excite. Ça doit vouloir dire qu'il se passe plein d'affaires épeurantes qui vont l'empêcher de dormir, des choses qu'elle ne peut pas encore imaginer. La belle fille blonde doit être une méchante, une vraie, elle va assassiner quelqu'un et s'en sortir sans conséquences. Émie ne connaît pas Sally Lockhart, mais c'est déjà son idole.

Zoey est embêté par son cadeau, Émie l'a vu tout de suite. C'est pourtant prometteur, cette boîte immense, plus grosse que toutes les autres. Des espoirs arrivent en rafale dans l'esprit de Zoey, il s'imagine un jeu vidéo, un Nintendo GameCube, un gros set Playmobil, le château ou le bateau de pirates (son père ne lui offrirait jamais la maison victorienne avec la cuisine ancienne, les tapis en vrai tissu). Le doute le gagne en tripotant le paquet et en réalisant qu'il contient quelque chose de mou. Il arrache le papier d'emballage et tout le monde s'exclame, « est ben belle ! ».

Une couverture bleu et rouge. Zoey défait un lambeau de papier pour laisser apparaître un logo du Canadien de Montréal, l'équipe de hockey que son père adore. Carl lui enlève aussitôt le paquet des mains pour arracher le reste de l'emballage et montrer la douillette aux cousins et aux oncles. Damien est jaloux. L'enthousiasme est général.

« Est belle en ta'... »

Zoey fixe le plancher. Il a honte. Honte de recevoir un cadeau aussi ennuyeux, honte de ne pas aimer le hockey, d'être incapable de développer un intérêt pour ces minuscules bonhommes qui se passent une rondelle à peine discernable sur l'écran de la télé. Quel garçon de son âge n'aime pas le hockey ? C'est rare, presque anormal, Zoey fait semblant de s'y intéresser pour faire plaisir à son père. Jamais il ne s'était douté que son mensonge allait lui valoir cette épouvantable douillette bleue et rouge avec un gros « CH » dessus. Il existe tellement de thématiques attrayantes pour les chambres d'enfant – les fonds marins, les animaux de la jungle, les petits singes trop cute – et il a fallu que son père choisisse le hockey.

« On va l'installer sur ton lit, mon tit homme. »

Zoey le remercie froidement, puis disparaît au fond de la pièce en se traînant les pieds.

Zoey boude. Il aime trop les cadeaux, et c'est son seul. Il sait que son père a pas beaucoup d'argent, que sa mère coûte cher à son père, mais une douillette neuve, c'est cher aussi, beaucoup plus cher que les choses qu'il avait inscrites sur sa liste de cadeaux.

« Tu méritais au moins *un* kit Playmobil. »

Sa cousine essaie de le réconforter, mais la référence aux Playmobil, la forme d'une boîte bleue scellée pleine de personnages et d'accessoires neufs tournoie dans sa tête et avive l'humiliation. Une braise chauffe les joues de Zoey, il voudrait disparaître, ou crier, ou disparaître à force de crier, se défaire de l'araignée collante qui lui brûle les poumons. Émie a une solution pour lui :

« On détruit tout. On sauve Skyd pis on détruit tout ! »

Le visage de Zoey devient rouge, des larmes minuscules apparaissent. « Okay. »

Émie saute de joie, il faut simplement trouver la clé pour ouvrir le portique au fond du Dôme et sauver Skyd, lui retirer son masque qui l'empêche d'avoir accès à ses pouvoirs. À date, le meilleur indice est le cadeau de Damien, leur cousin a ouvert sous leurs yeux une boîte extraordinaire, présentant un autre masque, avec deux grands yeux jaunes qui les obsède. Émie s'est aussitôt retournée vers Zoey, les sourcils arqués. Un indice. Un indice envoyé sous la forme d'un cadeau offert à Damien. Même Zoey, pas convaincu de vouloir poursuivre leur mission, n'avait pu s'empêcher d'échanger un regard excité avec Émie-Anne.

Les correspondances sont trop nombreuses, le mystère prend. Zoey est gagné par une curiosité, une attirance qui le dépasse. Ils sont investis d'une mission vertigineuse, trop vaste pour leur âge – sauver la vie d'une créature désespérée, porteuse d'une malédiction, un démon souffrant sous un masque qu'on lui a verrouillé sur la tête, un démon capable de faire tomber la lune sur la terre. Ils ont une mission et ne savent pas comment faire pour la réaliser, par où commencer. Tout ce qu'ils savent, c'est qu'il est hors de question de demander de l'aide aux adultes. Il ne faut jamais leur faire confiance, jamais parler de ce qui nous importe ou de ce qui se déroule dans nos théâtres intérieurs. On a vécu quelque chose d'extraordinaire, d'impossible à raconter. Les adultes diraient qu'on fabule. Skyd nous a dévoilé la porte au fond de son tunnel, on sait qu'il faut s'y aventurer mais on ignore comment. On bloque contre la pierre. Et voilà : notre destin nous envoie une clé, un trésor, un indice. Un jeu vidéo avec un masque imprimé dessus. Il est clair que c'est pour nous, qu'on l'a reçu à travers Damien, que notre cousin est l'instrument d'une volonté qui le dépasse.

« Mario Pelchat, il chante-tu le *Minuit, Chrétiens* à soir ? »

Le départ pour la messe se prépare. Carl et Benoît prennent leur voiture, le père d'Émie lui demande si elle veut venir. Y va y avoir une belle crèche avec du vrai monde costumé. Elle fait « non » de la tête. Zoey veut rester avec sa cousine. L'église est à une demi-heure, on va à Dolbeau même si c'est plus loin parce que Roch risque pas de croiser le monde de Sainte-Jeanne-d'Arc. Depuis qu'il a perdu sa job, il a plus trop envie d'aller se pavaner au village.

Le départ s'arrange. Carl prend quelques vieilles tantes dans son Pathfinder. Une vieille dame voilée, vêtue d'un costume gris, escalade comme elle le peut le siège avant. Carl lance à ses frères, avec un air de défi : « Sœur Marguerite est avec nous. On va avoir le Bon Dieu de notre bord ! »

La salle se vide. Les phares des voitures éclairent la piscine, la butte de neige avant de disparaître au bout du chemin. Au loin, on entend des klaxons sérieux, taquins.

– 34 –

Il n'y a plus grand monde ici. Geneviève, Olivier et Damien niaisent dans un coin. Madeleine, notre tante spéciale, finit de faire la vaisselle. Marie-Claude garde Siméon et les autres enfants qui ne vont pas à la messe. Sylvie a fait sortir René de sa cage, le miniature chien se promène partout, le nez au sol, à la recherche de restants de table, l'œil alerte aux pieds inattentifs qui risquent de lui piler dessus. Sandra est restée nous surveiller, trop méfiante depuis ce qu'elle appelle notre « fugue », preuve qu'elle comprend rien – on fugue pas, on a des choses plus importantes à faire.

Émie a finalement cédé aux demandes des enfants plus jeunes, des petits crisses qui ne nous intéressent pas, d'habitude, mais elle décide de leur faire plaisir, d'utiliser son talent spécial, qu'elle est la seule à maîtriser. Elle sort ses crayons et le livre de caractères chinois que ses parents lui ont offert pour sa fête de sept ans. Elle demande aux petits de former une file devant la table, une file calme, sinon elle arrête. Zoey surveille, s'assure que personne ne dépasse, il assiste Émie dans son art, va lui chercher du papier brun mouillé pour qu'elle puisse effacer si elle se trompe. Émie se concentre sur la peau tendre du minuscule bras de Coralie, sur lequel elle trace un signe attrapé au hasard. En feuilletant son livre, elle est tombée sur un sinogramme qui veut dire « singe », elle trouve que ça va bien à la petite aux lulus défaites et à la bouche tachée de chocolat. Elle reproduit le dessin complexe avec soin.

« T'as mis "Coralie Lamontagne" ou juste "Coralie" ?

– Juste "Coralie". » La fillette de cinq ans regarde avec émerveillement la forme noire qui sillonne son bras. Émie passe au prochain, puis au suivant, le dernier dans la file. Léo veut avoir son nom dans le visage. Elle pense avoir fini quand Olivier, son cousin de treize ans, s'approche timidement.

« Tu... t... tu m'en ferais-tu un, moi too, un signe chinois ? »

Émie prend un air blasé.

« Okay, mais t'es le dernier *dernier*. »

Elle s'applique moins que pour les autres, elle trace rapidement et avec fantaisie, changeant les traits qui lui déplaisent pour former une boule de lignes qui s'affaissent les unes sur les autres. Quand elle capuchonne son crayon, Olivier se caresse le bras :

« Merci. C'est cool en crisse, on dirait un tatou. »

Finies, pour ce soir, les généreuses offrandes. Zoey aide sa cousine à ranger crayons et manuel.

On ignore comment procéder pour la suite, on voudrait retourner explorer les sentiers de neige, on voudrait voler la cassette de Damien sans qu'il s'en rende compte. Sa pile de cadeaux traîne sur le divan. Impossible d'élaborer un cambriolage pendant qu'il est là, c'est trop risqué de se faire attraper. On a dépensé tous nos crédits d'innocence pour ce soir.

Émie propose d'aller réinstaller notre base dans le garage. On avertit Sandra pour pas qu'elle pense qu'on s'enfuit. Elle nous oblige à laisser la porte ouverte, on roule tellement des yeux qu'on se voit un bout de cerveau.

Dans le garage, on tombe sur quelqu'un qu'on pensait pas voir là. Josiane, dos à nous, devant le réfrigérateur. Ses épaules remuent et elle respire fort, comme si elle avait pris de la drogue ou qu'elle était en train de se changer en loup-garou sous nos yeux. Est-ce qu'elle a fouillé dans nos affaires ? Elle cherche la tanière de Skyd, c'est certain, elle veut vendre notre créature à des scientifiques qui vont l'enlever pour lui faire des expériences, le couper en morceaux et l'exposer dans un musée. Elle se retourne, les yeux pleins d'eau, en retenant sa respiration.

« T'as de la peine ? » demande Émie.

Toute la haine qu'il ressentait pour Josiane s'évapore en voyant ses larmes. Zoey est pris d'une forme de pitié, comme si Josiane était une enfant et que c'était à lui de la consoler. Leur mauvais coup revient dans son esprit, Zoey rejoue la scène du coffre à outils qui tombe, en se mettant à la place de la jeune tante. Lui-même a déjà reçu un ballon de basket sur la tête, ça fait mal en crime ; un coffre à outils en métal, rempli d'objets lourds, ça doit être terriblement douloureux. Il se sent coupable c'est épouvantable.

Josiane caresse les cheveux d'Émie-Anne.

« Ben oui. J'ai de la peine... »

Elle s'essuie les yeux. Émie se demande si ses larmes sont toxiques, si elle pleure de l'acide, puis elle s'enlève cette idée de la tête. On n'a pas souvent vu ça, des adultes chigner comme des bébés. Josiane nous apparaît sous un autre jour, comme un grand enfant, un enfant sensible, fragile.

« Pourquoi tu pleures ? »

Josiane prend une grande inspiration. Elle hésite, médite sa réponse avant de dire : « C'est dur, d'arriver dans une nouvelle famille. Tu connais pas personne… Je dis des affaires pas correctes, des choses qu'il faut pas dire, parce que je le sais pas… » Sa voix casse. Les larmes remontent et le cœur d'Émie pince.

Josiane n'a pas sa place, personne ne lui ressemble. Peu importe ce qu'elle fait, jamais on ne la considérera comme les autres matantes. À la moindre faute, on lui rappellera qu'elle est une étrangère. Si elle avait rencontré sa nouvelle matante dans la vraie vie, ailleurs qu'ici, Émie l'aurait probablement trouvée gentille. Elle fait penser à certaines intervenantes que tout le monde trouve cool à son école, des jeunes femmes smattes avec les élèves. Mais la famille Lamontagne est un monde normé, codé, plein de sous-entendus et non-dits qu'on finit par comprendre à la longue. Josiane ne connaît pas les arcanes complexes des relations fraternelles dans une famille nombreuse, elle n'ose pas s'imposer de peur de commettre un faux pas et de se le faire reprocher par son sinueux conjoint, chaudaille à la fin de la veillée. Elle a commis l'erreur de croire que sa bonté, sa gentillesse lui permettraient de faire sa place, d'être appréciée. Elle s'intéresse aux autres, parle aux enfants, joue avec eux. Ce faisant, elle brise une règle. On ne fait pas les choses comme ça, ici. On ne s'intéresse pas aux autres. On ne les questionne pas sur ce qu'ils vivent. On ne leur demande pas de dévoiler des souvenirs qui pourraient revenir chargés d'émotions. Josiane agit comme une extraterrestre, c'est une raison suffisante pour qu'on la traite comme telle.

Les larmes de Josiane font tellement mal à Zoey qu'il a envie de tout avouer. Émie s'en rend compte et lui fait un regard intimidant, qui veut dire « charrie pas ». Le coffre sur la porte entrouverte, c'était notre idée, notre piège, Josiane. C'est notre faute, on a voulu te faire mal, t'assommer pour te neutraliser parce qu'on pensait que tu pactisais avec le diable. On t'a prise pour une présence maléfique – cette idée paraît absurde à Zoey, maintenant. Quelqu'un qui pleure ne peut pas faire de mal. Zoey aussi a envie de pleurer. Il irait se stouler à la police s'il le pouvait. Il prendrait tout sur son dos, sans mentionner l'implication d'Émie-Anne. Il mérite de recevoir une punition à la hauteur de ses gestes. À force de conséquences, il deviendra peut-être un meilleur enfant. Les punitions sont des médicaments amers qui purifient l'âme, qui filtrent le sang. Si on en reçoit assez – des grosses, qui font mal –, on se transforme en saint. Alors on peut enfin susciter l'amour des autres, avoir droit à ces rayons purs d'admiration et d'adoration. Zoey voudrait être charitable, porter en lui la bonté. Mais il n'est qu'un petit démon, lâche et détestable, qui fait des crises et amène le trouble partout.

Notre nouvelle tâche, c'est de réparer le Noël de Josiane.

Il s'agit d'une urgence, d'une affaire capitale.

On veut la pousser vers la joie, la gaver de bonheur pur, forcer le rire dans sa gorge. On lui fait des blagues, on joue les chiens, les girafes, on ne connaît pas son animal préféré donc on les essaie tous. On interprète nos pets les plus réalistes, on sort nos meilleures jokes de crottes, de tetons mous, de fourmis qui se font écraser. Parfois, on lui tire un sourire et ça sauve le monde.

Josiane regarde le spectacle des enfants depuis au moins dix minutes. Elle est enfoncée dans un divan et elle pousse à l'occasion un rire.

« Vous êtes fous. »

Les petits se déchaînent pour leur nouvelle tante. Ils commencent à manquer d'inspiration quand Josiane propose d'aller marcher dehors. Sandra n'a pas digéré notre disparition, elle se méfie.

« Vous allez écouter l'adulte responsable ? »

On fait le « oui » le plus affirmatif au monde, à ce moment précis, on a l'impression d'être nés pour écouter les adultes, que c'est notre fonction la plus élémentaire et la plus essentielle. Josiane propose à Sandra de venir avec nous, mais elle trouve qu'il fait trop froid. Elle va rester près du feu. Émie veut absolument apporter René, elle va tenir sa laisse, ça lui dérange pas. On tape des mains pour l'exciter, le chien pousse des jappements de joie, sautille et brasse de la queue.

« Moi, ça me tente de marcher. »

C'est notre tante Madeleine, la bizarre, qui se lève de son fauteuil.

« Ça va me faire du bien d'aller dehors. »

– 35 –

Josiane veut non seulement marcher, mais marcher au fin fond de la forêt, là où il y a des loups, des ours, d'abominables créatures, là où les skidoos vont brûler leur gaz pour nourrir l'effet de serre. On contourne la maison, Josiane défait la laisse de René et on s'enfonce dans le bois le plus sombre, où la lumière de la lune n'éclaire plus les arbrisseaux qui se tordent comme des coups de crayon sur du papier blanc. Les bottes en loup marin de Josiane ouvrent la marche. Elle prend son temps parce que Madeleine boite un peu. Émie-Anne et Zoey avancent à pas chassés, de côté, comme des crabes. Ils n'arrêtent pas de parler une seconde, l'un par-dessus l'autre. Le prétexte de la promenade motive toutes les confessions, les tunnels, les passages secrets sous terre, la lune qui les menace, pendue dans le ciel, ils narrent dans une urgence confuse ce qu'ils ont vécu depuis le début de la veillée, en faisant des retours en arrière et des corrections, et en prenant soin de ne pas mentionner l'épisode du coffre à outils.

« Pensez-vous que c'est Skyd qui m'a attaquée ? » demande Josiane. La petite dans le manteau rouge cerise acquiesce vigoureusement.

La piste de motoneige croise fréquemment des sentiers brillants au bout desquels on distingue une silhouette, une clôture, le toit d'un bâtiment. René part en flèche à l'assaut de créatures invisibles, le toutou nous protège des forces tapies dans le noir en chargeant avec courage. Josiane emprunte le sentier le plus sombre, celui qui déboule directement vers le fin fond de nulle part. De clarté, Madeleine se retrouve facilement dans cet entrelacs de neige tapée. Elle remarque les collets à lièvres posés par son frère, identifie les arbres les plus imposants. Des pins titanesques. Un cèdre malade. Un hêtre fendu. Le soir, ses repères sont troublés. Jamais elle ne viendrait ici par elle-même, en pleine nuit. Josiane lui demande pour la deuxième fois comment elle se sent. La première fois que la jeune femme lui a posé la question, Madeleine a cru que c'était pour se moquer d'elle. On a dû lui raconter que Mado-la-folle perd les pédales. Qu'elle se met à crier, à insulter les gens. Josiane la regarde avec ses grands yeux clairs. Mado prend une inspiration, et se concentre sur ses émotions. Elle en identifie une, qui domine les autres. Une grande forme grise, une toile qui flotte comme une chauve-souris.

« J'ai peur. »

Josiane lui prend la main. « Aimerais-tu mieux qu'on retourne ? »

Non, mais elle voudrait changer de sujet de conversation. Elle n'aime pas parler de démons, de mauvais sorts, de destin maudit.

« Tu le savais-tu que j'avais un frère, moi ? » Émie pose la question à Josiane avec un air vantard.

« Ah oui ?

– Oui. Ben, en Chine. J'avais un grand frère. Il est encore mon frère. On est juste pas dans la même famille. J'ai fait un exposé oral sur lui. »

Josiane cherche une réponse adéquate.

« Il doit être vraiment beau en tout cas. »

Émie acquiesce en hochant la tête et en faisant des paupières de fière. Ça fait étrange à Zoey d'imaginer le grand frère d'Émie, de l'imaginer beau, de sentir l'intérêt de Josiane, les yeux en cœur qu'elle poserait sur lui. Ouache.

« Un pain sandwich pas garni, c'est la première fois que je goûte à ça. »

Émie et Zoey ont manqué l'humiliation publique de Mamie, Josiane leur raconte la scène avec un sens du théâtre vivide. Elle imite parfaitement l'orgueilleuse grand-mère. Madeleine l'écoute en souriant et en hochant la tête. Les enfants sont hilares, Zoey se roule par terre. Ils se mettent à faire la liste des recettes ratées les plus comiques : un hamburger pas de boulette, un taco pas de coquille, un pogo pas de saucisse. C'est la chose la plus drôle du monde, la fine fleur de l'humour, à chaque fois qu'on pense à un nouvel aliment raté, Madeleine pousse un rire court et dense. Elle inspire en grognant comme un cochon, on n'a jamais vu un adulte avec un rire aussi bizarre, ça nous tord complètement. Émie et Zoey hurlent en prenant la main de Madeleine et en gambadant autour d'elle. En attrapant la main de Josiane, Émie crée une grande chaîne. René patauge avec ses courtes pattes lancées vers l'avant, content de plonger dans la neige molle. Madeleine n'a plus peur du noir, les enfants non plus. Josiane ne pleure plus. Leurs rafales de rires chassent les créatures tapies derrière les troncs obscurs, au fond des ruisseaux glacés. Personne ne les attaque. La forêt nous attire, on la traverse en confiance, sans indications et sans lumière, elle nous guide, nous accueille comme des animaux perdus qui rentrent au bercail.

Des flocons épais et grumeleux commencent à moucheter l'air, tombent lentement, on dirait qu'ils flottent. La neige en poème fond sous nos pas. En s'écrasant sur la peau, elle fait une caresse furtive qui laisse des rosées fraîches. Mado sort la langue pour attraper un flocon. Tout le monde l'imite, même Josiane sort sa langue rose.

Sur la route du retour, le quatuor se transforme en chorale improvisée qui chantonne le cantique préféré de Madeleine, *Les Anges dans nos campagnes*. Émie connaît toutes les paroles parce qu'ils l'ont apprise l'année passée, à l'école. René jappe sur la note. Il y a des passages que Zoey ne comprend pas, des mots inconnus que les autres chantent comme si de rien n'était. Il n'ose pas demander pour pas avoir l'air fou.

« *Inex-sex-siiil-deoooo.* »

Est-il le seul à entendre « sexe » dans la chanson ?

« Sexe », « sexe », il l'entend partout, ce mot, il a l'impression étrange que le mot le vise, qu'il parle de lui, le poursuit en faisant référence à quelque chose qu'il voudrait cacher. « Sexe », le mot grouille comme une larve carnivore qui pique directement dans son cœur. « Sexe », « sexe », Zoey est rongé de l'intérieur par cette syllabe serpentine, le couplet des anges revient avec soulagement. Comment la chanson peut-elle parler de créatures divines, de cieux et de joyeuses campagnes pour répéter furtivement « *sexe-sexe-sexe* » dans le refrain ? Zoey sait très bien à quoi ce mot réfère (même si, devant les adultes, il ignore tout). Il y a malgré tout un noyau dur, un cœur inconnaissable, un bouillonnement de honte sous « sexe ». « Sexe » l'agresse, « sexe » est plus sec, plus violent qu'une morsure qui infecte la peau. Il aurait envie d'enlever sa soute pour se rouler dans la neige blanche.

Le garage et les fenêtres de la grande salle scintillent au loin. La chanson s'est évanouie dans un grand éclat de rire. Mado se tourne vers Émie-Anne. Elle a l'air pressée de dire quelque chose avant la fin de la promenade, comme si elle retenait sa question depuis tout à l'heure.

« Tu vois des fantômes pour vrai ? »

Émie fait des gros yeux, et « non » de la tête. Elle regarde Zoey.

Il ne sait pas quoi dire, il lève les épaules. Le silence passe.

Madeleine le fixe de manière insistante.

Zoey répond qu'il ne sait pas. Est-ce que Skyd entre dans la catégorie « fantôme » ?

« J'ai de l'imagination en masse.

– Y te parlent-tu, coudonc ? »

Le ton de Madeleine est moqueur ou inquisiteur ? Il va se faire engueuler, ou quoi ? Qu'est-ce qu'il a fait, encore… C'est pas de sa faute s'il voit ce qu'il voit. Zoey s'ennuie de la chanson, du confort des phonèmes qui ne veulent rien dire et des grands « *gloooo-hoooooo-hoooooo-hoooooo-ria* ». Il ignore ce qu'il peut dire devant Josiane, il se rappelle un fait : elle est psychologue, après tout. Josiane a réussi à le leur faire oublier, mais l'information lui revient en même temps qu'un fort désir de changer de sujet. S'il parle, les iris perçants de Josiane pourraient déceler ses failles intérieures, toutes les mauvaises herbes qu'il arrache et qui compostent dans un grand trou. Elle pourrait le répéter à tout le monde. Même si elle le faisait sans mauvaise intention, ça se retournerait contre lui, c'est sûr. Les regards qui changent. Les sourires qui s'esquissent. Les airs inquiets, ou furieux. Zoey ne parle pas, il marche avec énergie. Émie ne dit plus rien, elle écoute avec attention.

« Tout ce qu'on dit pendant notre marche, ça reste des secrets entre nous-autres », chuchote Josiane. Elle ajoute : « Promis juré. »

Zoey lève la tête vers Madeleine.

« Skyd, c'est pas un fantôme. C'est plus une entité. Il fait ses affaires, il nous dérange pas. »

Il se tourne furtivement vers Josiane pour s'assurer qu'elle n'a pas l'air fâché. Son regard est tendre, elle lui caresse la tuque. Elle parle d'une voix douce : « Si tu vois des choses que tu veux pas voir, tu peux arrêter quand tu veux. Tu fermes le sac. C'est comme un sac, comme la poche du père Noël. T'attrapes les rebords, pis tu fermes le sac. »

Madeleine clôt la discussion : de toute manière, ça n'existe pas les fantômes. C'est juste dans les histoires.

– 36 –

Ça de l'air qu'on se gère plus.

On s'endort tellement qu'on court partout, on énarve le shih tzu encore mouillé par la promenade, on renverse des verres, pince les plus jeunes, pile sur des pieds de vieillards revenus de la messe. On est tellement royalement gossants qu'on nous envoye nous coucher. Émie-Anne peut pas croire que la nuit est finie. D'un coup qu'on se réveille demain pis que tout a disparu ? Que Skyd, sa maison, sa porte de temple, tout ça se dissipe avec le lever du soleil ? La crainte est assez forte pour nous empêcher de dormir cent nuits d'affilée. Impossible de fermer l'œil. On voudrait sauvegarder notre partie, s'assurer de tout reprendre exactement là où on est rendus.

On jure de ne plus jamais dormir, mais nos yeux ferment tout seuls. Le calme de la grande maison vide nous fait l'effet d'un sortilège qui rend nos paupières lourdes. Le divan sur lequel on s'installe nous avale, ses coussins moelleux nous enrobent. On rouvre les yeux en sursautant. Zoey pense qu'on a répandu sur les coussins une poudre magique qui nous fait quitter la réalité, sombrer dans les limbes.

« Les enfants sont claqués. »

Sandra nous fait enfiler nos pyjamas et nous dit qu'on peut lire dans la chambre le temps qu'on veut à condition de rester dans nos sleeping-bags. Notre chambre est dans le bureau de Roch, on dort sur un matelas d'exercice bleu rugueux qui ressemble à ceux fixés aux murs des gymnases. Plus tard, Carl va venir occuper le divan-lit. Zoey n'a pas envie de dormir dans la même chambre que son père, mais avec tous les dangers qui frétillent dans le monde, toutes les créatures plus ou moins destructrices, c'est mieux que de passer la nuit sans adulte responsable.

« Bonne nuit, Zoey.

– Bonne nuit.

– J'espère que ça va continuer demain. »

Zoey hésite.

« J'espère aussi.

– Faut je te dise un secret. »

Un secret ! À cette heure.

« Quoi ?

– Quand je fais des signes chinois, j'écris n'importe quoi.

– T'écris quoi ?

– Ben je prends des vrais signes dans mon livre, mais qui veulent dire d'autres choses. Dans la face à Léo, j'ai marqué "cochon". » Zoey pouffe de rire, Émie fait des bruits de cochon et on rit encore plus fort. Zoey n'a jamais autant aimé personne que sa cousine, il ne connaît pas un seul humain sur terre qui oserait faire un aussi mauvais coup, une affaire aussi malcommode. Émie-Anne est incroyable, un ange, un être spécial envoyé avec l'accord commun des diables et des déesses.

« Pis à Olivier, tu lui as marqué quoi ? »

Émie éclate de rire avant de réussir à répondre, elle est tellement crampée qu'elle n'arrive pas à parler. Zoey la supplie, Émie se calme, puis répond en pouffant de rire : « "table". »

On pouffe de rire, on s'encourage, on se met une main sur la bouche pour ne pas faire de bruit mais ça nous fait rire plus fort encore. « Table » ! Ça ne veut rien dire et ça nous enivre. On ne s'endort plus, impossible qu'on dorme cette nuit, pense-t-on, puis nos yeux se ferment et on dort.

NOËL

You've met with a terrible fate, haven't you ?

The Legend of Zelda : Majora's mask

– 37 –

Émie-Anne se réveille en sursaut. Elle ne reconnaît pas les murs, pas les couvertures, pas la commode contre laquelle elle se cogne le coude. Il fait très noir. Zoey dort à côté d'elle. Les yeux fermés, il ressemble à un elfe aux joues rondes. Elle remet son oreiller en place, il l'a botté à côté du matelas et dort la tête contre le plancher, penchée comme si on lui avait tranché le cou.

La maison de Roch est un labyrinthe aussi effrayant que les tunnels de Skyd. Les portes nocturnes mènent vers des corps chauds et puants, grands comme des montagnes, qui ronflent plus fort que des araignées géantes en train de préparer leur vengeance contre les humains. Des formes se dessinent dans le noir, des hommes carrés avec des cagoules, des petites filles en robe blanche qui saignent des yeux. Émie est aveuglée par la lumière jaune de la salle de bains. Les tuiles orange et brunes des murs scintillent avec leur arrogance démodée. Elle se hisse sur le banc de la toilette en gardant les yeux entrouverts. Le siège est glacial, elle glisse les mains entre le plastique et la peau de ses cuisses.

Son escapade l'a réveillée. Émie n'a pas envie de se recoucher tout de suite. Les veilleuses dessinent un chemin secret, elle marche de corridor en corridor en suivant la lumière, elle dépasse une table, un comptoir de cuisine. Au loin, de la musique joue par-dessus des cris étouffés. En prêtant attention, on perçoit une vibration qui provient du garage. Émie ouvre la porte. Une marée de cris, de notes distordues et de claquements bruyants s'infiltre dans la maison. La musique qui provient de la grande salle se déverse sans obstruction. Les gens encore éveillés tapent des mains, lancent des encouragements ou parlent d'une voix débraillée. Émie devrait être couchée ; désobéir est une agréable sucrerie qui la réveille pour de bon. Sa présence n'a pas été prévue dans les plans des adultes. En pleine nuit, ils font toutes sortes de choses qu'ils s'empêchent de faire quand les enfants sont là.

Elle pousse la porte, glisse son visage dans l'ouverture. Elle localise rapidement son père et sa mère. À côté d'eux, Carl et Josiane sont hilares, ils ont des sourires de clowns tueurs aux dents mauves. Mario et Roch poussent des grondements d'encouragement, « oh ! », « yéhé ! ». Mamie est assise dans un coin, l'air sévère, offusqué. Une ribambelle d'oncles et de tantes aux visages rougis, aux cheveux défaits, parade en tapant des mains. Son propre père, Benoît, gigue en tournoyant. Le système de son crache des notes grinçantes d'un rigodon rapide. Le cercle se forme et se déforme, il roule et révèle le noyau du spectacle.

Mononc Gilles porte une robe. Une robe de vieille dame. Émie reconnaît les vêtements de Mamie. Il s'est recouvert les épaules d'un châle en dentelle noire. Il arbore un chapeau assorti, rond, avec une voilure. On voit le torse jaune cigarette de Gilles dépasser de la robe, il soulève son jupon de manière à révéler des jambes musclées, recouvertes de poils. Il danse en levant les pattes, puis se dirige vers la foule qui l'encourage. Il étire le bras et arrache matante Odette à son fauteuil. Elle se lève péniblement, par étapes, en prenant appui sur Gilles. Son visage affaissé de fatigue est maintenu vivant par un clavier de dents blanches et droites. Ses yeux noirs font peur à Émie, elle a l'air possédée. En rejoignant le cercle de danseurs, la matante lance sa bouteille d'eau Naya dans les airs, qui rebondit sur la table et roule sur le sol, vide.

Odette et Gilles font des danses grotesques. La foule les encourage. La vieille tante a de l'énergie, elle imite Gilles, reproduit chacun de ses mouvements. Elle lève sa robe comme lui. Quand il se penche pour se montrer les fesses, elle fait la même chose. Odette dévoile de vastes sous-vêtements beiges de personne âgée. Gilles les empoigne et se met à les tirer vers le haut, si bien que les bobettes d'Odette lui remontent entre les fesses ; pendant une seconde, Émie a l'impression qu'elle est toute nue et qu'on voit ses organes génitaux de madame. Odette est secouée d'un rire incontrôlable, un enfant qu'on torture avec des chatouilles.

« *Eeeeeeeeeeeeeeeeeeeeeeeeeeee-eeeeeeeeeeeeeeeeeeeeeeeeee-eeeeeeeeeeeeeee-eeeeeeee !* »

Damien et Geneviève, évachés sur un sofa, se tiennent le ventre. En voyant les pitreries de matante Odette, la salle est saisie d'un rire monumental. Mamie crie quelque chose de son fauteuil, mais personne n'écoute. Odette s'approche de Gilles pour lui parler dans l'oreille. Ils ont l'air d'un couple dépareillé, une vieille mère folle avec son vieux fils fou.

Gilles obéit à l'ordre secret, il s'étend au sol, sous le doigt impérieux d'Odette. Elle lève les bras comme pour dire : « Regardez ben ça ! » Émie n'a jamais vu une acrobate de quatre-vingt-sept ans. Odette place les pieds de son neveu sur ses hanches, puis elle saute dans le vide sans l'avertir. Gilles se débrouille comme il peut, l'envol est tremblotant, Odette rase de s'écraser mais il la rattrape *in extremis*. Son corps est léger et Gilles la ramène au centre, juste au-dessus de lui. Odette retrouve l'équilibre, Gilles la retient en pliant les jambes et en lui tenant les mains fermement. Pendant toute la manœuvre, la tante pousse son rire effroyable, suraigu, sorcier, qui se mêle à la musique : « *Eeeeeeeeeeeeeeeeeeee-eeeeeeeeeeeeeeeeee-eeeeeeeeeeeeeee-eeeeeeee !* » Elle est en danger et elle s'amuse. Elle fait l'avion comme une gamine. Elle veut lâcher les mains, Gilles refuse. L'entêtement de la vieille tante, qui se débat pour se déprendre, lui cause un fou rire qui fragilise sa prise. Malgré les turbulences, Odette insiste, hurle « oui ! oui ! » puis elle tire de toutes ses forces. Le petit homme nerveux ne lâche pas, elle risquerait de tomber. La matante flotte dans le vide en criant « lâche-moé ! lâche-moé les mains ! » Gilles fait encore « non » de la tête, incapable d'arrêter de rire.

Encouragé par les applaudissements, il cède, défait une main. Matante Odette lève le bras, triomphante. Gilles approche sa main libre du visage de la tante. Odette ne comprend pas. Elle affiche son grand sourire maniaque, invitant. Son neveu lui glisse deux doigts entre les lèvres, Odette se laisse faire, ouvre grand. Elle referme la bouche d'un coup sec, en lui mordant les doigts, puis se met à hurler un rire fier. « *Eeeeeeeeeeeeee-eeeeeeeeeeeeee-eeeeeeeeeeeee !* » Gilles recommence plus doucement, en prononçant des paroles qu'Émie n'entend pas. Il lui glisse ses doigts entre les lèvres et tire sur quelque chose. La vieille dame crache le morceau. Une rangée de dents droites, fixées autour d'un palais rose.

Odette flotte désormais mollement, sur des jambes repliées, un avion en manque de carburant. Son dentier la quitte comme une cargaison qu'on libère avant l'écrasement. « *Eeeeeeee-eeeeeeeeee-eeeeeeeeeee !* »

Gilles brandit fièrement le dentier. Toute la salle l'applaudit, hilare. Il l'approche de sa bouche et l'enfourne. Muni de ses nouvelles dents, il tourne la tête vers l'auditoire. Carl, Roch et Mario n'ont jamais autant ri de leur vie. Benoît se tient l'entrejambe comme s'il s'apprêtait à se pisser dessus. Un monstre ridicule, un diablotin mi-homme mi-femme aux dents chevalines, qui dépassent de ses babines, est couché au beau milieu du salon. Sa robe et les traits singuliers de son visage rappellent étrangement Mamie, Benoît jurerait qu'il a sous leurs yeux une version caricaturale, démoniaque de sa propre mère. Gilles attrape l'autre main d'Odette, il la brasse en faisant giguer ses fausses dents. Elle est crampée comme une enfant qu'on chatouille. « *Eeeeeeeeeee-eeeeeeeee-eeeeeeeee-eeee !* »

Émie assiste à la scène en espionne terrée dans sa cachette. Voilà ce que font les adultes en l'absence des enfants. Un monde perturbant, risible, effroyable s'ouvre à elle. En suivant le chemin de veilleuses en sens inverse, elle retourne à son lit. Elle n'a plus peur des monstres qui gisent dans le noir, mais un poing s'est formé dans son ventre. Elle marche en zombie. Sa tête n'arrête pas de se poser toutes sortes de questions. Elle a ri, elle a eu peur. Émie a l'impression d'avoir vu, pendant les quelques minutes qu'a duré son escapade hallucinée, le vrai visage de la famille, sans mascarade. Un visage déformé, effrayant, dont elle est incapable de déchiffrer les intentions. Un visage de drogué, plein de spasmes, de tics, qui cherche toujours quelque chose, un objet qui se dérobe à son regard. Un visage sans visage, inhumain, sans yeux et sans bouche. La famille est un monstre qui prend, de clarté, une apparence charmante. Il se dévoile au plus tard de la nuit, quand les enfants sont couchés.

Un lien incompréhensible la rattache à ces gens. Un lien qu'elle ne peut expliquer, mais qu'elle ressent, une ficelle passée autour de son poignet qui tresse toute la salle, relie Mamie et Roch, Marie-Claude, Odette et Damien. Une ficelle qu'il doit bien être possible de couper.

Juste avant de se rendormir, Émie serre les poings.

Faites que je sois jamais comme eux.

– 38 –

Zoey est réveillé par une odeur rance. Un son léger, régulier, racle l'air. La chambre est empreinte d'une senteur de pain mouillé. En expirant, Carl se racle le fond du nez et produit un son de reptile, ses yeux sèchent au grand air. Son père dort les yeux ouverts, il fixe Zoey mais ne voit rien.

La senteur rance n'est pas que dans la chambre. Zoey enjambe le corps d'Émie et se faufile dans le corridor. Une lumière jaune, droite, arrive à l'horizontale par les fenêtres et s'écrase sur les fleurs fanées des tapisseries. Deux corps impossibles à reconnaître dorment sur le sectionnel du salon. Dans l'air flotte cette odeur assaillante, cri de mort des fleurs qui se délitent sur les murs. Zoey poursuit son chemin en suivant la trace fantomatique du parfum tourné. René roupille sur son coussin, la langue rose sortie. La céramique froide de la cuisine a quelque chose de collant, il le sent sous ses pieds. Le chien a peut-être fait pipi par terre, c'est dégueulasse. Zoey renifle, ce n'est pas de l'urine. Il reconnaît une odeur d'adulte, la mauvaise haleine de son père endormi, les yeux collants des tantes, des oncles qui lui parlent en approchant leur visage trop près du sien. De la bière. Une armée de bouteilles en verre et de canettes d'aluminium se masse sur l'îlot de cuisine. Les contenants vides sont cordés comme des soldats morts-vivants, creux et sans âme. Le soleil fait scintiller les goulots baveux. Zoey est assailli par les rangs ennemis, toutes les créatures cassantes sont à sa poursuite, elles ont été embauchées par la famille pour se débarrasser de lui. L'odeur rance émane de leurs gorges ouvertes, qui poussent un odorant chant de guerre. Zoey renifle, ça sent le bonbon suri et le médicament. Il imagine le comptoir se renverser, faire glisser les bouteilles sur la céramique. Les plus grandes seraient les premières à tomber, à se fracasser en mille éclats de verre bruns, verts, clairs, l'accident produirait un vacarme épouvantable, les adultes seraient tirés hors du lit, ils arriveraient en panique dans la cuisine où ils se couperaient les pieds en marchant sur les débris. Les couloirs de la maison seraient couverts du sang laissé par les entailles.

Dans le sous-sol, l'odeur est différente. L'humidité est lourde de désordres hormonaux, de corps épuisés, macérant dans les fatigues adolescentes. Zoey n'est jamais descendu dans cette zone interdite, le royaume des cousins plus vieux. Un monde de DVD violents, de vêtements sales et de sacs de chips éventrés. Olivier est couché à plat ventre sur le divan. À côté du fauteuil cotonneux, un aquarium à l'eau verdâtre pousse un ronflement et dégage une forte odeur d'humidité. On ne voit aucun poisson, ils doivent être cachés dans les algues. Face au divan, trône la télévision sur son meuble noir. Un Nintendo repose sous l'écran, protégé par deux pattes à trois griffes, emmêlées dans leurs fils.

Les jeux d'Olivier et de Damien sont ennuyeux. Pas de *Mario Bros* ou de *Banjo-Kazooie*, pas de *Pokémon* ni de *Donkey Kong* ni de *Diddy Kong*, encore moins de boule rose que tout le monde appelle « Kirby ». Les cassettes grises présentent des illustrations de courses de voitures, de soldats, de skateurs, de lutteurs, de vaisseaux spatiaux. Il y a même un jeu de pêche, quelle horreur. C'est assez plate dans la vraie vie, la pêche, pourquoi pêcher dans un jeu vidéo ? Les jeux, c'est pour échapper à la vie, à la vie plate en se transformant en singe qui conduit des voitures, en souris qui envoie des éclairs, en volant dans le ciel ou en avalant nos ennemis tout rond pour piquer leurs pouvoirs. Zoey trouve un jeu *Zelda*, il reconnaît tout de suite la cassette dorée, mais ce n'est pas celui qu'il cherche. Pas d'image effrayante d'un masque mauve, orné de pointes.

La chambre de Damien contraste avec le salon sombre. Zoey n'ose pas entrer, il reste tapi dans le corridor. La pièce est située du côté du soleil, d'étroits rayons plongent de la fenêtre et criblent le lit, les murs, le plancher. Un bras mort jaillit des couvertures. Il semble relié à une épaule. La lumière souligne des poils noirs, Zoey n'avait jamais remarqué comment les avant-bras de Damien sont velus, on croirait qu'un vieil oncle dort à sa place. Un amplificateur est adossé au pied du lit, une colonne de son aussi haute que le matelas, branchée à une guitare rouge et cornue. Une pile de choses traîne sur l'ampli : les cadeaux de Noël de Damien. Parmi ceux-ci, une boîte de carton rectangulaire. Même de loin, Zoey repère le jeu *Zelda*. Le masque aux yeux jaunes, rivés sur lui.

Zoey pense au truc de Josiane.

Il attrape les bords du sac, et il le ferme.

Il remonte l'escalier sur la pointe des pieds, court vers la chambre. Il secoue Émie-Anne doucement. Elle l'observe, confuse, puis consent à le suivre. Dans le corridor près de la cuisine, ils établissent leur plan : Zoey surveille l'escalier pendant qu'Émie pénètre dans la chambre de Damien pour voler la cassette. Émie pense que si Zoey commet lui-même le délit, il va se sentir tellement mal qu'il va avoir envie de se dénoncer aux adultes. Elle n'a pas tort ; Zoey accepte.

« Avez-vous faim ? »

On sursaute. Matante Sylvie est juste derrière l'îlot, à quelques mètres de nous. Elle sort des œufs, du lait, du pain du réfrigérateur. « Voulez-vous m'aider au lieu de préparer des mauvais coups ? » On ne sait pas quoi répondre alors on fait ce qu'on sait faire de mieux : les innocents, les débiles légers qui ne comprennent rien.

Sylvie sourit : « Joyeux Noël ! »

On est le 25 au matin et l'odeur des muffins qui lèvent, du bacon qui cuit, le son des bouteilles vides qu'on trimballe dans la boîte du pick-up réveillent un à un les derniers endormis, la cuisine se peuple d'adultes décoiffés, en vêtements mous, aux peaux rouges, cernées, qui disent « je vas commencer par un café » ou « vous êtes de bonne heure sur le piton en hostie ». Les casseroles xylophonent et les cuillers de bois grattent le fond des poêles. Les toasts font décoller le détecteur de fumée qui met une fin définitive à toute possibilité de grasse matinée. Sylvie prend les commandes pour les œufs. Carole est dépouillée de ses couches de fard bourgogne, elle a regagné une coloration humaine, les cheveux ramenés dans une toque lisse. Elle fait tourner des crêpes pour les enfants. Émie-Anne est folle de joie : la crêpe est l'un des rares aliments qu'elle avale de bon cœur.

– 39 –

L'occasion se présente sans crier gare, dans un moment de calme après le déjeuner, quand tout le monde part s'habiller, se brosser les dents, se poupouner, quand les douches se mettent à couler. Ne reste plus que Sylvie et Carole qui rangent une montagne d'assiettes dans le lave-vaisselle. Elles ne nous voient pas passer dans leur dos et dévaler l'escalier.

Avec les néons du plafond allumés, l'eau de l'aquarium paraît encore plus verte. La couverture d'Olivier gît éventrée sur le sofa. Personne en vue. On s'approche prudemment des chambres du fond et on tend l'oreille. Geneviève et Oli sont en haut, dans le salon, on les a vus avant de descendre. Damien doit être aux toilettes, ça lui prend toujours une heure avant de sortir. La chambre rose de Geneviève est vide.

Sur le mur au-dessus du lit de Damien, un poster présente un groupe de rock formé de quatre hommes aux cheveux longs, crêpés dans les airs ; ils ont plus de Spraynet que leurs matantes hier soir. Les membres du groupe portent des foulards autour du cou, comme Mamie, et de longs costumes moulants que Mamie ne porterait jamais de sa vie. L'homme avec la guitare, remarque Zoey, a du rouge à lèvres et du fard à paupières.

« *Psst.* »

Émie pointe le babillard au-dessus de la table de chevet, l'air traumatisé. Un calendrier de filles toutes nues. Zoey en a déjà entendu parler, des garçons font des blagues là-dessus à l'école, mais il en voit un pour la première fois. Une fille se baigne dans les vagues d'un pays chaud. Ses genoux sont écartés, elle se tient dans une position inconfortable, qui permet de voir le costume de bain parfaitement plat entre les jambes. La madame semble avoir reçu une grosse vague qui a détaché son haut de bikini. Il pend autour de sa taille. Elle se voit forcée de cacher ses tetons avec les mains en faisant une drôle de face : les yeux fâchés, la bouche ouverte. Émie fixe l'image en se couvrant la bouche à deux mains, Zoey est concentré sur l'espace plat, vraiment bizarre, entre ses jambes.

« Vicieux ! » Émie retient un rire.

Zoey lui montre la boîte du jeu qui traîne sur l'amplificateur. Il n'ose pas la toucher. Émie l'attrape, l'ouvre. La cassette est dedans. Ils sont prêts à sortir quand une porte s'ouvre dans le sous-sol.

Fuck.

Ils ont oublié leur plan et personne ne monte la garde. Émie se jette par terre comme s'il y avait le feu, elle roule sous le lit. Zoey l'imite sans réfléchir. Elle tire sur le drap pour protéger leur cachette. Damien entre dans sa chambre, on le voit par une craque dans le drap. Leur cousin porte une serviette rayée autour de la taille, ses cheveux sont aussi hirsutes qu'un hérisson. Il tient le chien beige contre son ventre ; le shih tzu tremble de nervosité, il doit avoir le vertige. Le torse de Damien a un relief étonnant, très différent de la chair épaisse de Zoey. Sous sa peau apparaissent des enflures, des creux, des sillons, des formes dures sortent de son corps pour faire pression contre sa peau tendue. Quand il secoue sa tignasse, Zoey voit une tache foncée sous son bras. C'est bel et bien une touffe de poils, il a le temps de les distinguer presque un à un avant que son champ de vision se remplisse de points noirs étourdissants.

Damien s'approche du lit, on retient notre souffle. Deux pieds atterrissent à quelques centimètres d'Émie-Anne, plus stoïque qu'une statue. D'un coup, une lourde serviette s'écrase au sol. Une main apparaît, dépose le toutou, ses griffes pianotent sur le plancher. La main de Damien attrape un morceau de tissu blanc qui traînait en boule près du lit. Ses pieds se lèvent à tour de rôle, le tissu blanc remonte, puis Damien s'éloigne.

Zoey se tourne vers Émie, désespéré. On a bien beau être le 25 décembre, on a stretché l'élastique en tabarnaque. Si notre cousin nous découvre, on est morts. On croise les doigts, on fait des prières. Un bruit sourd, électrique, se met à buzzer.

À l'autre bout de la pièce, Damien est assis en boxer sur une chaise à roulettes. Il tient sa guitare sur ses genoux. Lorsqu'il ajuste les cordes, Zoey peut vérifier de nouveau ce qu'il craignait d'avoir vu : un jet de poils ovale jaillit du creux de son épaule. Ça lui lève le cœur, lui tord l'estomac. Le poil foncé de Damien est droit comme si on l'avait brossé. Sa forme sombre agit comme un trou noir dangereux. Toutes sortes de spectres terribles frappent aux fenêtres. Zoey ferme le sac.

Damien joue quelques notes. L'espace sous le lit est une caisse de résonance, la guitare distortionne. Les corps d'Émie-Anne et de Zoey sont traversés par des vibrations violentes. Damien entame une chanson rock, il frappe ses accords avec un pic, glisse des doigts agiles sur le manche et arrache à l'instrument ses notes les plus aiguës. Elles nous crèvent les tympans, on se bouche les oreilles.

René hurle et Damien tire des notes rapides pour encourager son petit chien à chanter. Le shih tzu parcourt la pièce, suivant des sentiers invisibles, des chemins d'odeurs emberlificotées. On prie en silence qu'il ne nous trouve pas. René s'approche du lit, de la table de chevet, capte quelque chose. Un orteil tendre, il le renifle et prend une bonne croquée. Émie laisse échapper un cri de surprise, plaque sa main sur sa bouche et botte René qui pousse un jappement déchirant.

Damien joue de sa guitare avec un rythme rapide et gras, il n'entend rien. René les fixe de ses yeux noirs étonnés, globuleux. Émie tente de communiquer avec l'animal par la pensée, elle s'excuse de l'avoir repoussé. *Calme-toi.* Elle s'approche doucement, la main tendue comme on le lui a appris, repense à la soirée d'hier. René était dans sa cage pendant que tout le monde fêtait Noël. Quelle injustice. Personne ne devrait dormir dans une cage. Comment ils ont pu accepter ça ? La communication par la pensée fonctionne. Émie se voit à la place de René dans la cage, elle rêve de courir dans la neige avec ses amis, de retourner vivre dans la nature parmi les loups. Elle caresse la boucle rouge qui retient la lulu sur la tête de René, mais le shih tzu panique. Il recule, alerte sur ses minuscules pattes – prêt à se défendre. Et se met à sonner l'alerte.

René pousse des jappements courts, machinaux, de plus en plus rapides et aigus. Urgence extrême, Émie marche à quatre pattes, tente d'attraper le shih tzu qui l'évite en galopant agilement.

Une voix grave résonne : « RENÉ ! »

D'un coup, Damien dépose sa guitare et s'approche du lit. « Ta yeule. Viens icitte. » Il s'accroupit, une grande main jaillit tout près de nous, tâtonne à un centimètre de la jambe de Zoey qui se raidit, attrape le chien et le tire de là. Leur cousin se relève avec René, disparaît en laissant la porte ouverte.

C'est l'occasion ou jamais, on a eu chaud en barreau de chaise. Damien aurait pu jouer une heure, les adultes nous auraient cherchés partout en criant comme des polices : « Fugue ! fugue ! » Leur chien détective nous aurait retrouvés tout de suite, on n'aurait pas réussi à mettre la main sur la précieuse cassette, la clé de l'énigme Skyd.

Émie se lève en vitesse. Elle accroche la guitare qui vacille, tombe sur le sol en envoyant une vague terrible de notes aléatoires, se déteste aussitôt d'avoir été imprudente, maladroite, une montée de colère contre elle-même, son manque de précision, se déchaîne. Elle fourre le boîtier du jeu sous l'élastique de ses pantalons, le recouvre avec son chandail.

Émie marche comme un robot, elle est incapable de se pencher vers l'avant, a du mal à lever les genoux assez haut pour grimper l'escalier. Nos auréoles sont bien en vue sur nos têtes d'angelots quand on traverse la cuisine. En passant près de son cousin, on flatte René pour lui montrer qu'on est réconciliés avec lui. On claque la porte de la chambre, on enfonce *Zelda* au fond de la valise à Émie, et on respire comme pour la première fois.

– 40 –

Depuis la mission accomplie, Zoey est pris d'une sorte de hantise qu'Émie-Anne s'explique mal. On jurerait qu'il a vu un mort. Il est vert d'angoisse, il se ronge les ongles au sang. Émie lui fait remarquer qu'il a mis son tee-shirt à l'envers. Les pensées de son cousin lui sont complètement inaccessibles, elles coulent dans des caniveaux qui se déversent dans des zones souterraines. Josiane s'inquiète en le croisant, elle lui demande si tout va bien. Zoey répond les yeux pleins d'eau. « Oui, oui.

– C'est vrai ce mensonge ? » Josiane lui propose de monter en arrière de sa motoneige, tantôt, quand les adultes vont partir en promenade. Zoey hoche la tête sans conviction.

Émie, elle, refuse de faire de la motoneige. Ça pollue l'environnement, ça détruit la planète, personne la croit, mais elle le sait et choisit de protéger les animaux. Josiane trouve Émie très informée. La petite regarde par terre en retenant un sourire.

« Voyons, c'est que t'as, Zoey ? s'exaspère Émie quand Josiane s'éloigne.

– Je me sens mal. À cause de ce qu'on a faite.

– C'est pas grave, voler, quand c'est pour une mission… Pour sauver une vie. Pense à Skyd.

– C'est pas le vol.

– C'est quoi d'abord ? »

Zoey réfléchit avant de répondre : « On avait pas le droit de voir Damien tout nu.

– On l'a pas vu tout nu…

– Ben il était à côté de nous. Tout nu.

– Ouin pis ? Ton père, il a ben dormi en bobettes sur le futon… »

Zoey ne saurait expliquer la différence, mais il y en a une.

« Si Roch l'apprend, conclut-il, on est morts. »

Émie ne le suit pas dans son délire. Roch ne l'apprendra jamais, et s'il l'apprend, il va être beaucoup plus contrarié par le vol que par les bobettes de leur cousin. Zoey est tout le temps insécure, Émie-Anne se l'explique mal ; son cousin n'a pas été adopté, il a des parents biologiques. Peu importe ce qu'il fait, on va toujours le considérer comme un des leurs. Jamais on ne rappelle à Zoey qu'il vient d'ailleurs, il n'a pas à remercier sa famille de l'avoir sauvé d'un pays où la vie est dure, personne ne lui dit qu'il devrait être reconnaissant d'être ici. Son cousin n'était pas comme ça, avant, Émie-Anne comprend mal sa peur soudaine. Il oublie qu'enfreindre une règle est une joie secrète, qu'il faut cacher, mais dont on peut se régaler ensemble, dans notre folie douce. Elle essaie de changer de sujet, juste pour rire. « Il avait du poil en dessous des bras, t'as vu ? » Émie se délecte de cette grossièreté.

Zoey ne répond pas. On jurerait qu'il vient d'avaler le poison que Roch dispose aux quatre coins de la maison pour tuer les souris. Son ancien bichon – l'ancêtre de René – s'en est empiffré avant de souffrir le martyre, de japper comme un fou, de vomir et de chier partout. Matante Sylvie l'a retrouvé une semaine plus tard, séché comme un raisin, lové au fond d'une garde-robe sur son oreiller orthopédique à 100 dollars.

L'avant-midi s'écoule dans la neige et le gaz et le soleil éclatant. On rentre vers une heure pour aller piger dans les restants de la soirée d'hier. Le pain blanc a bu la mayonnaise, les salades de pâtes et de patates ont macéré, la tourtière est tout le temps meilleure le lendemain. Zoey achève son assiette quand Carl arrive dans la cuisine avec sa valise.

« Bon, on va être sur le départ, nous-autres, mon tit homme. »

Zoey est aussi confus que le mélange de pâte brune, de viande cuite et de Ketchup rouge sang dans son assiette.

« Faut que j'aille te reconduire chez ta mère. »

Quelque chose s'écroule. On est le 25 décembre. Zoey a oublié que c'est le jour où ses parents se l'échangent, le jour où il passe d'une famille à l'autre. Émie est sans connaissance, Zoey est distrait, toujours mêlé dans son horaire. Ils avaient des plans pour l'après-midi, pour la soirée, pour le lendemain…

« J'avais oublié. » Carl saute aussitôt sur l'occasion : « C'est sûr que j'aimerais mieux te garder avec nous-autres. On aurait pu séparer les horaires autrement. Mais ta mère nous laisse pas le choix… » Il baisse la voix et clarifie, pour Josiane, comme pour lui-même : « … fallait qu'a mette les avocats là-dedans. »

Zoey doit faire son sac rapidement, ranger ses choses. Émie le rejoint dans la chambre, l'air accusateur. « Chus obligé… » C'est pas la première fois que Zoey la déçoit, il a l'impression d'être un caillou dans son soulier, la plus grande nuisance à son bonheur. Ils ont ouvert un monde, trouvé une mission, un rêve, une raison de vivre, ils ont fait ensemble l'une des plus grandes découvertes de l'espèce humaine, celle de l'existence véritable des démons, d'une magie ancienne qui permet de faire tomber la lune sur la terre. Son départ précipité fracasse l'histoire. Comment les choses vont continuer s'il n'est pas là pour tenir son rôle dans l'aventure ? Émie ne dit rien, mais Zoey entend tout.

« Faut que tu demandes à ta mère de te ramener demain. »

Zoey promet de le faire, même s'il sait que sa mère va dire non. Lina va dire qu'il a déjà été chez son père. Il le sait. « Tu vas y retourner après les fêtes, comme prévu. » Émie ouvre la valise Bratz et sort le boîtier de *Zelda Majora's Mask*. « J'ai hâte de l'essayer sur le Nintendo de mon père. » Elle l'ouvre et sort la cassette. « Moi, je prends le jeu, toi, faudrait que tu gardes la boîte. C'est trop dur à cacher dans ma valise. » Zoey est pris d'un doute. Émie-Anne lui fait une confiance énorme en lui prêtant le boîtier, même s'il est vide. En temps normal, elle préfère s'occuper des choses délicates elle-même, de peur que les autres n'y arrivent pas, se trompent, fassent tout rater. La boîte du jeu, en carton fragile, vient avec une grande responsabilité. Si Zoey la perd, s'il l'écrase ou si quelqu'un tombe dessus par accident, ils sont foutus. Quand Damien va découvrir que son cadeau est disparu, le mot va se passer, on va fouiller la maison de fond en comble et vérifier dans leurs affaires.

Sa cousine considère qu'il est capable de s'en occuper – Zoey n'aurait jamais pensé cela de lui-même. La foi d'Émie-Anne englobe et dépasse sa confiance, elle lui fait crédit d'une assurance que Zoey n'a pas, mais qu'il peut utiliser comme si c'était la sienne. Il ne peut s'empêcher de sourire en cachant la boîte vide dans la poche intérieure de son sac Lavoie.

Le soleil éclatant, le ciel sans nuages, font royalement chier. Zoey met ses affaires dans le coffre de l'auto. Émie-Anne est sortie pour lui dire au revoir. Il fait un colle-colle à Josiane, flatte la tête de René, puis se tourne vers Émie. Sans faire exprès, deux larmes coulent sur ses joues. Sa cousine le prend dans ses bras, le tient un peu plus longtemps que d'habitude.

Ainsi se termine prématurément leur épopée. Il y avait des promesses infinies de découvertes extraordinaires, un monde inédit et neuf se laissait deviner au bout des sentiers de neige. Mais la porte mystérieuse vers laquelle Skyd les a guidés est scellée à jamais. Pourtant, Zoey a la certitude qu'ils étaient destinés à faire un pas dans l'inconnu, enfin ils allaient trouver quelque chose de plus grand que la vie ordinaire, un monde où ils auraient eu leur place. La porte en pierre se referme violemment devant eux. Ils ont vécu tellement de choses ensemble. Qu'est-ce que tout cela veut dire, si Zoey ne revient pas ? Il a beau calculer dans tous les sens, il est hautement improbable qu'il retourne chez Roch et Sylvie avant Noël prochain. Il peut s'en passer des choses, en un an. Zoey a appris à découper le temps depuis l'an dernier, ce Noël qu'il passait avec ses deux parents. L'an prochain, Émie aura grandi. Lui aussi. Il n'arrive jamais d'histoires extraordinaires aux grands enfants. Pendant toute l'année, Skyd va souffrir, torturé par son masque infâme. Maintenant que Zoey s'en va, la vie de Skyd lui paraît être la chose la plus importante au monde. Il imagine une plaie qui s'infecte, une fièvre qui s'empare de la pauvre créature, la bestiole morte en silence quelque part au fond d'un garde-robe, lovée contre le bichon maltais séché de matante Sylvie.

Émie reste dans le stationnement pendant que la voiture s'éloigne. Son manteau rouge brise la monotonie du paysage blanc. Zoey lui envoie la main. Il est pris d'un élan d'amour pour ses cheveux noirs coupés carré, pour ses joues rouges, pour son sourire aux dents inégales, un élan d'amour qui s'écrase contre la fenêtre givrée, que son père n'a pas pris le temps de gratter. Sa cousine est avalée par les grandes maisons grises, par la montagne de neige devant la piscine. Il la perd de vue.

Zoey la laisse toute seule avec ces barbares, ces humains exécrables, qui les agressent, les intimident, font tout pour leur faire du mal. Émie est plus solide qu'une guerrière, elle porte une armure infaillible, mais la méchanceté des autres ouvre une entaille, Zoey la ressent – elle communique par magie, par télékinésie énergétique avec la sienne. Un dégoût violent envers sa famille le gagne. Une colère écœurée envers ses oncles, ses tantes, envers son père qui sue à grosses gouttes en conduisant. La famille est la pire chose qui soit jamais arrivée à l'humanité. Émie a raison. Des gens qu'on ne connaît pas et qu'on ne choisit pas et qu'on n'aime pas. Des gens qui ne nous aiment pas en retour. Le pare-brise de la voiture est sale, les essuie-glaces lavent la neige et la poussière et Zoey a une vision claire. Tout ce monde-là multiplie les bassesses pour faire du mal aux enfants, ils font tout pour qu'on se sente comme des monstres, des anormaux, des insectes à écrabouiller. Zoey les écrabouillerait en retour. Cet après-midi du 25 décembre, il laisserait Skyd écraser la lune sur la terre, se délecterait du spectacle. Toute l'horreur du monde abolie dans un grand éclat de joie.

– 41 –

Carl parque la voiture devant la maison de ses beaux-parents, il se corrige, des parents de Lina. Il y a plusieurs places libres dans l'entrée du garage, mais il préfère rester dans la rue. Ses yeux sont cernés, et les rides de son visage plissent sous l'éblouissant jour d'hiver. Carl ne coupe pas le moteur, il s'étire pour attraper le sac de Zoey sur la banquette arrière. Lina apparaît en robe de chambre devant le bungalow. Carl lui envoie la main avec un sourire exagéré, puis pince la goutte de morve qui coule de son nez avant de se frotter la main sur les pantalons. Le grand-père de Zoey rejoint Lina sur le pas de la porte. Carl lui fait un pouce en l'air.

« Pis, t'as-tu passé un beau Noël avec nous-autres ?

– Oui.

– T'as eu du fun avec ta cousine ? »

Zoey hoche la tête. Carl lui met la main sur la cuisse, Zoey n'ose pas lever les yeux de son sac Lavoie. Il le serre fort entre ses bras, pense au boîtier de *Zelda*.

« On se reverra pas avant le Jour de l'an. »

C'est un fait, une remarque indiscutable.

« Tu me dis-tu bye ? »

La gorge de Carl est tordue, comme s'il s'étranglait d'une main en parlant.

« Tu me dis-tu que tu m'aimes ? »

La voix de son père se brise sur le dernier mot. Zoey ne se sent pas la force de répondre. Ses émotions, ses réflexions sont inaccessibles. Il est pris dans un brouillard et veut en sortir au plus sacrant. S'il avait assez de courage, il ouvrirait la porte et s'enfuirait sans rien dire. Émie-Anne le ferait.

« J't'm. »

Zoey le marmonne pour s'épargner du trouble.

Carl débarre les portes. Le garçon court vers l'entrée du garage, se dirige vers le bungalow. Lina le prend dans ses bras. Son fils disparaît dans la maison de ses beaux-parents (Carl se corrige), dans la maison des parents de son ex-femme. La maison des grands-parents maternels de son gars.

Lina lui envoie la main une dernière fois avant qu'il ne démarre.

– 42 –

Il ne fait pas jour encore quand une petite fille désescalade l'échelle menant à son lit en forme de château fort – elle dort au sommet de remparts crénelés – pour attraper sa valise Bratz, en sortir une cassette de plastique doré aux yeux jaunes inquiétants. Le sapin de chambre à fibres optiques plonge la pièce dans une atmosphère de fonds marins, Émie nage jusqu'à l'interrupteur, le plafonnier s'enflamme et le décor apparaît.

La chambre est un royaume médiéval en miniature. Le lit modulaire surélevé comprend un bureau pour faire ses devoirs et une bibliothèque où sommeillent des dizaines de grimoires assortis, classés par sagas, les tomes ayant pris la place, ces dernières années, des albums illustrés, dégradés sur la tablette du bas. Un arc-en-ciel anarchique, désordonné, de reliures colorées renferme des portails dormants vers d'autres dimensions, des passages magiques qui attendent qu'elle les ouvre. Sandra et Émie-Anne ont passé des jours à imaginer la thématique, à peinturer les murs, à monter les meubles compliqués, l'aventure ambitieuse s'était étirée du vendredi après-midi au dimanche soir tard, même s'il y avait de l'école le lendemain. La douillette moelleuse et les rideaux avaient nécessité plusieurs soirées de travail patient à la machine à coudre, Émie voulait, comme dans les véritables châteaux forts, des tapisseries sur ses murs, des blasons sur son couvre-lit, et sa mère avait dessiné des licornes, des griffons et des motifs fleuris – elle refusait de faire des armes de guerre –, formes découpées avec ses lourds ciseaux de couture dans ses tissus recyclés, entreposés depuis des années dans l'atelier, piquant et surjetant pour offrir à sa jeune souveraine des étoffes royales, des rideaux en velours et de véritables broderies de princesse. Sandra a le pouvoir de faire apparaître avec son crayon tout ce qu'elle imagine, ses doigts ensorcelés manipulent les formes et les matières – sur le mur, Émie a imaginé le paysage du royaume que sa mère a reproduit, un ciel bleu, un horizon champêtre avec une forêt, au loin, et la silhouette mystérieuse d'une cabane de sorcière. Benoît avait lâché, une touche de découragement devant les couches de peinture verte et bleue : « On réussira jamais à faire partir ça. » Ça avait rendu Émie fière, d'embellir pour de bon cette pièce ennuyeuse.

Émie traverse le tapis douves aux crocodiles et s'installe devant la télévision. Benoît a accepté de brancher le Nintendo 64 sur la télé de sa chambre, Émie a le droit, c'était l'idée de Sandra, d'avoir une télé dans sa chambre, et la permission spéciale d'écouter sa VHS d'adoption quand elle le veut, avant de se coucher si elle a peur de faire des cauchemars. Plus jeune, elle la regardait tous les soirs, comme si elle cherchait à décrypter un code secret, à résoudre l'énigme de ces pantomimes lumineuses veillant sur la chambre obscure dans laquelle elle se retrouvait toute seule pour la nuit. Ses parents dans l'avion, leurs visages jeunes, pourtant fatigués le matin de l'arrivée, dans un restaurant, autour d'un bol de soupe fumante, le mystère de ces bâtiments en pierre très anciens, l'autre bâtiment, plus moderne, avec des écritures chinoises au-dessus de l'entrée, le message caché dans le délicat sourire de Mme May, qui s'occupait des enfants à l'orphelinat, mais qui n'était pas sa mère, le tablier fleuri sous le manteau gris de Mme May (qui n'était pas sa mère, non), la texture pelucheuse et rugueuse du feutre, son visage ridé, sa main ténue, le regard doux, le geste que Mme May envoie à la caméra. Benoît tient dans ses bras une fillette qui suce son pouce et ne comprend pas, n'envoie pas la main en retour. L'image se coupe.

Ses parents dorment encore, Émie pourrait en profiter pour mettre un jeu violent sans que Sandra la surveille – *Pokémon* c'est même pas violent, il y a des combats, des éclairs et des jets de flammes qui ne font pas mal pour vrai, Émie adore ces animaux aux pouvoirs magiques qui vivent dans une balle qui rentre dans ta poche, des bêtes que tu peux nourrir et soigner, et qui finissent par t'aimer même si tu les captures dans leur habitat naturel, plus jeune, elle les cherchait dans le boisé du quartier (à six ans, elle croyait que les Pokémon existaient – cette pensée l'amuse). La seule dans sa classe à ne pas avoir le droit de regarder les émissions quotidiennes de *Pokémon*, c'est Émie. Sandra va jusqu'à refuser qu'elle collectionne les cartes – Émie en possède tout de même trois ou quatre, prises à des enfants qui n'en avaient plus besoin. Dès qu'elle voit du feu, un fusil, un couteau, une explosion dans une émission ou dans un film, Sandra crie « c'est violent ! » et ferme la télé, ça enrage

Émie, qui n'a pas besoin d'être protégée, elle est capable toute seule de juger ce qui est trop effrayant ou trop adulte pour elle.

Un grain de feu fait briller la carcasse transparente du Nintendo 64. Émie a inséré la cassette *Zelda*. C'est bizarre que rien ne bouge sur l'écran. Le téléviseur l'ignore ou quoi ? Comme quand le lecteur VHS est mal branché. Émie-Anne rebranche les fils, pèse sur « Reset ». Au lieu du jeu, une image noire apparaît, avec de l'écriture – c'est mauvais signe.

« Expansion Pak accessory must be installed in the N64 for this game. »

What the what ?

Émie a le sentiment de se faire chicaner par le jeu, elle n'aime pas l'écran foncé, le bidule électronique rouge et noir montré sur l'image, le ton dramatique, elle se sent visée par l'accusation, punie par la langue anglaise, qu'on les force à apprendre à l'école et qu'elle trouve aussi laide que Mrs. Tremblay, sa prof. Même si Émie connaît bien l'anglais, elle a toujours un doute, l'impression qu'une ruse peut changer toute la phrase, un détail niaiseux qu'elle n'a pas vu et qui fait switcher le sens. Elle relit, essaie d'autres jeux (ça marche), mais quand elle met *Zelda*, le Nintendo veut rien savoir. Il manque un morceau.

Émie se faufile dans le bureau de son père, ouvre Internet et trouve l'image du boîtier de *Majora's Mask*. C'est écrit noir sur blanc.

« Unité d'expansion de la résolution NÉCESSAIRE. »

Le bidule noir et rouge qu'elle a vu sur la télé. Un gugusse. Un petit crisse de gugusse va l'empêcher de jouer au jeu avec

Skyd dedans. Émie était à un doigt de découvrir le monde de l'entité, toutes les affaires épeurantes dont Zoey lui a parlé, mais il a fallu qu'un morceau manque. Un morceau électronique qui doit coûter, genre, full cher. Il faut qu'elle l'annonce à Zoey. On est faites.

Émie entend du bruit dans le couloir. Ses parents sont levés.

– 43 –

Les jours coulent à un rythme singulier. Les heures ont la pâte élastique d'un temps suspendu. Rien ne se passe, aucune différence notable entre les journées de semaine ou de fin de semaine. Le 26 décembre, Zoey et Lina sont de retour à la maison du quartier des Oiseaux. L'enfant se réveille à cinq heures et demie, elle arrange la mise en place de ses figurines jusqu'à sept heures. Lorsqu'elle entend sa mère se lever, il monte déjeuner. Le reste de l'avant-midi, il peut jouer à l'ordinateur (du moins, aux jeux qui fonctionnent sur le vieil ordi de sa mère), écouter des films ou poursuivre l'histoire d'amour impossible entre sa cuisinière Playmobil et le pirate Lego.

Lina est en congé entre Noël et le Jour de l'an, mais elle doit tout de même se rendre à l'hôpital une heure par jour. Elle l'abandonne vers onze heures, avant de partir, elle lui rappelle que son numéro de téléphone est sur le frigo. Dès qu'elle verrouille la porte, Zoey se connecte au clavardage de *Polly Pocket*, le site, même si sa mère lui interdit de chatter ; une petite fille aux États-Unis est tombée sur un inconnu traumatisant. Si elle le voyait faire, elle dirait « prends le téléphone pis appelle-la, ta cousine ». Sauf qu'au téléphone, on est écoutés, surveillés. Sandra et Benoît décrochent l'autre combiné et notent tout ce qu'on dit.

Sur le clavardage, Émie lui annonce la catastrophe. Il manque un gugusse pour faire marcher le jeu. Zoey ne comprend rien, Émie lui assure qu'elle va demander à son père de l'acheter. Elle insiste pour qu'il se fasse reconduire à Québec – c'est une question de vie ou de mort, Émie ne cesse de penser à Skyd, à la cassette de Nintendo 64 qu'il faut absolument décrypter, un sablier terrible s'écoule, les presse de sauver leur ami avant la fin des vacances.

Elle voudrait retourner chez Roch pour le Jour de l'an, elle l'a dit à ses parents, mais ils ne l'ont pas crue. Sandra l'a trouvée bizarre. D'habitude, Émie fait des crises pour ne pas aller voir la famille au lac Saint-Jean. Benoît a tranché pour de bon : il en est hors de question. Il a même dit : « Reviens-en. » C'est peine perdue.

Si Zoey venait la rejoindre à Québec, au moins, ils pourraient continuer leur mission. C'est leur seule chance de jouer au jeu ensemble, de passer la cassette et de trouver une manière de déverrouiller le maudit masque. Ils peuvent pas attendre à l'été, ou pire, Noël prochain, Émie écrit avec soin, en mettant des majuscules et des points : « *Si on fait rien, Skyd va mourir pis ça va être notre faute.* »

Cette éventualité leur tord le cœur.

Les nuits de Zoey sont hantées, elles laissent un goût acide dans la bouche. Des reproches l'assaillent, se formulent d'eux-mêmes dans son esprit tout juste éveillé. Il aurait dû mieux planifier son départ chez sa mère le 25 décembre, penser que son temps avec sa cousine était compté. Il aurait dû essayer plus ardemment d'arracher Skyd à son mauvais sort. Si une chose terrible se produit, ce sera de leur faute. De sa faute. Skyd est en danger. L'entité prend dans sa mémoire les traits d'un être bon, qui a voulu les libérer de la famille en leur dévoilant la porte mystérieuse au fond du Dôme. Une entité rare, l'unique spécimen connu de son espèce ; Zoey est saisi de la même tendresse qu'envers les animaux en voie d'extinction. Zoey et Émie sont probablement les seuls humains sur terre à connaître l'ampleur de la souffrance de la créature, et ils ne font rien pour l'aider. Les décisions des adultes n'ont aucun sens, elles tombent au hasard sans explication, Zoey est condamné à l'impuissance, l'impuissance confortable des adultes qui se plaisent à répéter qu'on ne peut rien faire, que ce n'est pas de notre ressort. La parole de Zoey est sans effet sur le monde, il a beau raconter les pires horreurs, on l'écoute d'une oreille amusée en lui flattant la tête. Le seul objectif des parents est d'éviter la crise. Tout est pensé pour que Zoey ne crie pas, ne pleure pas, ne brise rien. La fréquence de ses crises a diminué, dernièrement, même s'il en a fait des dizaines cet automne et pendant l'été. On a déployé autour de lui un grand filet qui vise à retenir les déclencheurs, pour l'empêcher d'être atteint. Pour cela, rien ne doit être pris au sérieux. Il y a du bon dans tout. Tes parents se séparent ? Ça va te faire deux chambres et deux fois plus de cadeaux. Expliquer leur mission, leur fonction sur terre à Lina ou à Carl, à Benoît ou à Sandra, ne servirait à rien. Zoey le sait. On leur parlerait d'*E.T. l'extra-terrestre* en souriant, on traiterait la gravité de la situation comme un jeu, une blague. Les adultes croient que l'imagination est sans pouvoir sur la réalité. L'imagination construit et détruit, ouvre des tunnels inconnus au creux de gisements profonds.

Zoey est un jouet, une poupée qu'on s'échange en garde partagée. On s'étonne de ses mauvais rêves et des drôles d'histoires qu'il invente dans la voiture entre les deux maisons. Les adultes l'enduisent de pommade analgésiante avant de le coucher, lui recouvrent le corps de crème. Il ne sent plus ses membres, ne voit plus ses mains, sa peau devient peu à peu transparente. Bientôt, il échappera complètement à la vue – ça le soulage et l'effraie à la fois.

Les souvenirs de l'été dernier sont flous, ils s'évaporent comme de l'eau sur l'asphalte brûlant. Août, c'était il y a quelques mois à peine, pourtant Zoey se rappelle mieux l'été précédent (le voyage au Nouveau-Brunswick avec ses deux parents), et l'autre d'avant (sur la plage de Vauvert, avec ses deux parents). Trop de choses se sont déroulées, le temps a coulé comme du sable entre ses doigts. L'été dernier, Zoey ne parlait que de Zachary, à tout le monde et tout le temps. Son père en riait, il n'avait que ce mot-là dans la bouche ! « Zachary-ci, Zachary-ça », « Zachary fait ci, Zachary dit ça. » Carl était fier que sa relation avec Cindy fournisse à son gars un modèle positif, un garçon solide, qui se tenait droit, qui se raidissait et savait serrer la main comme un homme. Zachary aidait Carl à traîner les sacs de terre dans la brouette, à rentrer le bois pour le feu, à vernir le patio avec des pinceaux qui font mal aux mains. Des choses que Zoey déteste faire. À son contact, Zoey vieillirait enfin un peu, aurait envie de quitter cette enfance retardataire qui traîne en lui. Il ferait des découvertes, d'autres expériences. Carl les laissait jouer librement sur le grand terrain de Cindy, près du lac ou le long du ruisseau, encore plus loin dans la forêt lorsqu'ils partaient explorer et que Zach faisait semblant, pour l'effrayer, qu'ils étaient perdus. En exposant Zoey à la peur, à l'angoisse, en tentant de l'égarer dans les sous-bois touffus, Zachary avait bien compris le rôle qui lui était imparti, celui de déniaiser Zoey, de l'endurcir. Zoey exagérait tout le temps, il avait toutes sortes de caprices qu'il fallait briser, avait peur de tout. Il était temps de l'exposer à la rudesse du monde, de le forcer à quitter ses habitudes d'enfant précieux, fragile.

Un point noir, une déchirure dans le tissu sombre de l'été dernier aimante les pensées de Zoey. Il traîne dans son lit les yeux ouverts. Le premier tome d'*Amos Daragon*, prêté par Émie, le repousse. Son esprit virevolte, prend toujours la même direction, tente de creuser dans la pâte obscure. Zoey ressent un agacement, une présence fantôme, une sangsue invisible accrochée à sa peau. Comme une coupure qu'on ne peut s'empêcher de gratter. Zachary lui manque. La pureté, l'héroïsme de Zachary lui évitaient de penser à toutes ces choses qui le révulsent. Zoey a fait des choses terribles, il le sait. Des choses tellement terribles qu'il ne peut les formuler. Mais il en décèle les traces. Des morceaux de corps, des émotions brutales qui s'agglomèrent, mais ne composent aucune image claire. La lumière douce, la supériorité absolue de Zachary, qui le lavait de tout.

Zoey n'arrive pas à plonger dans les phrases nombreuses

qui s'accumulent sans illustrations jusqu'au bas de la page. Son esprit s'enfuit, sort du lit, court partout dans la chambre, monte l'escalier. Avant de se coucher, Zoey a vu sur l'égouttoir à vaisselle le couteau de cuisine placé par sa mère. Un couteau immense, long comme une épée. En pensée, Zoey est dans la cuisine. Le couteau l'appelle, rayonne dans la nuit. Évoque des plaisirs froids. Zoey s'extrait des couvertures, monte l'escalier sur la pointe des pieds vers la céramique du rez-de-chaussée. Zoey s'arme, voudrait découper les pensées qui insistent, des fourmis qui s'infiltrent partout, retirer une fois pour toutes avec sa lame brillante les souvenirs de l'été dernier. On l'a empoisonné, il y a quelque chose d'anormal dans l'air de sa chambre, qui l'empêche de lire et fait apparaître des mots, des bouts d'images qu'il ne veut pas voir, qu'il préférerait oublier. Il a tout ça en lui, caché quelque part, des souvenirs qui ressortent en désordre pour révéler une vérité détestable qui relie Zoey à Zach. Les choses se sont pétrifiées ainsi, à la fin de l'été, avec la coupure de la séparation de Carl et Cindy : Zach est devenu un ange, Zoey un diable. Si on apprenait tout ce qu'il a fait, tout ce qui se joue en lui, on l'enfermerait, cesserait de lui parler pour de bon, il serait forcé de faire comme ces enfants dont on entend parler aux nouvelles, ceux qui se tuent en sautant en bas des ponts. Aimés par personne. C'est parfois la seule chose à faire, quand on est un enfant fautif, criminel, libérer les autres de nos fautes.

Zoey monte l'escalier prudemment, sans faire de bruit. Dans la cuisine, la lune envoie un rayon blanc sur le couteau, qui scintille près du lavabo. Il ne veut plus penser à Zachary.

Aux choses inavouables qu'ils ont faites. Pourquoi le couteau le fascine ? La lame coupante l'attire comme si elle était dotée d'une force magique. Zoey s'imagine attraper le couteau long comme un sabre, se le planter dans le ventre, se vider les intérieurs sur le plancher de la salle de bains, se trancher la gorge et mourir au bout de son sang. L'idée de la mort a une saveur douce, agréable. Un cadavre d'enfant est une chose noble, émouvante. Zoey imagine tout le monde pleurer son trépas, sa mère et son père avec son petit corps chaud sur les cuisses, ses grands-parents, ses oncles et ses tantes, Émie-Anne en majesté, un chœur de pleureuses et de pleureurs se rassemblerait pour lui, même Gaëtan Guay et Claudette de la garderie de l'école seraient démolis de tristesse dans ce magnifique tableau mortuaire. Même Zachary serait là. En mourant, on ne devient qu'amour pur. On gagne un sens suprême, une texture qu'on ne possédait pas, vivant ; notre valeur, même infime, apparaît pleine et entière aux yeux des autres. Et enfin ils sont tristes pour nous.

Il ne faut pas que Zoey prenne goût à ces pensées. Les arômes de mort sont addictifs et dangereux. Il ramène ses idées égarées, les recueille comme des brebis perdues. *Couteau*. Ferme le sac. *Couteau*. Zoey redescend l'escalier. *Couteau.* Retourne dans sa chambre. *Couteau.* Dans son lit, il ouvre un livre moins complexe. *Couteau. Couteau. Couteau.* Les histoires courtes, répétitives, simples et abrutissantes de *Boule et Bill* finissent par le tromper. Il oublie le couteau et cède à l'impérieux sommeil.

Ses nuits de cauchemars et de pensées morbides s'empilent. Pendant deux nuits d'affilée, Zoey traverse des sommeils damnés, criblés de rêves, et des éveils pires encore. Ce sont les plus longues de sa vie. Sa mère est inquiète, elle lui demande à plusieurs reprises ce qui ne va pas. Zoey lève les épaules en changeant de sujet. Par où commencer. Sa mère capoterait, elle dirait « on va t'amener chez le psychologue », avec des yeux tourmentés.

En fin d'après-midi, alors qu'elle est en train de sortir ses Lego *Harry Potter* de l'armoire au sous-sol, Zoey sait qu'il est là. Skyd apparaît dans la chambre les bras pendants, les épaules tordues. La créature nerveuse est moins vive. Il a l'air d'une marionnette éteinte, dont on aurait coupé les fils. Le gris foncé de sa peau laisse place par endroits à des plaques blanchâtres, rêches, malsaines, constellées de points noirs et de cicatrices, comme s'il s'était gratté à mort. La condition de Skyd empire à vue d'œil, la peau malade est reliée au temps et la fin des vacances arrive à toute vitesse.

Dans le Dôme, Zoey pousse la porte maudite. Se presse dessus jusqu'à s'engourdir l'épaule. Tente de glisser ses doigts dans la fente, entre les deux masses de pierre. La porte s'enfonce dans le sol de suie compacte, enterrée dans le sol insécable du Dôme.

– 44 –

Il rejoint Émie dans une fureur désespérée, elle n'a pas le choix que de venir dans le Dôme avec lui. Sur le clavardage *Polly Pocket*, Zoey essaie de convaincre sa cousine de faire le saut. Elle est capable, il le sait. Pourquoi le Dôme lui serait barré ?

« *essaye stp*

tu ferme les yeux

fais comme suivre le tunnel

tu va arrivé direct

c facile »

La boîte d'échange reste vide.

« *Je veux pas y aller toute seule.*

– *à cause ?*

– *Mais imagine je reste pognée toute seule.*

– *je vas être là*

– *Mais d'un coup j'arrive ailleurs.*

– *sa se peut pas* »

Les Polly Pocket blondes le fixent de leurs sourires vernis.

« *non*

g trop peur »

La réponse sonne. Émie n'écrit jamais « *g* », elle ne fait pas de fautes, rédige des phrases complètes. Ce *g* exprime quelque chose qu'Émie ne peut dire autrement. Un masque tombe, quelque chose se manifeste dans le *g*, une chose honteuse comme une faute d'orthographe, une limite impossible à franchir, que Zoey ne comprend pas, mais qu'il n'a pas le choix d'accepter.

– 45 –

Lina, pendant ses vacances, se prépare des tisanes odorantes. Elle propose à Zoey de goûter, il grimace, avale de travers, on dirait du gazon trempé dans l'eau chaude. Certaines sont toxiques pour les enfants de son âge, explique Lina. Que sa mère boive des poisons brûlants fascine Zoey. Ses préparations lui donnent un côté sorcière, elle boit des tasses et des tasses de liquides mortels en lisant son livre pour les grands. Lina fait un cheminement personnel, explique-t-elle en montrant la couverture qui représente des cœurs brisés, un enfant tiraillé entre deux parents.

C'est difficile pour les adultes aussi, une séparation.

On prend la décision qu'on juge la meilleure, mais on est triste quand même.

Maman, a traîne ça partout avec elle.

Zoey l'observe, sur son fauteuil de lecture, dans le salon tamisé. Sa mère est grande, une adulte comme les autres, avec un travail, une maison, des responsabilités : Lina est prise dans cette image à laquelle son garçon tient, mais du haut de ses vingt-neuf ans, elle se sent encore comme une enfant. Elle veut être pour Zoey la mère qu'on imagine, une mère sensible, disponible. Enrobante. Elle veut cuisiner et lire des histoires : bientôt, elle va arrêter de travailler le soir. Est-ce qu'il va être trop tard ? Zoey a tellement grandi, des choses sont fixées à jamais. Lina a peur d'être passée à côté de l'enfance de son garçon. Quand elle l'a eu, à vingt et un ans, elle était mal outillée pour accueillir un petit être, vivre avec un homme qu'elle connaissait depuis un an à peine, s'engager sur le paiement d'une maison, sur un poste permanent à l'hôpital. Si elle avait commencé la vie avec de meilleures bases, elle ne serait peut-être pas en train d'éponger une rupture avec le père de son enfant.

Depuis la séparation, Zoey fait des crises : son comportement s'est détérioré à l'école. Lina est à court d'idées. Elle prend une gorgée de tisane, se replonge dans le bouquin.

Se séparer – elle croyait pourtant avoir longuement mûri sa décision. Mais Lina n'imaginait pas comment la rupture allait ébranler le monde de Zoey. Elle avait pourtant tous les indices pour voir la catastrophe venir. L'auteur du livre liste les troubles psychiques qui peuvent se développer chez les jeunes enfants qui voient leur cellule familiale fracassée. Zoey remplit quasiment tous les critères. C'est un enfant sensible, qui a tellement besoin de stabilité.

Comment Lina a-t-elle pu l'ignorer ?

Elle refait bouillir de l'eau pour ses potions magiques, place ses cheveux châtains derrière ses oreilles. Zoey remarque qu'elle ne porte pas de maquillage. Les taches de rousseur discrètes étoilent son nez.

« Maman ? »

Zoey a l'air étrange, comme s'il venait de se réveiller. Ses yeux sont rouges, épuisés. Il avance en se frottant les mains et en fixant le plancher. Il a peut-être trop joué à l'ordinateur pour aujourd'hui, parfois ça lui donne un air bizarre, comme si une partie de sa tête restait prise dans le monde virtuel.

« Qu'est-ce qui a, mon cœur ? »

Zoey couine :

« C'est que… Je m'ennuie d'Émie-Anne. J'aimerais ça la voir avant qu'on recommence l'école.

– Je comprends. Mais je pense qu'est retournée à Québec.

– Tu pourrais-tu aller me porter ?

– À Québec ? »

Lina est étonnée. C'est la première fois qu'il fait une demande du genre. Ils vont passer le Jour de l'an au chalet de son frère, au lac Saint-Jean, où on peut glisser, patiner sur le lac, jouer dans la neige. Zoey adore passer du temps là-bas. Traverser le parc des Laurentides pour se rendre à Québec, c'est un bon deux heures de voiture ; en plus, avec les risques de tempête, c'est dangereux.

« On va au chalet de mononcle Étienne pour le Jour de l'an. »

Les larmes montent aux yeux de Zoey.

« C'est que je m'ennuie trop d'Émie-Anne. »

Les larmes se mettent à couler, Zoey pleure parce que sa mère pleure, pleure parce qu'il a peur de décevoir Émie, de laisser mourir Skyd, que son cadavre pourrisse dans le Dôme et lui rappelle tous les jours sa lâcheté. Lina pleure parce que, encore une fois, son fils préfère être ailleurs qu'avec elle.

Le petit corps fatigué de Zoey est traversé de soubresauts. Lina le serre fort dans ses bras, comme si elle pouvait le garder, l'assimiler.

« Pourquoi tu pleures, maman ?

– Ça me fait de la peine que tu veuilles partir. »

Zoey n'aurait jamais dû demander à sa mère d'aller le reconduire. Il aurait dû attendre et se taire, oublier la créature qui l'achale, les exigences toujours trop grandes de sa cousine. Il ne peut pas être à la hauteur des désirs d'Émie : il est temps qu'il s'en rende compte.

Encore une fois, il trouve une manière de faire souffrir sa mère. Les larmes forment un brouillard dense, humide et froid, qui gagne la pièce. Les gouttelettes d'eau se condensent sur les objets, la lampe, la fenêtre où elles gèlent. Le froid transperce son corps. Il tente de s'éloigner de sa mère pour s'essuyer le nez, pour lui parler, dire quelque chose pour éventer le banc de brume dans lequel ils se perdent. Lina ne le laisse pas se déprendre. Elle pousse de légers hoquets. Les larmes semblent remonter ses joues pour se planter dans ses yeux, les couvrir de veinules rouges.

« Laisse faire. J'aime mieux rester avec toi. »

– 46 –

Les pantoufles roses glissent sans bruit sur le bois luisant comme un miroir qu'Émie risque de casser si elle marche trop fort. La sonnerie du téléphone résonne dans la maison, à tous les étages se font entendre des musiques assourdissantes. Émie oublie la discrétion et court pour répondre – elle adore être l'intermédiaire entre ses parents et le monde extérieur, elle parle de sa plus belle voix, de son ton le plus poli, filtrant les appels, demandant « c'est de la part de qui ? » avant de les en informer.

« Salut Émie. C'est ton cousin Damien. »

Ostie de crisse. C'est qu'il nous veut ?

« Tes parents sont-tu levés ?

– Non. À cause ? » Elle prend un ton méfiant, qui ne laisse aucune place à la discussion. Damien se racle la gorge, la voix hésitante, comme s'il avait l'impression de déranger.

« J'ai eu un jeu à Noël, un jeu de Nin. Tu t'en souviens-tu ?

– Non.

– Ben je le trouve plus. Vous… Vous l'auriez pas vu ?

– Non. Ça nous dit rien.

– Merde. Okay… »

Émie n'ajoute rien.

« Ben si vous le trouvez, peux-tu demander à ton père qu'il m'appelle ?

– Oui, je vas y dire.

– Bye.

– Bye ! » Émie raccroche.

Damien avait un drôle de tremblement dans la voix, qu'est-ce que veut dire ce bizarre de tremblement, qui reste dans la tête d'Émie ? Il était peut-être gêné, il doit détester parler au téléphone. Son grand cousin de seize ans ne peut pas être fâché contre elle ; il ne sait pas, pour le jeu. À moins que Zoey les ait trahis ? La voix de Damien tremblait, son ton était amorphe, presque triste ? Damien ne peut pas être triste, l'idée fait sourire Émie, elle est incapable de prêter des émotions au garçon plus vieux, un ado qui a d'autres choses à faire que de pleurer comme un bébé à cause d'une cassette de Nintendo.

Benoît occupe le comptoir de cuisine, il lit son journal en prenant son café, Sandra n'est nulle part en vue. C'est sa chance. Depuis hier, Émie-Anne fait tourner son plan dans tous les sens, multiplie les scénarios possibles et les réactions imprévisibles de ses parents, la famille est une équation frustrante, qui n'arrive jamais aux mêmes résultats, son père et sa mère passent d'alliés à ennemis sans qu'elle saisisse leurs trahisons, Émie se fie à ses expériences, sa compréhension du caractère de Benoît et de Sandra, à la réaction alchimique entre eux trois afin d'arriver à un résultat satisfaisant – pour ce faire, elle en conclut que sa mère doit être absolument absente. Benoît aime les choses de geek, les films genre *Harry Potter* et *Le Seigneur des anneaux*, il lui permet de les écouter même si Sandra veut pas. Émie puise en elle le filet de voix le plus délicat et le plus touchant, une vibration enfantine d'amour pur, patinée de mélancolie, une musique d'adieu se mêle à sa demande cruciale.

« Papââââââ ? »

Il est concentré sur son journal et fait semblant de ne pas entendre.

« C'est que... j'aimerais ça faire une activité avec toi.

– Quelle sorte d'activité ? » Il tourne la page, ne lève pas les yeux de son maudit journal.

« Peut-être du magasinage ? »

Les lèvres de Benoît craquent. « Avec quel argent ?

– J'ai eu un 20 piasses de matante Sylvie à Noël. »

La voix qui s'élève du corps de son père n'est pas la bonne. C'est une voix ventriloque, une voix ennemie plus haute, plus coupante. Elle ne surgit pas de Benoît, mais du fauteuil du salon, le lazyboy qu'Émie croyait vide. La chaise tranche d'un souffle épuisé : « Émie-Anne, t'as déjà une montagne de cadeaux. C'est assez. »

Sandra se lève du fauteuil, se dirige vers la cuisine dans toute sa blonde légèreté, un magazine sous le bras. Son pyjama de satin, ses boucles jaunes scintillent dans la lumière du matin. Sa mère est belle comme un ange et ça la fait chier à mort. Pourquoi il faut tout le temps qu'elle s'immisce partout, s'intéresse à ce qui la regarde pas ? Les activités père-fille plaisantes imaginées par Émie-Anne, c'est pas de ses affaires.

« C'est pas à toi que je demande.

– Ben c'est moi qui te réponds. Y en est pas question.

– Mais le 20 dollars à matante Sylvie ?

– On va le mettre dans un compte de banque pour tes études. »

Ses études ? Est folle, crisse. Émie s'en fout de ses études, elle veut jouer au Nintendo, pas étudier, sa mère le sait, elle fait exprès, parle de compte de banque juste pour la faire fâcher. Émie connaît trop bien la dynamique, plus elle pousse, plus le couvercle se resserre, il devient bientôt impossible à ouvrir. Si Sandra gagne, si Émie pique une crise, elle est faite – on va l'enfermer dans sa chambre et la priver de Nintendo pour la journée. Émie prend des grands respirs.

« T'as des jouets en masse pis tu joues jamais avec.

– Mais y a quelque chose d'autre que je veux. J'en ai *besoin*. »

Sandra fait semblant d'être étonnée.

« Tous les besoins de madame ne sont pas comblés ? C'est quoi que tu veux ? »

Émie repense à la voix tremblante de Damien au téléphone.

« Un livre de gymnastique.

– Menteuse.

– Eille ! C'est vrai.

– Si tu fais ton spectacle comme prévu au moins de février, papa pis moi on va te l'acheter. »

Sandra a fait de la gymnastique quand elle était jeune – elle a même été entraîneuse, elle le répète aux dix secondes – et à cause de ça, la malédiction pèse sur toute la lignée ; Émie doit faire de la gymnastique sous peine de se voir refuser eau, nourriture et logis. En parlementant, elle a réussi à s'inscrire dans un cours de hip-hop les lundis soir, pensant que ses parents allaient vite se fatiguer d'aller la reconduire trois fois par semaine à ses activités, sans parler des compétitions et des spectacles les samedis matin. Sauf que pour la gymnastique, Sandra est inépuisable, intraitable, elle refuse tous les autres sports, ceux qui intéressent Émie, l'escrime, le kung-fu, l'équitation, ça pue, c'est violent, ça coûte cher.

« Dans notre temps, Sandra pointe Benoît, on recevait un ou deux cadeaux à Noël. Pas des piles et des piles comme toi. »

C'est toi qui me les donnes, niaiseuse ! Mais Émie se retient de dire ça – même si la lave bouillonne en elle.

« Si tu reçois trop de cadeaux, tu vas être gâtée pourrie. Les enfants gâtés pourris, ça se passe pas bien pour eux en grandissant. »

Émie a l'image d'un enfant dont les organes, les poumons, les intestins se fanent comme des vieilles bananes laissées trop longtemps sur le comptoir, elle imagine des os qui ramollissent, grugés par de la mousse bleue qui pue le fromage – mais elle ne comprend pas c'est quoi le rapport avec la commission qu'elle a besoin de faire avec son père.

« Je m'en fous de ton temps... C'est fini ton temps ! »

Oupsi, c'est parti tout seul. Sandra prend un air offusqué, Benoît sent que ça dérape. Il dépose son journal, prend enfin la parole.

« J'ai un cadeau à échanger de toute manière. Je vas amener la petite avec moi. »

Benoît lui fait un clin d'œil et Émie comprend tout. C'est entre elle et lui, maintenant. Sandra n'a plus son mot à dire, le clin d'œil scelle la décision, la protège de l'emprise de sa mère par le pacte étrange de l'exclusivité père-fille, Émie connaît ce clin d'œil, c'est le même que Benoît fait quand Sandra est partie à ses congrès et qu'il commande de la pizza, lui permet d'écouter des films pas de son âge genre *James Bond*, installe toutes sortes de jeux piratés sur l'ordi du bureau, tout ça à l'abri de la censure, de la surveillance oppressante de Sandra.

Tout à l'heure, dans le magasin d'électronique, quand viendra le temps de payer, Benoît prendra les 20 dollars d'Émie-Anne en lui faisant un nouveau clin d'œil, il payera avec sa carte de crédit pour acheter son gugusse de Nintendo, qui coûte beaucoup plus que 20 dollars, mais ne dira rien, et Émie fera semblant de ne pas comprendre la différence de prix, tous deux feront comme si les 20 dollars suffisaient à couvrir toute la dépense, ils ne diront rien, mais Benoît lui fera ce clin d'œil complice, qui veut tout dire.

La parole de son père pèse plus lourd dans la maison, ses décisions ont priorité, c'est une loi tacite, un fait que personne ne discute ; Benoît, son sauveur, vient de le prouver encore une fois. C'est la meilleure nouvelle du monde. La victoire prend la place qui lui est due dans le cœur d'Émie-Anne, le sombre s'affaisse sur Sandra, dont les yeux bleus, les cheveux d'ange cessent de briller. Émie prend soin de ne pas la regarder, ne veut pas ajouter à l'humiliation, ça pourrait lui revenir, plus tard – sa mère est rancunière. Émie saute partout, grimpe sur les genoux de Benoît et le couvre de becs malgré sa barbe qui pique.

Elle court chercher ses 20 dollars.

– 47 –

Lina était certaine d'avoir fait plaisir à Zoey avec ses cadeaux. Elle croyait avoir passé un beau Noël avec lui. Le 25 au soir, le petit était plus paisible, nettement de meilleure humeur que pendant l'automne. Il débordait d'excitation, de joie devant ses grands-parents. En revenant de chez Carl, Zoey est souvent désorganisé. Il parle moins, son sourire est plus difficile à attiser.

« Comment ç'a été ? Raconte-moi ce que vous avez fait. »

Zoey reste vague. Ses yeux la fixent, sévères. Pendant une seconde, Lina se sent idiote. Peut-être que tout va bien. Que c'est elle, le problème.

Quand elle se sépare de Carl, Lina est étonnée par la solidité (l'indifférence) de leur fils. Il y a près d'un an, maintenant, dans le salon, un soir d'hiver, Zoey ne manifeste aucune surprise. Ses parents vont prendre des chemins différents. Ils sont *amis*, mais plus *amoureux*. Lina s'attendait à un déversement de tristesse, à des explosions de colère, à une incompréhension tellurique, coupable d'avance de faire subir les contrecoups de ses échecs relationnels à son fils. Mais Zoey ne pleure pas, ne crie pas. Il reste assis sur le divan, étudiant la nouvelle avec une maturité bouleversante, posant des questions sur les arrangements concrets, sur les impacts de la séparation sur son quotidien. Zoey prospecte un territoire neuf, inconnu, peut-être dangereux. Quel jour va-t-il passer chez maman ? Les lundis, mardis, et une fin de semaine sur deux. Chez papa ? Les mercredis, jeudis, et une fin de semaine sur deux. Comment il va se rendre d'une maison à l'autre ? « On va te reconduire, en voiture. » Est-ce qu'il va changer d'école ? « Non. » Comment on va faire pour ses jouets, ses toutous ? « Tu vas pouvoir en apporter dans ton sac. » Quelle adresse il doit donner, maintenant ? « Celle que tu veux. » Et le numéro de téléphone ? « Un deuxième à apprendre. » À Noël, est-ce qu'on va fêter les trois ensemble ? « On verra, mon trésor, on verra. »

« Est-ce que papa va dormir ici ce soir ?

– On sait pas. Oui.

– Sûrement. »

La crise que Lina anticipait s'est fait attendre jusqu'à l'été.

En mai, quelques mois à peine après leur séparation, Carl annonce s'être trouvé une nouvelle blonde. Lina se souvient de son air détestable, fanfaronnant.

« Chus passé à autre chose, moi. »

Lina a pris la décision, elle a tranché le morceau – c'est elle qui a demandé à Carl de partir de la maison, la sienne, après tout, elle l'a payée toute seule, l'hypothèque est à son nom, assurée par son poste de cadre à l'hôpital, certainement pas au nom de Carl, toujours fauché. Son empressement à rencontrer une autre femme la fait bêtement douter de tout. Comme une adolescente, Lina se met à regretter. Elle a peut-être commis la pire erreur de sa vie en quittant le père de son fils. Pendant cette période, elle repense à leur voyage dans le Maine, avant la naissance de Zoey, les jours organisés selon les randonnées le long des parois abruptes, l'air salin de l'Atlantique leur montait à la tête. Lina revoit le corps jeune, musculeux sous le tee-shirt blanc que Carl rentrait dans ses shorts fluo, ses cheveux raides, noirs, piquants, ses joues bronzées. Dans les années suivantes, le front de Carl s'est mis à grimper au-dessus des sourcils, la peau nue s'est étendue sur le crâne pour ne laisser qu'un îlot de poils fournis au milieu de sa tête.

La nouvelle blonde de Carl travaille elle aussi dans un hôpital – un poste technique, elle s'occupe de manœuvres que les infirmières auxiliaires comme Lina n'ont pas le temps de faire. Elle vit dans le bois, à cinquante minutes de voiture de Chicoutimi, au bord d'un lac. Une seule fois, Carl force Lina à se rendre là-bas. Elle emprunte le Petit Parc avant de tourner sur un rang escarpé s'éloignant de la route régionale. Carl a oublié le nouvel horaire de Zoey – une semaine sur deux pendant l'été. Il n'est pas venu chercher son fils le jour de l'échange. Lina a fini par lui téléphoner vers dix-sept heures pour réaliser que Carl prenait l'apéro sur le quai avec des amis de sa nouvelle blonde. Il avait bu pas mal, et ne pouvait pas conduire sa voiture. Lina travaillait le lendemain très tôt, elle avait dû se résigner à aller reconduire le petit. Si tout allait bien, elle serait de retour avant le coucher du soleil.

Lina fait monter Zoey dans la voiture, lance les valises dans le coffre, claque la portière. Pendant le voyage, Zoey vide toutes les larmes de son corps. Il ne veut pas aller chez Cindy.

Cindy.

Lina apprend son prénom.

Dans la voiture, Zoey pique une crise monumentale. Lina s'arrête deux fois sur le bord de la chaussée pour lui demander ce qui se passe. Elle conduit rapidement, en serrant fort le volant entre ses mains moites. Les pleurs de l'enfant sont profonds, désespérés, chacun de ses cris est un poignard qu'on plante dans le ventre de Lina. Elle serre les dents, fait jouer de la musique. Zoey hurle, défait sa ceinture et se couche sur la banquette arrière.

Après une demi-heure de crise, à bout d'énergie, il ne fait plus que renifler en répétant d'une voix faible, tremblante, « pourquoi ? pourquoi ? pourquoi ? ».

Ils ont encore vingt minutes de route à faire et le cœur de Lina est défoncé. Elle fixe la chaussée en prenant de grandes inspirations pour ne pas perdre son calme, ordonner à Zoey de se taire, pour ne pas mourir sur le coup. D'une voix maîtrisée, elle tente de lui expliquer que la garde partagée est une entente qu'il faut respecter, et ce, même si Carl est un parent immature, incapable de prendre ses responsabilités, trop saoul pour venir chercher son hostie de fils – la dernière partie, elle la garde pour elle.

Lina se stationne à reculons devant le chalet et entraperçoit une silhouette. Cindy sur le perron. Carl se précipite, souligne sa bonne humeur. Il sent la bière. Lina ne sourit pas. Ne dit rien. Carl se presse de sortir les valises de la voiture.

« Calvasse, vous avez ben du stock ! Tu pars-tu pour un mois, coudonc ? »

Il ébouriffe les cheveux de Zoey.

Cindy s'approche de Lina en lui tendant la main. Une fille plus jeune, qui doit bien avoir dix ans de moins que Carl. Une granola qui vit dans le bois, dégoulinante de blondeur et de paix intérieure. Elle porte des plumes aux oreilles, un haut de bikini sous une chemise de chasse et des tresses horribles, comme les gens qui jouent du tam-tam et pensent vivre en marge de la société. Qu'est-ce qu'une fille comme elle peut trouver à un gars comme Carl ?

Sauve-toi, ma pauvre.

Cindy lui serre mollement la main, touchée de rencontrer la maman de Zoey. Elle est suivie de près par un garçon. En bientôt un mois de fréquentation, Zoey n'a jamais mentionné le fils de Cindy à Lina. Un enfant élancé, qui le dépasse d'une tête, la bouche pleine de dents larges, cherchant leur place dans un espace étroit. Il porte un chapeau de Gilligan vert forêt, un chandail lousse à manches trop longues et un collier de billes en bois. Zoey va passer une semaine avec un petit être qui a entrepris la montée vers la puberté, un vieil enfant – dix ans ? – aux membres trop longs, au corps débalancé. Plutôt onze ans. Un gamin à l'aise, au regard charmeur, un châtain, un bleu. Laissé trop libre trop longtemps. Douze ans, peut-être. Le genre d'enfant qui fait du théâtre, qui mène ses propres projets, qui passe dans les journaux ou qu'on voit à la télévision – Lina le décrypte tout de suite. Un enfant bizarre, trop mature, au profil « artistique », qui s'exprime avec des grands gestes et qui n'a pas peur de défier les adultes. Onze ans, tout au plus.

L'admiration dans le regard de Zoey pince le cœur de Lina. Son fils est aimanté par les mouvements du plus vieux. On croirait qu'il assiste à un tour de magie, les feux d'artifice éclatent dans ses yeux. Il lance avec volonté : « Salut, Zachary ! »

Les adultes assistent à la scène en retenant leur souffle. Quelque chose d'archaïque se joue dans la rencontre, un rituel plus profond, moins lisible que ce qui se donne au regard. Lina vient d'apprendre son nom à lui aussi. Zachary. Plus tard, elle découvrira qu'il l'écrit avec un *y* à la fin. Le détail – elle ignore pourquoi – l'enrage.

Zachary lève une main. Il prononce un « yo » désengagé, s'approche avec nonchalance. Une confiance inhabituelle pour un enfant de son âge. Zachary regarde Zoey, lui sourit. Il met le nez dans le grand sac que Zoey porte. Zoey dépose son sac, lourd, sur le sol. Il a pris l'avant-midi pour le préparer, sélectionnant avec attention chacune des figurines, des peluches, chacun des jeux qu'il apporterait pour la semaine de vacances chez son père. Zachary étire le bord, plonge le regard dans le sac, puis révèle un assemblage de dents difformes.

Un sourire cruel, dédaigneux.

Zachary échappe un rire de parvenu, un rire qui veut dire : « J'ai passé cet âge-là, moi. » À son âge, on ne fait plus de sacs de jouets quand on va dormir ailleurs.

L'horreur tombe dans le regard de Zoey. Il lâche la poignée du sac.

La scène se rompt. Le rituel se remballe. Tout est joué. Carl monte la valise sur le perron. Cindy flatte la tête de son grand.

Lina demeure immobile au milieu de rien. Elle ne sait pas quoi faire, ignore ce qui suit, la prochaine étape du programme. Zoey s'approche d'elle pour la serrer dans ses bras.

Dire au revoir, voilà ce qu'il faut faire.

Elle se penche. Le visage de Zoey se contracte pour retenir ses larmes. Lina le serre fort. Il lui parle dans l'oreille, à voix très basse :

« Ramène mon sac, OK ?

– Ben non, mon loulou… Tu vas être content de l'avoir. »

Carl et Cindy sont prêts à entrer avec Zoey, mais Lina se sent obligée d'ajouter quelque chose. Comme toujours, elle en fait trop. D'une voix qui tremble, elle se retourne vers le gamin, Zachary.

« Regarde, c'est les jouets de mon gars. Pas les tiens. Zoey va te les montrer si ça lui tente. »

Le scorpion s'est éveillé, il a étiré son aiguillon pour piquer. Lina a parlé fort, d'une voix tordue par une colère qui n'a pas sa place.

La catastrophe tombe sur Zoey, son attitude change.

Il veut disparaître.

Zachary est pris au dépourvu. Il ne réagit pas avec arrogance. Lina en a trop mis, trop de venin dans sa morsure. Le garçon est désarçonné. C'est un enfant, après tout – dix, onze ans environ. Elle n'avait pas à lui parler avec autant d'agressivité. Se faire remettre à sa place par une inconnue, c'est inhabituel. Même pour lui.

Zachary se tourne vers sa mère. Le sourire faux de Cindy s'affaisse.

Il faut toujours que Lina dépasse les bornes et humilie tout le monde. Elle abandonne Zoey à sa honte, plus humilié par la réplique de sa mère que par la moquerie inoffensive du gamin.

En démarrant la voiture, Lina ouvre la fenêtre pour envoyer une dernière fois la main. Elle voudrait s'excuser, mais le mieux, c'est qu'elle débarrasse au plus crisse.

Elle ne ferait qu'aggraver les choses.

Zoey est sur le balcon. Il n'a l'air ni bien ni mal, paraît vide, résigné. L'autre est à ses côtés. Lina l'aperçoit dans le rétroviseur. Quand la voiture tourne pour emprunter le chemin de terre, elle le regarde encore. Son sourire ingrat, vissé de certitudes. Cindy n'a rien dit quand Zachary s'est approché pour se moquer de Zoey. Que Carl n'ait rien fait pour défendre son fils ne l'étonne pas. Elle sait que sous des airs dominants, c'est un lâche, purement et simplement. Cindy est sans doute l'une de ces mères laxistes, qui n'ose pas imposer des règles à son angelot. Zachary a surfé sur des permissions spéciales toute sa vie. Si le commentaire de Lina l'a assommé, c'est parce qu'on ne lui a jamais imposé de limites. Il fait partie de ces enfants détestables qui vieillissent trop vite parce qu'ils ont trop d'ascendant sur les adultes. Une pomme pourrie, qui s'attaque au sentiment d'émerveillement des plus jeunes. Zachary fait savoir aux autres enfants que les rêves, le jeu, l'imagination sont des choses méprisables. Que bientôt, comme lui, ils vont en avoir honte. À huit ans, Zoey a le droit de profiter encore des jeux d'enfant. L'imaginaire est primordial dans son développement, Lina l'a lu dans un livre.

Elle ne devrait pas laisser Zoey dans ce chalet tordu, malsain.

S'il devenait défiant ? Désillusionné comme l'autre garçon. Il y a quelque chose de mauvais dans cet arrangement. Quelque chose qui la dérange. Zoey a toujours été enfant unique, il a pu développer sa singularité à l'abri du regard des autres. Se trouver soudainement avec un plus vieux, n'est pas bon pour lui. Carl aurait dû y penser.

Le chemin du retour est noyé d'or pur, aveuglant. Pendant toute la route, Lina est assaillie par une impression difficile à nommer, informe. Une image se trace, s'évanouit dans l'ombre. Une poudre inédite a été déposée dans l'eau chaude. Elle infuse lentement, opacifie le liquide. Lina ne la connaît pas, elle ignore si l'infusion est bénéfique ou toxique. Elle prend une gorgée pour reconnaître le goût de la plante.

Dans son lit, juste avant qu'elle n'éteigne sa lampe de chevet, son inconfort se précise. En croisant le regard de Zachary, juste avant de partir, elle a perçu (a-t-elle halluciné ?) une menace.

Un air vague de défi.

– 48 –

Zoey n'a pas été aussi enfermé en lui-même depuis l'été. Lina aimerait avoir accès à ses pensées, elle aimerait voir ses spectres, connaître ses aventures, entendre les histoires qu'il se raconte. Elle ne sait pas comment procéder. Plus elle y pense, plus elle trouve ça étrange qu'il veuille partir. Il aime jouer dehors, voir ses grands-parents qui lui donnent des cadeaux même au Jour de l'an. Quelque chose achoppe. Lina n'arrive pas à donner sens au désespoir de Zoey.

Il adore sa cousine, mais aller (elle avale) à Québec pour le Jour de l'an ? Ce n'est pas lui. Lina se demande ce qui lui arrive. Elle cherche dans ses lectures, révise son gros bouquin. Peut-être qu'il veut fuir ailleurs pour trouver une forme de stabilité ?

Il adore le chalet, jouer dans la neige…

Zoey est couché depuis une heure. Il a laissé l'ordinateur allumé. Si Lina connaît une chose aux ordinateurs, c'est qu'il est très dommageable de les laisser ouverts toute la nuit. Les composantes risquent de griller, les disques durs de sauter. Des poissons tropicaux nagent dans les anémones de l'écran de veille. Le sous-sol est plongé dans une lumière reposante.

Lina bouge la souris. Le moniteur affiche un site Web coloré de roses et de jaunes éclatants. Des sortes de Barbie sourient sur l'écran. On n'a pas besoin de faire des publicités pour les enfants, pense Lina, ils vont les chercher eux-mêmes sur Internet.

Au bas de l'écran, quelque chose scintille. Une boîte avec un message. « Ewilan », c'est le nom de la personne qui écrit.

« T'es là ? »

Lina est tentée de répondre. Ewilan, quel drôle de nom. Qu'est-ce que ça veut dire ? Elle pense à ce garçon, Zachary. Son regard glaçant. Tout un scénario se développe en une seconde dans sa tête. Depuis que Carl n'est plus avec Cindy, Zoey entretient une correspondance secrète avec Zachary. Lina se croyait délivrée de ce gamin. Ça expliquerait beaucoup de choses. L'automne a été difficile, mais les crises de Zoey ont diminué en fréquence et en intensité. En août et en septembre, Lina devait s'en taper tous les jours. Des crises pour ne pas aller chez son père. Des crises à son retour. Il n'y avait rien à comprendre. Zoey ne savait pas ce qu'il voulait. Il commençait sans doute à réaliser ce qu'impliquait la séparation. Les émotions avaient fini par se manifester, à retardement.

Il a eu l'air tellement heureux et calme, le 25 décembre au soir. Qu'est-ce qui pourrait expliquer que Zoey, dans les derniers jours, soit déprimé ? Qu'il veuille s'enfuir à Québec ? Lina a tout essayé. Jouer avec lui. Cuisiner ce qu'il aime. Inviter une amie à la maison. Sortir au cinéma. Elle commence à se demander si Zoey ne fait pas une dépression – est-ce que ça se peut, un enfant dépressif ? Il joue sans conviction, se fatigue rapidement, ne négocie plus pour dépasser son heure de dodo. Dans sa chambre, elle a trouvé des dessins bizarres, un enfant (blond ?), les bras tordus, portant un masque de film d'horreur.

La tentation est trop grande. Lina doit comprendre ce qui ne va pas. Elle se sent comme une espionne qui s'apprête à infiltrer un lieu sous haute surveillance. Si Zoey parle encore à ce garçon douteux, elle doit le savoir. Agir rapidement. Elle tape sur le clavier :

« *Qui parle ?* »

Rien ne bouge. La boîte de clavardage reste muette. Une minute s'écoule. Peut-être davantage. Tout est perdu. Elle n'a pas posé la bonne question. Quelle hostie de question niaiseuse, en fait. Trop directe. Elle vient de révéler son stratagème. Son plan est à l'eau.

Une réponse apparaît :

« *Émie-Anne u stupid !?!?* »

Lina ferme la page.

Elle éteint l'ordinateur – pas de la bonne manière, en appuyant fort sur le bouton d'alimentation pendant plus de dix secondes.

Elle veut tout effacer au plus vite. Détruire les traces de sa manœuvre.

Elle avait tout faux. Elle oublie Zachary avec soulagement.

– 49 –

Depuis qu'elle est levée, sa mère a un air narquois qui ne lui dit rien de bon. Zoey a le sentiment qu'elle lui cache quelque chose, qu'elle joue dans son dos. Elle lâche la bombe pendant qu'ils sont en train de finir leurs tartines au Nutella :

« T'aimerais-tu ça que j'aille te reconduire chez Émie-Anne aujourd'hui ? »

Zoey reste la bouche ouverte, la fourchette en l'air. Il ne se réjouit pas, se demande si c'est une blague.

« Je le sais que tu t'ennuies d'elle... J'ai parlé à Sandra pis à Benoît tantôt, ça leur ferait plaisir que t'ailles passer quelques jours avec eux. Moi, j'irais faire le Jour de l'an chez matante Sophie, à Québec. Je reviendrais te chercher le premier au matin. »

Zoey chante, crie, hurle. Il fait des blagues, imite Georges de la Jungle en bobettes, se cache sous le lit de Lina pour lui faire peur. Sa mère met moins d'énergie dans la préparation de sa valise. Voir son fils aussi heureux de la quitter la heurte. En quinze minutes, toute la mélancolie de Zoey est disparue. On s'en fait pour des grandes choses, on s'inquiète du malheur des autres en leur prêtant des souffrances terribles, des secrets douloureux, quand souvent, ce sont des petites choses, de toutes petites choses qui sont à l'origine des pires tristesses. Lina l'apprend à la dure.

Zoey voulait passer plus de temps avec sa cousine.

C'est tout. C'est rien, mais c'est tout.

LE JOUR DE L'AN

If I were the moon, I know where I would fall down.

D. H. Lawrence
cité par Stephen King dans *Lisey's Story*

– 50 –

Émie souffle dans la cassette.

Un homme surgit du noir. Il porte un énorme sac à dos recouvert de masques, pousse un rire effroyable, qui résonne en écho. Émie presse sur « Start ». Zoey proteste.

« On va manquer des bouts d'histoire ! »

On sélectionne « New Game » et le jeu nous demande de choisir un nom, on a le vertige en pensant à tous les noms possibles, ils déboulent en désordre dans notre tête. On décide de mettre « Zelda » parce que c'est le titre du jeu.

Une petite blonde portant un habit vert promène son cheval dans une forêt nocturne. Les troncs gigantesques se perdent dans le ciel. À l'horizon brille une lumière délavée.

Émie pense que le personnage est un garçon. Pour Zoey, c'est évident que c'est une fille ; elle porte une jupe, s'appelle Zelda, ses cheveux sont cachés dans son bonnet, un long chapeau qui descend dans son cou comme une tuque queue de dragon.

On retrouve le cousin de Skyd, version méchante et épeurante, qui s'appelle Skull Kid. Il porte un masque mauve plutôt que blanc, un masque qui ne ressemble pas à un squelette, il rit de nous. Sa voix se démultiplie, comme si Skull Kid avait trois gorges pour s'esclaffer en chœur. Le corps de l'entité est renfrogné, retourné vers l'intérieur, il bouge bizarrement, encore plus bizarrement que Skyd, un pantin mal articulé. Il s'approche de notre cheval en traînant ses bottes tordues et en balançant les bras comme des pendules accrochés à son cou, il donne un coup de pied à notre petite fille, fouille ses affaires sans qu'on puisse faire quoi que ce soit. Émie appuie sur tous les boutons pour se défendre, mais Zelda reste allongée dans les pommes.

Le jeu commence pour vrai : à nous de contrôler le personnage. Émie caresse le joystick mou. Elle appuie sur tous les boutons, le vert, le bleu et les gâchettes arrière. On tourne, on saute, on fait des roulades en criant. On coupe du foin avec notre épée. C'est capoté comment c'est le fun couper du foin.

Quand elle crie, Zelda a plutôt une voix de fille, remarque Zoey.

Le vendeur de masques du début nous retrouve : « *You've met with a terrible fate haven't you ?* »

On a froid jusque dans les os en traduisant la phrase, elle ne parle pas à Zelda, mais s'adresse à nous directement, à travers la télé, perce dans notre poitrine et s'insère dans un coin sombre de nos terribles destinées.

Émie donne la manette, Zoey explore le village. Des hommes construisent des échafauds de bois, bâtissent des tours, préparent le carnaval. La ville est mêlante, divisée en quartiers et encerclée par une muraille gardée par des soldats. Parce qu'on n'est plus un enfant, mais qu'on a été transformé en créature végétale qui s'appelle Deku, personne ne nous fait confiance. Les villageoises nous traitent de bandit, on se moque de nous, on nous refuse l'entrée dans le magasin, on nous interdit de sortir du château. L'attitude des habitants à l'égard de Deku nous enrage, nous empêche d'avancer. Ils sont méchants, pense Émie ; comme Mamie et mononc Roch. Juste parce que Deku est différent, il n'a pas le droit de faire les mêmes choses. Pourtant, Deku est aussi fort que Zelda, capable de couper le gazon, lui aussi. Émie ne comprend pas pourquoi le village déteste autant notre petite plante, Zoey croit que les Dekus sont peut-être les ennemis des humains.

« Ça veut pas dire que tous les Dekus sont méchants… »

Émie donne un coup de coude à Zoey en pointant l'écran.

« Je t'avais dit c'était un gars. C'est marqué "Deku boy". *Boy* ça veut dire "gars".

– Ché ben… »

Être un Deku nous donne des avantages agréables. On pirouette pour couper les herbes au lieu de les trancher avec notre épée, on peut sautiller sur l'eau sans se noyer, planer dans les airs en utilisant des fleurs hélicoptères ou cracher des projectiles en forme de noix. On saute d'une plateforme à l'autre, on traverse des ponts, des échelles, on monte un escalier. On se perd et on meurt, mangés par des oiseaux ou des blobs verts. On ne comprend pas comment remonter le temps, comment jouer de la flûte, comment tuer les lézards cracheurs de feu, le jeu affiche « Game over » au moins cent fois. Au moins cent fois, on recommence. Le cadavre de Zelda gît sans vie sur le sol, ça nous serre la gorge. On échange la manette aux quinze minutes, on apprend les manœuvres, trouve des coffres qui renferment des objets utiles, des bombes, des arcs à flèches, des potions magiques. On ramasse d'autres masques. La transformation est douloureuse. Zelda hurle, son visage s'étire, se métamorphose. On emprunte des corps neufs nous permettant de faire des actions auparavant impossibles, d'ouvrir de nouveaux passages. On est un bonhomme rocheux qui soulève des pierres immenses et roule en boule pour se protéger des coups, puis une longue sirène qui nage à toute vitesse, glisse sous l'eau, torpille avec fluidité. La métamorphose modifie le poids du corps, le point de vue des habitants sur nous. Même l'environnement, les distances, les possibilités offertes sont profondément changés par la forme qu'on choisit de prendre. On découvre la liberté enivrante de la transformation, la joie de quitter son corps à volonté, d'expérimenter la grâce et la rapidité, les grands vols dans les airs ou la lourdeur, celle qui permet d'écraser des socles de pierre et de débouler en brisant tout sur son passage. Il n'y a pas de limite à la métamorphose, les images en trois dimensions nous ressemblent, elles sont changeantes, multiples, infiniment plastiques. En enfilant un masque, on peut se faire accueillir par une tribu, susciter la méfiance d'une autre. Le masque change, on devient autre chose encore et on nous parle comme à un ami.

Émie n'a jamais vécu une expérience aussi effrayante et aussi prenante. Elle a tellement peur qu'elle veut arrêter de jouer à plusieurs reprises, mais elle est incapable de lâcher la manette. On pénètre dans les donjons, s'enfonce si loin qu'on risque de ne plus jamais ressortir, les tunnels sont sans fin, on croit avoir tout vu, mais une nouvelle porte s'ouvre et dévoile un autre labyrinthe. On se sent comme un puceron perdu dans une colonie de fourmis, avec ses cavernes secrètes, ses galeries, ses passages, ses trous perdus, ses soldats agressifs, cannibales. À tout moment, Émie peut éteindre la machine pour que l'aventure s'arrête, que les monstres s'évanouissent. Elle se le répète en continuant d'avancer.

Le monde est vicié. Le malheur de Skull Kid a pompé dans les rivières des poisons toxiques. Le pays de Termina n'est pas ravagé par les voitures, les gens qui refusent de recycler ou qui arrosent leur asphalte, mais par la souffrance de l'entité trahie. Skull Kid a été abandonné par ses amis ; depuis, le démon s'est mis à jouer des mauvais tours, pille les fermes, intimide les enfants et les vieillards. Skull Kid a vécu seul pendant des milliers d'années, des milliers d'années passées à ruminer, à jouer dans sa blessure, à perfectionner sa hargne et sa rancœur. Le lutin n'est pas méchant, au fond. Émie a ressenti dès le premier instant cette étrange pitié envers lui. C'est le masque de Majora, ce masque maudit, qui le corrompt. Skull Kid a fait l'erreur de l'enfiler. Le masque agit comme ces insectes qui pondent des œufs dans le cerveau des humains, les contrôlent comme des autos téléguidées (Zoey a déjà eu une prof comme ça).

Skull Kid, le vrai, n'est plus aux commandes de son corps ; des forces sournoises agissent à sa place.

Émie et Zoey, sans communiquer autrement qu'en s'échangeant la manette aux quinze minutes, vivent la souffrance de l'entité démoniaque. Ils n'ont pas besoin de se parler pour savoir ce que l'autre vit, même pas besoin de se regarder dans les yeux. Ils suivent la même histoire, et la comprennent avec cet esprit plus grand qu'est la faculté commune de ressentir. La première ecchymose donne naissance à toutes les catastrophes, ils connaissent la saveur particulière (sang ferreux, herbe coupée) de la plus sournoise négation. Le bien, le mal, ça n'existe pas. Ils forment avec Skull Kid une famille bizarre, quelque chose les relie à ce lutin cabossé, plié, qui souhaite voir le monde exploser.

Notre mission scintille d'urgence.

Skyd, c'est certain, doit avoir un passé semblable, un passé de méchant de jeu. On veut le sauver, devenir ses amis, le libérer du masque infâme qui l'isole du monde et l'enferme dans sa terrible destinée à lui. On veut voir Skyd avec un regard neuf, profiter enfin du sentiment doux de le comprendre, comme on croit enfin comprendre intimement tous les vilains du monde. On irait au bout de n'importe quel donjon pour le libérer. Lui dire que ce n'est pas lui, le vrai méchant. Qu'il possède au moins deux indéfectibles amis sur terre.

– 51 –

« Vous faites rien que ça jouer depuis hier. »

Les heures s'écoulent, Benoît vient nous voir, un peu fâché, pour nous proposer d'autres activités. Damien, son neveu, a perdu un jeu vidéo à Noël et Émie a sorti cette cassette flambant neuve de nulle part. L'aurait-elle volée ? Si Benoît pose la question, Émie risque de rouspéter, d'exploser de rage, de pleurer pendant des heures comme elle le fait, parfois. Moins souvent, maintenant – avant Émie les criblait régulièrement de coups de pied, de coups de poing. Benoît veut à tout prix éviter une chicane. Elle n'a pas pu voler le jeu, Benoît chasse cette idée en pensant qu'il doit tout de même imposer des limites à sa fille.

Ça leur tente pas d'aller dehors. Ils sont déjà dehors, là-bas, dans le jeu. Un dehors plus riche, plus dangereux. Ils mettent leur game sur pause, descendent manger, les yeux morts de fatigue, en deux bouchées avalent un sandwich, puis remontent en vitesse l'escalier qui mène au deuxième, ils courent jusqu'au fond du corridor pour rejoindre la chambre. Le premier qui arrive commence la partie.

Dans l'après-midi, Zoey et Émie cèdent au harcèlement de Benoît et acceptent d'aller dehors au moins une heure. La souffleuse a créé une montagne de neige haute comme la porte d'entrée. Du sommet, ils peuvent presque voir l'intérieur de la chambre d'Émie-Anne, par la fenêtre du deuxième étage. Le quartier est différent de celui où habite Zoey, à Chicoutimi. Les maisons sont hautes, au moins deux étages, et elles ont toutes un garage. La rue ressemble à un corridor emmuré par les grands arbres, les haies de cèdres, les voitures endormies. Il n'y a pas un son. Le ciel est bleu et le soleil éclate sur la neige. La rue glacée est trouée par des grains de sel. Émie s'en met un dans la bouche, le recrache en grimaçant. Zoey pense que c'est toxique. Une voiture passe, la première depuis qu'ils sont sortis. On dirait que personne ne vit ici, que tout le monde est ailleurs.

Armés de pelles en plastique rose et mauve, Émie et Zoey creusent dans la montagne, déplacent les lourds rochers de glace compacte, les font débouler sur la chaussée en les poussant avec leurs bottes d'hiver. Le travail donne chaud, les cheveux d'Émie sont mouillés, collés contre son front humide sous la tuque.

Zoey n'est pas certain de pouvoir atteindre le Dôme à partir de n'importe quel trou dans la neige.

« Je suis sûre que ça marche ! C'est un monde magique, pis les mondes magiques, tu peux y aller de n'importe où, d'habitude », répond Émie.

Leur tunnel commence à être creux. Tout au fond, la lumière ne se rend plus. S'ils continuent, pense Zoey, ils vont finir par gratter la pelouse. Émie démolit une motte de neige en donnant des coups de pied vigoureux. Le bloc se défait en poudre blanche. Derrière apparaît une ouverture.

« Je te l'avais dit », fanfaronne Émie.

Ils rampent dans le noir.

Si leurs estimations sont justes, ils ont jusqu'au retour de Lina pour trouver comment entrer dans le donjon. Dans le Dôme, la porte du temple les nargue de sa présence majestueuse. Zelda a beau ramasser des dizaines de clés dans le jeu, Zoey et Émie ne perçoivent aucun indice sur l'endroit où la clé du portique vert pourrait se cacher.

Ils font le tour du Dôme deux fois, rien de nouveau. Le plus probable, pense Émie, c'est que le masque dévore Skyd avec la dernière seconde de l'année 2004. Après, elle ignore ce qui va se passer. Mais ça sera certainement mortel pour lui, et il faut que Skyd soit en santé si on veut qu'il fasse tomber la lune sur la terre.

Un papillon de nuit passe dans le regard de son cousin.

« C'est notre chance, Zoey ! On détruit tout pis on recommence à zéro. »

Émie n'a même plus l'air de croire à son plan diabolique, elle y reste accrochée comme par principe. En voyant la réaction de son cousin, elle roule des yeux. « L'important, c'est sauver Skyd. »

Là-dessus, ils sont d'accord.

Ils tombent sur sa tanière en errant dans les tunnels. La bête est alitée. Skyd semble dans un piteux état. Les traces blanches se sont répandues, sa peau n'a plus la texture de l'écorce grise, elle est recouverte d'une couche galeuse, floconneuse et raide. On a envie de l'arracher, mais on sait qu'il souffrirait le martyre, on ne veut pas qu'il saigne de son épais jus noir partout.

Ils ressortent du banc de neige. Le soleil se couche tôt en décembre, à quinze heures Benoît autorise les enfants à rentrer. Sandra met les vêtements d'hiver à sécher au-dessus des plinthes du garage. Les enfants jouent toute la soirée et s'endorment tard. En se levant pour aller faire pipi, Zoey voit la lune basse, qui plane à quelques mètres du sol. Elle effleure le toit de la maison d'en face.

Dès qu'Émie se réveille, elle allume le Nintendo 64. Il est encore tôt, ils ont du temps avant que les parents n'ouvrent les yeux. Les notes inquiétantes de l'orgue réveillent Zoey, qui dort sur son matelas de sol. Sa cousine veut avancer le plus possible, elle a l'espoir qu'un indice nous sera donné si on passe la cassette.

Ça cogne à la porte de la chambre. Benoît vient les chercher pour le petit déjeuner, il apparaît dans sa robe de chambre, les cheveux dépeignés.

« Après, vous lâchez le Nintendo. »

C'est au tour d'Émie d'avoir le contrôle de la manette. Elle est en pleine bataille contre un œil géant recouvert de bulles roses, elle lui lance des bombes, des flèches, fait rebondir des bulles à grandeur du donjon.

« Tu m'entends-tu, Émie-Anne Lamontagne ?

– Oui…

– Ferme ton jeu. Je te le demanderai pas deux fois.

– Je peux pas !

– On vous a faites une belle salade de fruits.

– On finit notre bataille ! »

Émie parle bête à ses parents, avec un ton que Zoey n'oserait jamais emprunter, mais qu'il trouve quand même badass.

« J't'occupée, tu vois ben !

– Parle-moi pas sur c'te ton-là, jeune fille.

– Décâlisse. »

Benoît se fâche, s'approche du Nintendo avec des grands yeux fous, cernés de noir. D'un geste exagéré, théâtral, il arrache la cassette. L'écran de la télé devient bleu, la fente grise dans la console se referme. Vide. Ça nous prend quelques secondes pour réaliser ce qu'il vient de faire.

« T'es fou, hostie. »

Il y a de la rage dans la voix d'Émie-Anne. On a perdu notre partie. Va falloir recommencer le jeu au complet. Skyd va mourir. Elle se lève en criant.

« DONNE-MOI ÇA ! »

Elle saute sur le bras de son père.

Benoît la repousse, tient la cassette dans les airs.

« T'avais juste à m'écouter. Vous faites juste jouer à votre maudit jeu depuis que Zoey est arrivé. »

Benoît retourne la cassette, ses lèvres se serrent et ses sourcils se froncent. « C'est pas le jeu à Damien, ça ? »

Il a pas pu s'en empêcher.

On ne sait pas quoi répondre, son ton oscille entre la question et l'affirmation. Émie revient vers lui, tente de lui ouvrir les mains.

« Ben non crisse de niaiseux, c'est Zoey qui l'a apporté de chez sa mère.

– Ton langage !

– Tout le monde l'a, c'te jeu-là. C'est pas rare pantoute. »

Émie tire sur ses doigts, mais Benoît maintient sa poigne ferme. Il se dirige vers le couloir. À court d'idée, Émie sort les dents et les enfonce dans la main de son père. Elle sent l'os dur gratter contre ses canines de vampire.

« Voyons donc tabarnaque ! »

Benoît secoue la main, repousse Émie et échappe la cassette. Le boîtier de plastique doré fait un arc, il s'écrase au sol, près du lit de Zoey. Il aurait pu tomber sur le matelas, mais il heurte directement le plancher de bois franc, à quelques centimètres des coussins. La cassette émet un craquement inquiétant.

Tout le monde fige.

Zoey se penche pour ramasser le jeu. Dans ses mains, deux morceaux de plastique gisent, éventrés. La cassette est fracassée. L'intérieur du boîtier n'est pas doré comme l'extérieur, il est gris, sans vie et sans valeur. Les organes internes de circuits électroniques verts sont exposés au grand jour.

Benoît n'a même pas l'idée de chicaner Émie pour sa morsure. Il s'empresse d'examiner le jeu, de regarder ce qu'il peut faire. Il se tourne vers sa fille avec un air piteux : « J'vas essayer de vous le réparer... »

Émie fixe le mur, muette, froide comme une statue. Benoît quitte la pièce en marchant doucement, comme s'il ne voulait pas faire de bruit, ne pas réveiller le caractère vengeur de sa

fille. Il nous laisse en paix en partant avec notre *Zelda*, notre jeu adoré, notre seule raison de vivre.

Émie s'affaisse sur le lit de Zoey en cachant son visage dans ses mains. Son dos remue comme si elle vomissait. Ses pleurs ont l'air douloureux, ils forcent leur chemin vers le dehors. Son corps ne résiste plus. Zoey la voit craquer pour la première fois, Émie est une dure, qui ne montre jamais la tristesse, qui préfère mordre en retour quand on l'agresse. Elle réalise que tous leurs efforts, toutes les énergies investies pour terminer le jeu dans l'urgence viennent de disparaître à cause de son crisse de père de marde. Hostie que les adultes servent à rien ; à rien, à part nous retarder, nous empêcher de faire des choses importantes. Zoey lui prend l'épaule, elle le repousse. Qu'il la laisse tranquille un peu. Émie a besoin de vivre ses émotions brouillées, confuses. Son cousin la secoue.

« Émie, Émie. »

Mais que c'est qu'il veut, fuck de crisse ? Elle lui fait son regard le plus dévastateur. Le visage d'Émie est enflé, ses yeux gonflés, mouillés. Ses lèvres sont closes, tendues. Zoey ne serait pas étonné de voir apparaître dans sa bouche des dents pointues, pleines de sang.

Son cousin a une face de baveux. Le grand sourire fendu jusqu'aux oreilles, extatique. C'est quoi son hostique de problème ? Émie enrage. Elle cherche une manière de mettre la faute sur ses épaules, de décharger la responsabilité sur son sourire fendant.

Zoey tient quelque chose dans sa paume.

Une clé d'argent.

« C'était dans la cassette. Elle avait glissé en dessous du lit. »

Le visage d'Émie change. Elle essuie sa morve avec sa manche, s'empare de la clé, la place sous la lumière de la lampe de chevet, la retourne dans tous les sens. Une toute petite clé, bien ordinaire, qui pourrait débarrer n'importe quoi.

« Faut qu'on l'essaye. »

– 52 –

À quoi ça sert le Jour de l'an ? C'est une invention d'adultes pour faire chier les enfants, la fête la plus plate du monde, pas de cadeaux, pas de jeux, rien. Tout est tendu vers le soir, à minuit, où il faut embrasser les vieux mononc qui sentent le parfum, se faire souhaiter le succès dans nos études par les matantes et peut-être un petit amoureux, héhéhé.

Émie-Anne aimerait mieux mourir.

Elle décide que le 31 est un jour comme les autres. Les adultes le fêtent juste pour avoir des raisons de s'asseoir autour d'une table, de parler et de boire du vin à l'infini. Si on reste avec eux-autres, on va crever d'ennui.

Benoît et Sandra accueillent leurs amis un à un, de purs inconnus ou des gens qu'Émie déteste de tout son être. En les saluant, elle s'amuse à faire ce qui s'approche le plus d'une grimace tout en continuant de sourire. Zoey est hilare dans son coin.

« Ça va être une fête d'adultes ce soir. On va vous installer en bas. Vous allez pouvoir descendre la Nintendo. »

Émie repense au monde de *Zelda* avec ses chevaux, ses batailles à l'arc, ses explorations de déserts, de glaciers. Son cœur se serre. Benoît n'a pas réussi à réparer la cassette. Il l'a recollée avec de la colle chaude, mais le Nintendo refuse de la faire jouer, comme s'il voulait nous punir pour notre vol.

« Les grands vont manger de la fondue jusqu'à tard – on va vous faire des croquettes de poulet. Vous aimez ça les croquettes ? Après ça, nous-autres, on va écouter le show de Noël d'Isabelle Boulay que papa a enregistré. Et peut-être danser un peu. »

Des adultes qui dansent ! C'est la pire horreur, le pire cauchemar jamais vu, Émie déteste voir les adultes danser, ou avoir du plaisir en général. Peu de choses lui font autant honte que sa mère qui s'amuse, qui lâche son fou, Sandra est maladroite dans la joie, comme si elle n'était pas faite pour avoir du fun. Elle arbore un grand sourire faux et fait des gestes exagérés, pousse des bruits de gorge qui hachurent son rire de génie malsain. Émie frémit d'horreur rien qu'à y penser.

Sandra leur descend un plateau gigantesque de croquettes de poulet avec des crudités qu'on se fera un plaisir de laisser sécher dans l'assiette. Benoît a installé le Nintendo 64 sur la télé du sous-sol. Ils peuvent fermer la porte pour ne pas entendre les bruits d'en haut. Ils ont plein de DVD, des jeux de société, des Playmobil, des sleeping-bags, des toutous pis des oreillers pour dormir.

« S'il y a quoi que ce soit, vous montez nous chercher, okay ? »

Une fois les adultes disparus, la mauvaise humeur d'Émie s'envole. Le scénario est parfait. On a notre royaume au sous-sol et plein de temps devant nous. On prépare notre mise en scène. La télé joue un film interminable, *Le Seigneur des anneaux*, on met la version longue par exprès, même si c'est la plus plate. Les sacs de couchage sont remplis de coussins et de peluches pour que les parents (qui ne feront pas l'effort de descendre l'escalier) pensent qu'on s'est endormis. On fait notre inventaire : une lampe de poche, Émie porte sa montre Razmoket, Zoey a la clé d'argent. Ils ont introduit subrepticement leurs vêtements chauds et leurs bottes d'hiver dans le sous-sol, enfilent leurs soutes, ignorant quelle température il peut faire dans cette destination inconnue qu'ils s'apprêtent à rejoindre, derrière les portes du temple.

Est-ce que ça nous prend autre chose ? On ne croit pas.

On entend la porte du sous-sol s'ouvrir en haut de l'escalier.

« Émie-Anne ! Zoey ! Y a quelqu'un qui veut vous voir. »

C'est qu'ils nous veulent ? Les adultes vont jamais nous laisser tranquilles ; on se regarde en roulant des yeux. On enlève nos habits d'hiver en vitesse pour n'éveiller aucun soupçon. Ça sent le complot à plein nez. Ça pue le plan d'adultes qui veulent nous empêcher d'accomplir notre sauvetage ultime, notre acte terroriste, notre mission de liberté.

« Venez-vous-en ! »

Émie et Zoey remontent l'escalier en se traînant les pieds. Des hurlements mélangés à des rires d'adultes éclatent dans la cuisine. Zoey regarde Émie, découragé : « Sont déjà saouls. »

Sandra s'approche en écartant les bras.

« Regardez qui vient d'arriver, mes trésors ! »

On se retourne vers l'entrée. Josiane est devant la porte, elle enlève ses longues bottes à zippeur.

« Josiane ! »

On lui saute dessus, on caresse ses beaux cheveux de princesse, on lui enlève ses lunettes pour les essayer et faire nos belles, on arrache ses boucles d'oreilles, on met nos pieds dans ses grandes bottes, on fouille dans sa sacoche. Mononc Mario est jaloux, il veut nous prendre dans ses bras, mais on s'en fout, de lui. On est tellement fous d'amour pour Josiane qu'on lui ferait mal, qu'on la croquerait tout rond, on mangerait ses joues roses, parfaites, ses beaux cils de biche, son nez retroussé, on a le goût de l'amener avec nous dans le Dôme, de lui présenter Skyd pour qu'elle l'épouse, d'en faire notre alliée, notre reine, notre monture qui nous ferait traverser les forêts les plus sombres. On la nourrirait en la faisant manger dans nos mains, on lui caresserait la tête et on l'attacherait pour pas qu'elle se fasse capturer par des brigands.

« Viens avec nous en bas, lui chuchote Émie-Anne dans l'oreille. On a quelque chose à te dire. »

Le ton impérieux de la petite ne laisse aucune place à la discussion. Josiane suit les enfants surexcités, ils sont énervés, dévalent les marches si vite qu'elle a peur de voir Émie ou Zoey tomber et se fracasser le crâne sur le béton du sous-sol.

L'espace télé est recouvert de carrés de mousse multicolore, assemblés comme un casse-tête, tapis moelleux qui coupe la fraîcheur du sol glacé. Un bordel inimaginable de toutous assis en rangées, de châteaux de princesses en plastique, de crayons de feutre, de papier construction, meuble le royaume des enfants.

Émie et Zoey enfilent des masques découpés dans des feuilles blanches, sur lesquels ils ont fixé une ficelle. Ils font des drôles de danses saccadées en bougeant les mains autour de la tête et en répétant « skydskydskydskydskyd » comme des fous. Zoey veut que Josiane prenne part au rituel. Il lui donne un masque qu'elle revêt en prenant soin de ne pas défaire sa coiffe. On s'assoit les trois ensemble sur le tapis coloré et Josiane attrape le drap pour nous faire une cabane. Émie allume la lampe de poche et s'éclaire le visage par le bas, comme pour raconter une histoire épeurante.

« À soir, Josiane, on a une mission de sauver Skyd. C'est pas la fête, pour nous. Pis il faut pas que les grands le sachent.

– Mais je suis grande, moi », répond Josiane avec un sourire en coin.

Zoey balaie sa réponse d'un geste de la main.

« C'est pas pareil.

– On veut que tu nous aides. Pour notre mission, faut aller ailleurs, dans un autre monde, de l'autre bord d'une grande porte dangereuse. »

Josiane se tourne vers la porte verte de l'atelier de Benoît, au fond de la pièce.

« C'est plus loin ! Une porte secrète au bout d'un tunnel.

– Ah, okay.

– On peut pas toute t'expliquer.

– Tu comprendrais pas.

– Tu pourrais-tu nous aider ? » demande Émie, presque implorante.

Josiane sourit à pleines dents.

« Ben oui, c'est sûr. J'adore les missions. »

Les yeux de Zoey et d'Émie s'illuminent.

Ils partent dans des grandes explications incompréhensibles, parlent l'un par-dessus l'autre avec entrain, les mots déboulent, une clé, une maladie étrange, une bestiole en danger, un tunnel sans fond, la lune qui va tomber sur la terre.

« On va t'amener dans le Dôme avant que ça arrive. On n'a pas le goût que tu meures écrasée.

– Merci, c'est fin. »

Josiane ne comprend rien ; elle en comprend juste assez. Son rôle est d'empêcher leurs parents de venir, de se charger de la surveillance, de descendre faire les tours de guet pour pas qu'on s'inquiète quand les enfants vont être partis, disparus dans l'autre monde.

« J'ai compris, dit-elle avec un clin d'œil. Mais avant de vous laisser partir, j'ai une condition. »

Émie la regarde avec un regard méfiant, presque douloureux. Serait-elle en train de les trahir, de faillir à la tâche ?

« Donnez-moi la main. Avant votre aventure, il faut faire un sortilège de protection. »

L'évidence passe dans leurs yeux. Ben oui ! Un sortilège de protection… Comment ça se fait qu'ils n'y ont pas pensé ?

Deux petites mains s'emparent des grandes mains crémeuses de Josiane, les serrent fort. Josiane s'apprête à parler, mais sa voix casse. L'émotion monte, elle ne comprend pas pourquoi, pourquoi la scène la bouleverse. Qu'est-ce qui lui arrive ? Qu'est-ce qu'elle ressent ? Josiane travaille tous les jours à identifier les émotions de ses patients ; pourtant, à l'instant, quelque chose surgit qu'elle ne déchiffre pas. Elle tente de masquer le tremblement qui s'empare de sa gorge.

« Faut que vous répétiez après moi. Esprits de la protection…

– Esprits de la protection.

– Accompagnez-nous dans notre mission…

– Accompagnez-nous dans notre mission.

– Donnez-nous du courage…

– Donnez-nous du courage.

– Et de la chance !

– Et de la chance.

– Pour affronter les pires dangers.

– Pour affronter les pires dangers. »

La magie opère. L'air se transforme, les esprits se manifestent. On sent des caresses de puissance, des chatouillements de gloire. Des mains invisibles enduisent nos fronts de potions magiques, d'huiles répulsives, nous glissent autour du cou des talismans secrets.

On est prêts.

Zoey est rempli d'une force qu'il n'a jamais ressentie. Il a en lui le pouvoir d'accomplir de grandes choses, l'idée l'enivre, l'effraie. Une lumière dorée rayonne au creux de sa poitrine, un cercle d'or qu'il perçoit pour la première fois. Émie n'a plus peur. Toute la journée elle a imaginé les pires scénarios sans en parler à personne, assaillie par des images d'enfants morts, d'enlèvements, de cadavres chauds dévorés par des crocs luisants. Le futur inquiet ne colle plus. Elle plonge dans le noir sans craindre ce qui se cache de l'autre côté.

Josiane nous prend dans ses bras en nous souhaitant bonne chance. En remontant l'escalier, elle se dit que c'est tout de même précieux, l'enfance. Peu importe ce qu'il nous arrive, on a toujours un monde secret à portée de main, un royaume merveilleux où l'on peut s'enfuir à volonté. Elle payerait cher pour retourner dans le temps, vivre des aventures incroyables dans le sous-sol d'une maison. Elle referme la porte, la gorge nouée.

On lance le film, s'habille en vitesse, tuque, mitaines, bas de soute.

L'atelier de Benoît, à l'autre bout du sous-sol, est un endroit inquiétant, un portail vers un autre univers. De grands établis s'étendent des deux côtés, des boîtes de carton s'empilent partout, grimpées jusqu'au plafond. Des décorations d'Halloween nous font des grimaces épeurantes. Un ange criminel est emprisonné dans un bac de plastique, la tête à l'envers. Il nous fixe de ses yeux de noyé à travers la paroi transparente. Des skis, des bâtons, des lances et des armes appartenant aux chevaliers de temps révolus sont suspendus dans les madriers du plafond. Les murs présentent toutes sortes d'instruments de torture, des pinces, des perceuses à crâne, des arracheuses de cervelle tenues par des crochets.

Zoey traverse en vitesse. Émie se rend jusqu'à l'escalier du fond. Les quelques marches mènent à une porte sans fenêtre qui donne vers l'extérieur, sur la cour arrière. Elle tourne le verrou coincé en forçant. Une bourrasque neigeuse pénètre dans l'atelier. En haut des marches, la nuit noire. Dans le ciel flotte le sourire malveillant de la lune, qui lorgne la maison avec appétit.

– 53 –

Retrouver le chemin du Dôme est fastoche. Le tunnel qu'ils ont creusé hier est recouvert de neige. Émie et Zoey déblaient l'ouverture et plongent dans le terrier glacé.

Un temple dont on possède la clé intimide moins qu'un temple verrouillé à double tour. Le portique en pierre émeraude domine la pièce noire, troue la paroi cendreuse.

Émie est prise d'un doute – et si la clé marchait pas ? Ça serait la catastrophe. L'aventure se terminerait abruptement, bloquée sur un level trop difficile, une devinette incompréhensible.

« Faut se grouiller. »

Parce qu'il a trouvé la clé d'argent, c'est à Zoey de s'avancer vers la serrure. La clé pénètre sans peine, tourne. Quelque chose se fendille dans les murs. Le sol tremble. Des grenailles tombent du plafond, des fragments se défont. Pendant une seconde, ils pensent que le Dôme va s'effondrer sur leurs têtes. Les blocs de marbre se descellent, la porte se relâche. Une faille s'ouvre entre les deux battants de marbre.

Émie chante la petite chanson qui joue quand on résout

une énigme dans *Zelda* : « *Tala-lala-daladam !* » Zoey affiche un sourire triomphal, qui gagnerait tous les concours de sourires triomphaux.

Le masque gravé au centre de la porte se plie vers l'intérieur. Ils poussent chacun leur battant et s'enfoncent dans quelque chose dont ils ne connaissent pas le nom.

– 54 –

Ils descendent un escalier flottant, tourbillonnant de matière noire, qui s'enfonce dans les souterrains, plus profonds que n'importe quel sous-sol de n'importe quel quartier résidentiel. Il y a sous nos chambres et nos salles de jeux des étages inconnus, des mondes secrets, Émie et Zoey ne voient pas le bout de l'étroit escalier aux marches inégales, mais en levant la tête, un spectacle inouï s'offre à eux. Les maisons du quartier reposent sur une grande vitrine, elles se découpent, renversées, dans le plafond noir, un damier de sous-sols qui compose le ciel étoilé de ce monde étrange. Les entrailles des habitations du voisinage sont visibles d'ici. Au-dessus de leurs têtes s'étend un plan d'urbanisme en négatif, une ville de *Sims* retournée sur elle-même, dont on ne voit que les espaces les plus secrets. Émie reconnaît des chambres, des ateliers, des salles de bains où des formes humaines fourmillent. De grandes rues, bandes opaques et sans couleur, divisent les agglomérations de rectangles.

Zoey pointe une femme debout devant un miroir, le dessous de ses pieds tient dans le vide. Émie repère une autre case, tout en haut. On reconnaît l'escalier vers le rez-de-chaussée, le sofa, le meuble de télévision, inversés. C'est chez elle.

On atterrit sur un rocher froid. Émie imaginait, en entrant dans ce pays ténébreux, un décor conforme aux livres et aux films qu'elle préfère : un duché peuplé de paysans, un grand château, un monde avec des elfes, des nains barbus, des plaines herbeuses et des cavernes à dragons. Elle allait être la descendante de quelque royauté oubliée, bafouée par des traîtres, ses parents biologiques ne sont-ils pas originaires de quelque univers surnaturel, où des princesses débrouillardes défendent le palais contre des espions malveillants ? Émie mettrait le pied au royaume et on la reconnaîtrait aussitôt : l'héritière d'une lignée de magiciens puissants. L'Élue qu'on attendait pour rétablir la paix.

Le sous-sol du Dôme ne mène pas à un Moyen Âge de contes de fées, mais à une caverne sombre pire que les donjons de *Zelda*, une grotte gigantesque dont on ne voit pas les limites, un espace infini et désert, traversé d'échafaudages qui plongent dans le vide, des rangées et des rangées de passerelles recouvertes par des toiles immenses. On a l'impression que des ouvriers ont abandonné les lieux en plein ouvrage, la certitude vague que ce monde, bien que désert, doit être peuplé.

On croit entendre une rivière au loin, à moins que ce soit le bruit du vent qui souffle d'on ne sait où. Des formes pierreuses se découpent sans couleur, le paysage vallonne en trois dimensions, se hisse pour former un promontoire rudimentaire, pointu comme une dent de requin. En dessous coule un fleuve sombre, opaque, parfaitement noir. Zoey allume sa lampe de poche et la pointe dans le vide. La lumière est avalée. Il ne comprend pas ce phénomène optique, se frotte les yeux, l'eau, la pierre, le ciel, semblent construits d'une même matière buvant toute la lumière. Les objets n'ont plus de contours – pourtant il les distingue. Est-ce qu'il a perdu la faculté de voir les couleurs ? Il repense avec nostalgie au bleu, au vert, au jaune. Peut-être qu'en remontant, le monde réel sera pris dans un même noir d'encre. Il lève la tête. Dans le fond secret des sous-sols, les couleurs oubliées s'effacent.

L'air est humide, mais confortable. Ils enlèvent leurs habits de neige et les laissent en tas près de l'escalier avant d'explorer les environs. Le sol est recouvert de fentes dans lesquelles on risque de se prendre les pieds si on ne fait pas attention. Quand on se tient juste au bord du canyon, des vents tièdes nous balaient le visage. Les madriers d'un pont en bois grossier, fixés avec des cordages épais, prennent appui sur la crevasse. Ils nous invitent à le traverser de son grand sourire suspendu, qui ploie vers le bas. De l'autre côté du précipice, il fait trop obscur pour qu'on distingue quoi que ce soit, sauf un ciel sombre, quadrillé, travaillé par des changements de texture discrets.

Émie n'aime pas cet endroit. Elle a du mal à oublier son monde rêvé, ses chevaux et ses prairies verdoyantes. Elle voulait voir des couleurs, pas des variations infinies de noir. Remonter la tente une seconde, mais Skyd est malade et elle a une tâche à accomplir.

Zoey attire son attention. Derrière l'escalier, à quelques mètres à peine en direction opposée, se dresse la lisière d'une forêt sombre, démesurée, peu invitante. Tellement noire qu'ils ne l'avaient pas vue. Une forêt intérieure. Jamais ils n'auraient pensé voir des arbres aussi hauts pousser dans une grotte. Sommes-nous dedans ou dehors ? Zoey n'est plus certain ; ils sont passés par la montagne de neige pour s'enfoncer sous terre, pourtant, il a l'impression d'un espace clos. Il fait frais, mais pas aussi froid qu'à l'extérieur. Les allées d'arbres géants et de buissons denses forment une muraille dont on ne distingue ni le début ni la fin. Le paysage fait remonter en eux des histoires d'enfants perdus, de meutes de loups affamés et de sorcières mangeuses de chair.

À choisir entre une forêt et un pont, on choisit le pont. Il est soutenu par de grands arcs en bois, une construction bâclée dont le caractère brut, rabouté, leur rappelle les meubles de la maisonnette de Skyd. Le cordage hirsute fait mal aux mains, ils avancent prudemment, en testant chacune des planches avant de déposer leur pied. De l'autre côté, une crevasse invitante s'enfonce dans le ventre de la terre.

« On commence à être loin. »

Sur le visage d'Émie passe une ombre anxieuse.

« Tu veux-tu qu'on s'en retourne ? »

Émie fait « non » de la tête. Elle jette un dernier coup d'œil aux dessous secrets de son quartier. Des gens inversés, comme en négatif, grouillent dans leurs pièces miniatures. Émie ne reconnaît plus aucun des sous-sols qui s'animent au-dessus d'elle.

Le sentier ressemble à un labyrinthe. On s'enfonce dans la pierre, avance en longeant les parois. Des planches de matière noire recouvrent imparfaitement des ouvertures clouées, rondes comme des dégâts de boulet de canon. Le ciel est invisible, incomplet. Émie et Zoey se perdent dans le sinueux intestin de la crevasse rocheuse, se demandent s'ils vont finir par arriver au bout du sentier, s'ils ne devraient pas faire demi-tour pour explorer la forêt, quand une différence s'impose dans la régularité du parcours. Un mur. Un terme, un point d'arrivée. Un puits aménagé dans la matière géologique, une clairière dans une jungle pétrifiée, lisse et froide.

Le cul-de-sac présente deux ouvertures découpées, taillées dans la muraille, des trous plus que des portes, arrondis, violemment arrachés à la matière lacérée. Si le roc pouvait saigner, ce serait un carnage ; Émie imagine un sang pierreux couler de plaies minérales. Chacune des ouvertures est ornée d'un dessin à la craie qui nous renverse le cœur. Deux bonhommes allumettes, joyeusement effrayants, arborent des sourires cruels. On les replace tout de suite. Celui de gauche a une frange et des cheveux carrés, il porte un manteau long et des bottines. L'autre a une coupe champignon, un manteau gonflé comme une guimauve et des mitaines. Zoey se reconnaît et déteste la sensation, il sait que l'image le représente, il sait aussi que ce n'est pas *lui*, qu'il ne cadre pas avec la perception proposée par cette esquisse. Le visage du bonhomme allumette est insouciant, son regard vide, son sourire stupide. Zoey peut donc ressembler à cela dans les yeux de quelqu'un d'autre. Mais de qui ? Émie se demande si Skyd a tracé lui-même ces dessins étranges. Comment aurait-il pu descendre ici sans avoir la clé du portail ? C'est impossible ; elle le revoit, malade, couché dans son lit.

« Pas question qu'on se sépare », lance Zoey, sur la défensive.

Il est clair pour lui qu'on leur demande d'emprunter des chemins différents. Qu'il faudrait, à partir de maintenant, scinder l'aventure. C'est ce que ces drôles de dessins à la craie exigent. Partir seule de son côté est inenvisageable, Émie aimerait mieux retourner chez elle et oublier Skyd, les clés, les jeux de *Zelda* à tout jamais. Elle hausse tout de même les épaules pour faire savoir à son cousin qu'elle n'a pas peur.

« Okay d'abord. Mais on commence par ma porte. »

Zoey accepte le compromis. Émie dépose sa botte sur une marche taillée dans la pierre. Une rampe se trouve à sa droite, elle se cogne dessus en levant la main. Il fait beaucoup trop noir. Zoey ouvre son sac à dos et sort la lampe de poche. Le faisceau de lumière dévoile un escalier spiralant vers le bas. Émie descend prudemment – la porte se ferme d'un coup. *Shlack !* Zoey sursaute, tombe à la renverse, échappe sa lampe. Il crie le nom de sa cousine. « Émie ! Émie ! ÉMIE ! » Sa voix résonne contre les parois de pierre, s'évapore dans le ciel noir.

Il est seul devant la porte en pierre qui a avalé Émie-Anne.

– 55 –

Jamais Émie-Anne n'est descendue aussi creux, jamais elle n'aurait pu deviner qu'il existait tout cet espace en elle. Elle s'enfonce à toute vitesse, sautille d'une marche à l'autre, l'escalier se raccourcit, s'incline sous ses pieds, elle perd pied, glisse. Les marches se dissipent, laissent place à une pente abrupte qu'elle dévale. Émie tente de ralentir en attrapant les murs rugueux, mais elle tombe, vole, est aspirée au plus creux des mondes enfouis.

Elle se réveille au fond d'un puits.

La chute ne lui fait pas mal. Émie reprend peu à peu ses esprits, regarde sa montre : vingt minutes sont passées depuis qu'ils ont pénétré dans le donjon. Sa maison lui paraît tellement loin. Elle se retourne vers Zoey pour voir s'il va bien, ne le trouve pas. C'est qu'il fait ? Émie est certaine de l'avoir entendu, sa voix résonnait dans la cavité qu'ils dévalaient. Elle se lève, marche en rond, crie son nom, qui résonne contre les parois abruptes.

Ce n'est pas la première fois qu'elle est envoyée ici. Cet espace étroit lui dit quelque chose. Si elle pouvait voir dans le noir, Émie aurait plus de chances de le reconnaître. Zoey tenait la lampe de poche, elle aurait dû s'en occuper elle-même. Elle connaît l'endroit depuis longtemps, ses pieds ont foulé le même sol, les mêmes parois froides, humides, ont encerclé son corps. Elle tente de trouver une sortie, mais les murs sont lisses, pleins. À deux, ils pourraient tenter de les escalader, de s'enfuir ; seule, elle ne peut rien. Aucune issue. Elle fait le tour du puits en prenant de grandes respirations, comme si elle tentait d'emmagasiner tout l'oxygène dans ses poumons.

Le piège est étroit. Cinq mètres de diamètre, obscur, humide, sans l'ombre d'une sortie. Elle tente de rester calme. Émie ne garde aucun souvenir précis de sa précédente visite. Aucune image. Aucune parole. Juste un sentiment étrange d'être chez soi, prise en soi. Enfermée dans un lieu familier. Elle est seule, mais en sécurité. Elle fouille dans sa mémoire pour trouver des souvenirs nets. Rien. Sa pensée bloque et elle est prise d'une vague de tristesse.

Émie est seule. En sécurité, mais seule.

C'est ce que lui rappelle ce puits rocheux.

Heureusement qu'il y a la sécurité. Si elle ne se sentait pas en sécurité, sous ces couches de pierre, elle ignore ce qui pourrait surgir.

Personne ne peut entrer ici. C'est terrifiant et rassurant à la fois. On ne viendra pas la consoler. Ni l'amener ailleurs.

Émie déteste être seule. Elle s'ennuie quand il n'y a personne à la maison. N'a rien à faire.

« Allô ? »

Personne ne répond.

Elle crie le nom de Zoey, crache tout l'air de ses poumons en hurlant de rage.

Personne ne vient.

Parfois son cousin l'enrage. Il aurait pu la suivre, essayer de la rattraper, au moins se laisser tomber avec elle. Ses poings se serrent, ses ongles s'enfoncent dans la chair de sa paume. Les larmes affûtent son hurlement.

« ZOEY ? »

Sa voix résonne contre les parois implacables. *Où c'est qu'il est passé ? Toujours à la traîne…* Elle redit son nom, moins fort.

« Zoey ? »

La parole s'étouffe dans le cylindre de pierre froide.

Elle lui en veut d'avoir eu peur, de ne pas l'avoir suivie. Émie ne devait pas revenir toute seule ici. Quand ses parents sont absents, un voisin vient passer du temps avec elle. S'ils doivent dormir dans une autre ville pour un congrès, ils l'emmènent à l'hôtel, ou la font garder. Tout le monde sait qu'Émie déteste être seule.

Émie ferme les yeux. Se concentre. Elle entend des cris, des bruits, mais elle sait qu'il n'y a personne à part elle. La solitude est là. Dans l'espace qui s'ouvre quand elle ferme les yeux. La solitude se roule en boule et se couche dans un racoin silencieux. Elle dort, mais ne disparaît pas. Se réveille au moindre appel. Se lève dès que les autres ont le dos tourné.

Elle a connu cet endroit, ce trou, mais c'était avant, bien avant. Avant qu'elle oublie tout.

Qu'est-ce que fait Zoey ? Son cousin est trop loin pour que la rancune reste vive. Émie respire rapidement, sa gorge est sèche. Des ceintures invisibles sanglent son cou, sa poitrine, ses poignets. Elle n'aime pas être ici, une urgente envie de sortir la saisit. Sa volonté court comme un chien fou, renifle tous les coins, s'affaisse contre les murs à répétition, risque de se casser le cou. Aucune sortie en vue.

Au fond d'elle remuent des eaux boueuses et sales, des objets apparaissent dans les remous, elle entrevoit un point clair, qui s'allonge. Un bras ? Elle rouvre les yeux. Les murs sont droits.

Toutes sortes de choses inquiétantes risquent de remonter avec les tourbillons. Il n'y a aucun endroit pour que les eaux de la rivière se déversent, la pluie s'accumulera au fond du trou et finira par la noyer. Émie connaît cette sensation. L'impuissance, le vide. L'impression d'être isolée, mise à part. Le présent se confond avec des souvenirs antérieurs, inaccessibles.

Elle traverse des lieux qu'elle connaît. Des lieux rassurants, où elle rencontre d'autres visages. Dans les corridors de son école, les classes sont mordorées par la lumière jaune de l'automne. Le soleil a disparu avant la fin des cours et les enfants retournent à la maison dans la nuit précoce, sauf Émie, qui reste à l'école. Elle attend dans la salle de jeux du service de garde. Une vieille dame, au loin, passe le balai. Ses parents vont arriver d'une minute à l'autre. Elle se le répète depuis une heure.

Elle marche dans l'école. Le gymnase, la salle de musique sont vides. Sa professeure est partie. Les bureaux des élèves sont déserts. Benoît et Sandra ont oublié de venir la chercher. L'école n'est pas très loin de la maison, il faut simplement traverser un boulevard. Ses parents refusent qu'elle fasse le chemin toute seule. Émie sait comment. Si le brigadier est absent, il suffit d'appuyer sur un bouton pour arrêter la circulation.

Dans les rues, elle ne croise personne. Le brigadier n'est pas là. Il fait déjà noir, une grosse lune flotte très bas, le quartier est plongé dans un calme orange. Les gens sont occupés ailleurs. Rassemblés dans un grand amphithéâtre pour assister à un spectacle auquel on ne l'a pas conviée.

On m'a laissée toute seule sans m'avertir.

Elle entre dans la maison en traînant un mince espoir qui reste coincé dans le cadre de la porte. Les affaires de ses parents gisent partout. Ils sont partis en vitesse, en vidant le garde-robe et en lançant les manteaux par terre. Des sacs pleins d'objets disparates reposent dans l'entrée. Pas la peine de crier. On ne lui répondra plus. Émie le sait. Elle ne se trouve pas au même endroit, au même moment que les autres. On l'a enfermée dans un autre espace, obéissant à un autre temps. Un monde identique, mais différent.

Elle ouvre les yeux. Elle est encore au fond du puits. Une pointe acérée se plante dans sa gorge. Et si tout était planifié ? Ses parents, en accord avec Zoey, lui ont tendu un piège. La punir de sa curiosité, de ses effronteries, de son caractère intrépide. Émie crie dans le noir. Elle crie une deuxième fois, puis une troisième. Son existence n'a d'importance pour personne. Le monde continue sa route, là-haut, sans elle. Zoey a pris son propre chemin. A remonté le grand escalier pour la laisser pourrir au fond.

Émie pense à son frère. Le grand garçon qu'elle ne connaît pas, né des mêmes parents, un garçon de la taille de son cousin

Damien, mais les cheveux plus courts et plus noirs, avec un visage qui ressemble à celui d'Émie, en plus carré. Un grand, un adulte, presque. Des bras capables de la soulever. Un corps chaud. Des rayons purs d'amour. Des pommettes saillantes, des yeux pétillants, une peau douce. Il ne laisserait certainement pas sa petite sœur toute seule. Émie ferme les yeux. Elle demande à son frère de venir la chercher. Où qu'il soit, au Québec ou en Chine. Est-ce qu'il est assez vieux pour conduire une voiture ? Peu importe. Il peut creuser un tunnel, trouver un canal. Émie ne connaît pas son prénom. Elle en pige un dans son livre favori. « Salim. » Elle se concentre et appelle fort, en silence.

Salim. Salim.

Une certitude la gagne. Une présence se manifeste. Une certitude panique. Son système nerveux l'alerte. Il perçoit quelque chose qu'elle ne voit pas. Elle sait qu'elle n'est plus seule. La chose est là. Elle ne la voit pas, mais sa présence ne fait aucun doute.

Salim. Salim.

Ses appels ont été entendus. La présence va la rassurer. Apaiser la certitude d'avoir été abandonnée dans ce trou. Quelqu'un d'autre se trouve ici, avec elle.

Quelqu'un, ou quelque chose.

Salim ?

Elle n'est plus seule, mais le sentiment de solitude s'aggrave.

Une autre présence partage son espace, respire le même air. Mais n'ajoute rien. La présence est une soustraction. Salim n'est pas là. Zoey non plus. Son appel ne fait venir personne. L'absence se double.

Émie lève la tête et voit.

Une silhouette. Des lignes rapides, disparues aussitôt. Un objet plus noir que les parois du trou. Il existe des noirs de surface, et des noirs profonds, avalants ; mille nuances de ténèbres. Elle ne distingue la présence que par contraste avec la faible lueur grise qui émane de la surface. La lumière d'où elle vient. Une patte forme un grand arc. Des bruits légers, sourds, rappellent des doigts impatients tapotant sur une table. La créature bouge. D'un coup, elle apparaît, saute d'une paroi à l'autre. Un corps plus effroyable que toutes les créatures de *Zelda*. Émie n'a pas bien vu. La masse informe. Sans constitution. Ne pas voir lui fait voir pire. Elle essaye de voir mieux. Ne voit rien. Les yeux vides. Essaye de voir encore. Ses yeux forcent, douloureux. Voient malgré tout. Ne pas voir fait voir. Des taches, des piquants, des membres hérissés. Une gueule qui bave. Des choses qui n'existent pas. À moins que ? La bête rôde. Descend vers elle. Lentement. Prend tout son temps.

Émie pourrait voir la créature qui s'immisce dans le puits si elle le voulait, le voulait vraiment. Elle le sait. Toute sa raison lui ordonne d'ouvrir les yeux et de regarder, de regarder pour vrai. Sans détour. Elle n'a pas la force d'affronter la bête. Son allure, sa forme, son corps monstrueux. Pas maintenant. Pas encore. Pas seule au fond d'un trou.

L'ombre repasse d'un escarpement à l'autre. La forme massive se déplace avec légèreté. Le contraste entre la taille et la rapidité, l'agilité des mouvements lui donne envie de hurler. Un spectre. Un rayon qui avale la lumière. Émie n'ose pas crier. Assise sur la pierre gelée, elle ramène ses genoux contre sa poitrine. Laisse les larmes couler en silence. Appeler ne sert à rien. Elle appelle, mais ignore ce qui va venir. Quelque chose de pire que le vide ? Une présence plus dangereuse que la solitude. Un amour pire que le manque. Crier la signale. Demander la dévoile. Guide la force aveugle. *Je suis ici, je suis ici.* L'ombre noire, négative présence, informe, la voit. Troue la lumière. L'envers du vivant, entraperçu. Les membres ne forment pas de tout organique. De créature possible. D'apparence descriptible. La bête est en surplus. Elle dépasse la vision et la compréhension. Impossible d'en tracer les contours.

C'est à cause de son âge. Elle est trop petite pour regarder la tache assoiffée. L'aveuglement la préserve de quelque chose. Son grand frère pourrait voir, lui. *Salim*. La forme sautille au-dessus de sa tête.

Émie ne rentrera plus chez elle, elle le sait. La maison rassurante foncit dans sa mémoire. La couleur des murs de sa chambre, la forme de son lit se dissipent. La porte se referme. Du plus loin qu'elle se souvienne, elle a été seule. Ressenti cet écart avec les autres. C'est le fondement. Émie caresse du bout des doigts la limite étanche. Au-delà de la grande clôture, la lumière crue. Nous sommes des bêtes nocturnes, qui sculptons l'ombre, nous nous aménageons une place dans la nuit et modulons l'entrée des rayons par de rares ouvertures.

Elle pleure en faisant le moins de bruit possible. Quelque chose, ici, l'a vue entièrement.

Pourquoi elle plutôt qu'une autre ?

L'arbitraire de l'isolement. Elle est seule ici, dans sa malédiction. *Pourquoi moi ?* La réponse vient d'elle-même, une voix alliée. Une voix claire. Muette. Implicite. Logique. (Elle a un défaut.) Émie n'est chez elle nulle part. Les autres le disent. Voient la vérité. Elle toute seule ici. Dans ce trou misérable. Ce trou qu'elle mérite. Le trou possède la forme exacte de ce qui lui manque. La cause est claire. Innommable. (Ce défaut en elle.) Personne n'est jamais venu. N'a jamais vécu la même chose. C'est son destin d'être ici. Abandonnée. Seule au fond d'un puits, avec une bête qui rôde. Qui la cherche. (Cherche le défaut.) (Est attirée, affamée par le défaut.)

Abandonnée, à cause du (défaut).

Zoey comprendrait.

Un peu. Pas tout.

Son cousin peureux.

Lâche.

S'il comprenait, s'il comprenait vraiment, jamais il ne serait parti.

– 56 –

Zoey panique. La porte d'Émie vient de se refermer d'un coup. Un bloc de pierre l'empêche de passer. Il pousse, mais son effort est ridicule, comme s'il essayait de faire trembler une maison en donnant un coup de pied.

Il fait demi-tour, longe la paroi de pierre noire, retraverse le pont. Les adultes vont penser qu'il a tué sa cousine, c'est sûr. Ils vont crier « meurtre ! » et l'envoyer en prison. Les parents d'Émie-Anne ne rigolent pas avec les dangers, les disparitions et toutes ces affaires-là, ils s'inquiètent au moindre signe de risque. S'ils savaient qu'Émie-Anne est enfermée dans une caverne au fin fond d'un souterrain plus profond que les sous-sols du quartier, ils perdraient les pédales, tireraient du fusil en l'air en s'arrachant les yeux.

Il enfile en vitesse son manteau d'hiver, ne prend pas le temps de mettre ses pantalons de neige, remonte l'escalier. En regardant en bas, l'espace du promontoire, le pont suspendu, la lisière de forêt noire, il est pris d'un vertige. Ils sont venus trop tôt ici, se perdre dans un jeu inachevé. Zoey ignore ce qui peut se trouver derrière les polygones qui construisent ce monde secret. Un vide terrifiant, dans lequel on peut tomber. Sa tête tourne. Il fixe les marches et fait claquer ses lourdes bottes d'hiver contre la pierre.

Les parents ne pourront pas entrer dans le Dôme, le suivre jusqu'en bas du grand escalier. Les forces du monde des adultes ne sont d'aucune aide.

Zoey doit faire vite, trouver la solution tout seul.

– 57 –

Émie a disparu, enfoncée loin dans des canaux pluvieux, où les gris dévorent les gris, avivent les opacités. Elle pourrait voir si elle ouvrait les yeux. Sa conscience la préserve, dans sa fureur de persister, rend intolérables des vérités qui, un jour, paraîtront claires. La petite a neuf ans. Elle est accroupie, gelée, au fond d'un puits étroit. Toute son énergie est concentrée dans ses bras qui retiennent ses jambes serrées contre sa poitrine, pour contenir la panique pure. Un esprit malin pourrait s'emparer d'elle et faire toutes sortes de choses regrettables, l'épuiser à crier, à frapper. Elle contrôle cette panique, l'enfonce dans un moulinet qui la transforme en tristesse. Des pleurs profonds et durs secouent son corps, font couler des liquides clairs sur son visage.

Émie a toujours été seule, portée par ce sentiment d'être seule qui la harasse, elle vient de loin, elle le sait, et même si elle n'y pense jamais, ce fait banal, indiscutable, vient déplacer quelque chose. Une flûte aiguë, au son mélancolique, s'harmonise mal à la symphonie et produit une musique de jours froids, mélodie d'une saison de noyades, d'inondations et de gels tardifs. De ce royaume étrange et inconnu, d'où personne ne revient, qu'on nomme « origines », Émie ressent cette drôle de soif mêlée de répulsion. Y penser équivaut pour elle à boire un poison, étiqueté comme tel, dans la cuisine d'un mage préparant des décoctions pour rendre les habitants d'un village moins vifs, une préparation toxique visant à tuer les enfants jeunes, dont les corps s'amassent en bordure des routes en attendant qu'on les brûle. Que sait-elle ? Le nom d'une ville. Une date. L'existence d'autres parents, qu'elle n'appellera jamais « papa » et « maman ». Une mère qui ne pouvait s'occuper d'elle. Un frère plus vieux, un garçon qui ne s'appelle pas Salim. Sandra, sa vraie mère, est dégoûtée lorsqu'elle parle de cette pratique, là-bas, de cette « loi barbare », dit-elle, « qui interdit d'avoir plus qu'un enfant. Une loi qui favorise les garçons ».

Mais sans cette loi, tu ne m'aurais pas, maman.

Ses parents ont déjà évoqué la possibilité de l'inscrire à des cours de mandarin – son père dit « chinois », sa mère corrige : « mandarin ». Elle aimerait beaucoup que sa fille devienne amie avec le petit Lucien, le fils d'un collègue, adopté la même année. Un garçon bizarre, qui suçait encore son pouce à huit ans, qui avait des problèmes orthophoniques, parlait mal, d'une manière curieusement humiliante pour Émie-Anne. Elle ne ressentait aucune affinité avec ce drôle de petit bonhomme ; une sorte de tendresse inattendue. Il y avait dans cet enfant un monde secret, singulier, que les adultes ne percevaient pas, dans leur désir de le soigner, de le redresser, de lui apprendre à bien prononcer les syllabes.

Un jour, déclare Sandra, Émie-Anne voudra y aller, là-bas. « Là-bas », sa mère n'a même pas besoin de nommer l'endroit, évidence colossale. Sandra l'amènera, Benoît ne veut pas les accompagner, Sandra s'en fout, elle fera découvrir à sa fille le pays d'où elle vient, Émie pourra voir les paysages et les visages. Selon sa mère, c'est très beau. C'est la misère, pense Benoît, excédé que des gens acceptent de vivre aussi pauvrement. Il a trouvé les habitants impolis, c'est ce qu'il dit, spécifiant aussitôt que sa fille n'est pas comme eux. Elle avait cinq mois quand elle est partie, elle n'a *aucun* souvenir, elle est québécoise, comme Sandra, comme Benoît, comme Zoey et comme l'animatrice de télévision, une belle grande femme à la peau noire, que son père apprécie, qui est née ailleurs, mais qui est néanmoins une vraie Québécoise.

« *Sinon je te mets sur un bateau pis je te renvoye en Chine.* »

Benoît raconte parfois, pour rire, qu'ils ont choisi le meilleur enfant, un bébé de première catégorie. « Regardez comme elle est belle, intelligente. » Il est fier de sa petite Émie-Anne. Au-dessus de sa tête, la fillette entend un léger grattement, un ongle qu'on passerait sur une ardoise. Le son lui rappelle qu'elle n'est pas seule. Elle perçoit la soustraction d'existence, la présence vide, qui l'observe de sa cachette. Qu'y a-t-il derrière la fierté de son père ? Émie-Anne serre les dents. Elle n'aime pas entendre Benoît parler, voudrait qu'il se taise, ravale son sourire. Émie est parfois agressive – elle sent l'ignoble monter. Son père parle et quelque chose la dérange, là-bas, derrière les images, en dessous des mots, dans l'envers du monde, où se trouve un tissu informe et fragile, rose saignant. Le monde comme un grand masque posé sur quoi ? Sur ça. Des visages meurtris, des mots incompréhensibles, des chairs mortes-vivantes. Des chairs de bêtes, des nœuds de plantes, d'insectes, des muscles de fauves qui suintent des humeurs viles et ne vivent que parce qu'elles sont tenues à l'abri, sous nos masques de fer. Les masques comme des grands noms jetés sur les êtres. Émie le sait. Qu'est-ce qu'un nom ? Un coffre qu'on n'ouvre pas, rempli d'une pâte jamais exposée à l'air du jour. Panneau qui cache quelque chose – construction, désastre. La bête noire, en haut, pousse des sons de gorge, des grognements d'organes serrés, coincés. Émie-Anne a une irrépressible envie de se lever et de s'enfuir, mais n'a nulle part où aller. Elle tâte en pensée chaque racoin des murs et serre ses jambes encore plus fort dans ses bras. Elle est là, donnée en sacrifice à une force invisible. Il ne lui reste plus qu'à accepter son sort, à dire adieu aux parents, aux amis, à sa chambre et à ses livres favoris.

« Émie-Anne », c'est son nom. Elle l'a reçu de Sandra et Benoît à l'orphelinat, avant d'arriver ici. Pourquoi cette faille dans le nom, cette coupure qui laisse entrevoir autre chose ? Derrière se trouve un autre nom, un mot qu'elle ne saisit pas, qu'elle ne sait pas prononcer. Ses parents l'ont dit une fois devant elle. Du mieux qu'ils le pouvaient, Sandra corrigeant Benoît. Émie entend les sonorités vagues. Le nom est clair dans sa tête, frappe de ses voyelles serrées le silence spatial, intérieur, qui ne trouve aucun chemin vers ses lèvres. « Émie-Anne » recouvre un nom ancien, antérieur à la naissance, un nom de momie embaumée dans sa tombe, mais qui grouille de vie, palpe ses amygdales, bat de sa chair viandeuse.

Qui vient ? Émie voit des ombres.

Dans leurs grands halos verts, des guerriers approchent. Deux anges se matérialisent sous ses yeux, dans une poussière rayonnante. Des anges, émissaires de la lumière surgis au fond du trou.

Émie n'est plus tout à fait seule. L'ombre rôdeuse, l'araignée de tristesse n'apprécie pas ces nouvelles présences. Elle grimace, grince, s'éloigne en remontant vers la surface.

Les anges avancent, menaçants sauveurs. Des corps sans visage, des visages sans chair, manifestation de lucioles irradiant d'une silhouette électrique. Les bêtes lumineuses soulèvent la petite, l'aident à marcher ; les jambes d'Émie sont engourdies par l'immobilité. Elles sont restées trop longtemps écrasées contre la pierre. Elle avance maladroitement, se dirige vers le mur.

La muraille étanche est sertie d'une porte. Émie se frotte les yeux : il y a bien une porte dans le mur.

Elle l'a pas remarquée avant ?

Une issue arrachée à la pierre, ouverte sur l'extérieur. Émie l'emprunte, escortée par les esprits.

– 58 –

Zoey redescend dans le sous-sol par l'atelier. Il étudie les outils : des tournevis, un marteau, une longue scie, presque aussi grande que lui. S'il donnait un coup avec la grosse masse, est-ce qu'il serait capable de briser la barrière de pierre qui enferme Émie ?

« Les enfants ? »

Une voix les appelle de l'escalier. Tabarfuck.

Zoey n'a jamais couru aussi vite de toute sa vie, dans aucun cours d'éducation physique il n'a fait un meilleur sprint, ses bottes d'hiver flottent comme celles de Legolas quand il sautille sur la neige pendant que toute la communauté de l'Anneau est enterrée jusqu'à la taille. Il grimpe sur le divan et s'enroule dans le sleeping-bag pour cacher le manteau d'hiver qu'il a encore sur le dos.

Les Hobbits sont au *Poney Fringant*, ils s'apprêtent à se faire attaquer par les Nazgûls, les méchants cagoulés en noir. La première fois qu'il a vu cette scène, Zoey n'a pas dormi pendant une semaine.

L'escalier grince. Sur les premières marches, des souliers bruns de Nazgûl descendent prudemment. Ils sont bientôt suivis par des jeans larges, des mèches de cheveux, un beau visage rieur apparaît par l'ouverture. C'est pas une Nazgûle, c'est Josiane, qui s'accroupit pour l'espionner.

Zoey colle un doigt sur ses lèvres en pointant la place à côté de lui. D'où elle se trouve, Josiane ne peut pas voir qu'il n'y a personne sur le divan – un sac de couchage vide et quelques vieux toutous.

Elle murmure en pointant à côté de lui : « Elle dort ? » Zoey hoche la tête. Josiane met un doigt sur ses lèvres, lui fait un clin d'œil et remonte à pas de souris, en exagérant ses gestes comme une animatrice d'émission pour enfants.

– 59 –

Un boisé l'accueille à la sortie du cachot de pierre. Les visages des anges se révèlent, s'éloignent de la pureté lumineuse pour reprendre leurs traits véritables. Émie reconnaît Benoît, Sandra. Ils ont explosé de lumière pour la sortir de là, maintenant ils quittent leur ministère céleste pour regagner leur forme ordinaire.

Les retrouver ici n'est ni une joie ni une peine. Émie se sentait tellement loin, elle avait l'impression de les avoir trompés, abandonnés à leur ennuyeux souper-fondue. Elle ressent un étonnement neutre à les voir ici, au fond de la mine.

Papa et maman sourient, la caressent, lui tiennent la main. Qu'ils ne parlent pas ne surprend pas Émie – quelque chose de justifié, de naturel émane de leur silence, comme si tout cela faisait partie d'un même rêve dont le rêveur est inconnu. Ce sont des ombres, des marionnettes d'espoir, des réfugiés du monde d'en haut.

Émie regarde sa montre Razmoket. Un peu plus d'une heure s'est écoulée depuis son entrée dans le temple avec Zoey.

La forêt lui rappelle celle des contes fantastiques. Avant que les bûcherons existent, les arbres étaient gigantesques. Au bord du chemin qui serpente entre les bosquets denses se dresse une cabane, une maisonnette en bois aux fenêtres ternes, au toit en paille. Une douce joie s'élève de la maisonnette ; peut-être Émie a-t-elle jugé trop vite le monde du sous-sol, qui recèle encore des merveilles. Sandra et Benoît se retournent vers elle. Ils sont contents, très contents. Leurs visages radieux se fendent de sourires extatiques. Ils sourient comme Émie ne les a jamais vus sourire, leurs lèvres tirées dépassent les coordonnées d'une expression régulière. Pendant une seconde, Émie hésite à les suivre. Elle n'aime pas l'allure mécanique de ces personnages, des robots auxquels on aurait appris les expressions humaines, qui les reproduisent de manière exagérée. Elle commence à sentir le froid lui mordre les orteils et la maisonnette arbore une chaleureuse cheminée qui fait rêver de flammes douces. Émie se rend.

Une grande pièce sans division est meublée de deux lits, de quelques étagères, de vieux divans et de nombreux tapis. Dans l'obscurité, tout est gris. Les parents d'Émie lui montrent son lit. Pour ne pas qu'elle grelotte, ils lui donnent une couverture épaisse. Ses yeux se ferment tout seuls.

Émie sursaute, a peur de s'endormir.

Ses parents sont couchés sur le dos, par-dessus la courtepointe de leur lit exigu. Elle ne se sent pas bien ici, elle gèle. Comme si elle pouvait lire ses pensées, Sandra se lève mécaniquement, et étend sur Émie une autre couverture de laine grise, pesante, épaisse. Elle est prise dans un cocon étroit, rassurant, comme quand son père la transforme en saucisson avant de lui dire bonne nuit, en la serrant fort dans ses draps. Le feu brûle avec énergie dans l'âtre de pierre, pourtant Émie a froid, des courants d'air se glissent à travers les murs. En collant un œil entre les planches, Émie voit dehors. Benoît dépose encore une couverture sur sa fille en s'appliquant. Une montagne d'étoffes laineuses recouvre le corps de la petite, ses pieds remuent péniblement, les couvertures molles absorbent les gestes d'Émie sans bouger d'un poil. Les catalognes sont lourdes, étouffantes, elle les repousse de toutes ses forces, a du mal à respirer. Elle se retourne, bat des pieds, lève les bras, mais reste prisonnière de la pile de tissu.

Elle s'endort, probablement.

Quand elle rouvre les yeux, un rayon effronté perce par une fenêtre et coupe la pièce en deux. Les couleurs sont revenues ; Émie avait oublié que le bois a cette teinte chaleureuse. En déplaçant son regard et en bougeant sa tête, elle détaille l'intérieur de la cabane. Elle paraît beaucoup moins grande que la nuit précédente, lorsqu'elle était plongée dans la lueur grise de la lampe à l'huile. Derrière le lit de Sandra et Benoît, elle remarque un coffret en bois.

Les couvertures ont perdu leur épaisseur de béton. Émie les repousse, déchire l'enveloppe bouillante qui la tenait au chaud. Elle respire enfin. Son attention se porte vers le mur, recouvert de décorations, des dizaines d'objets accrochés à des clous. Des yeux creux la fixent, des grimaces vides tentent de lui parler, de lui crier « sors d'ici ! ». Une collection de masques. Émie reconnaît certains visages, des cousins et des professeurs, son médecin et son instructeur de danse. Sur la vingtaine de masques, il en manque deux, deux espaces vacants, deux clous pointus qui ne supportent rien.

Sur le lit, les parents se redressent. Les cheveux de Sandra sont ébouriffés, Benoît a les yeux endormis, il attrape une boîte d'allumettes. Une longue flamme jaillit de la lampe à l'huile, Benoît tamise la lumière. L'image gagne en netteté. Leur peau est grise, terne, écailleuse. Émie détaille leurs traits. Benoît et Sandra ne se ressemblent pas, leurs visages ont été remplacés par une surface en écorce, dont les yeux noirs, des trous dans la croûte rugueuse, sont invisibles. Leurs cheveux sont comme des perruques posées sur des mannequins. Les créatures ne voient pas qu'Émie est levée. Elles frottent leurs poussiéreux visages. Des rides profondes sillonnent leur peau sèche, Émie n'a jamais vu ces gens. Ils ont cent ans, des cernes noirs déboulent sur leurs joues.

L'être qui représente sa mère secoue ses boucles blondes, les envoie vers l'arrière. Elle étire un bras, attrape une membrane élastique qu'elle place sur sa tête. Benoît l'aide à ajuster le visage artificiel, il tire sur la peau pleine de santé, met les ouvertures autour de ses yeux, serre la ganse sous les mèches dorées. Sandra se retourne, lui lance un regard tendre. Émie jurerait que la femme lui montre son vrai visage. Pourtant, elle remarque la présence indiscutable d'imperfections. Les yeux enfoncés sous le silicone flasque. Les joues, le front inexpressif, les traits marqués autour de la bouche. Qui sont ces gens ? Émie pense à ces maniaques qui prennent des pseudonymes et des fausses identités pour leurrer les enfants sur MSN, les fous qui se font passer pour d'autres, pour voler de l'argent ou faire le commerce d'enfants sexuels. Elle pense au garçon de sa classe qui avait dit, après l'exposé d'Émie sur son histoire, que Benoît et Sandra étaient ses « faux parents ».

Les êtres masqués ne sont pas papa et maman. Ils ressemblent à Benoît et Sandra, mais portent des costumes. La panique lui serre la gorge. L'idée qu'ils camouflent quelque chose l'horrifie. Émie est en danger. Ces êtres ne sont pas des anges ; elle vient d'en avoir la preuve. Sous des moulages souples se cachent leurs airs déprimés, gris, de créatures des profondeurs.

« J'ai besoin de regarder dans le coffre. »

Les créatures ne sourient plus.

« Je cherche une clé pour sauver mon ami. Pour lui enlever son masque… » Émie s'interrompt. Elle connaît ces regards déçus, ces visages affaissés. Tu veux partir ? Déjà ? Les gens de la forêt l'ont secourue, accueillie dans leur propre maison. À peine arrivée, Émie veut les abandonner, sans même profiter du temps avec eux. Sans les remercier de lui avoir sauvé la vie. Les êtres de la forêt veulent un enfant. Comme ses vrais parents, à une autre époque, avant qu'ils commencent les démarches d'adoption. Les masqués se font passer pour Benoît et Sandra parce qu'ils veulent une poupée juste pour eux, ils veulent l'amadouer, ne pas trop déranger ses habitudes, ils sont prêts à devenir d'autres personnes pour qu'Émie les aime. Si elle reste ici, quand elle sera plus grande, toute la maison, toute la forêt lui appartiendra. Mais avant, elle doit jouer le jeu, accepter le rôle de la fillette dont on prend soin, qu'on gave de soupe et qu'on vient border la nuit.

Benoît et Sandra ouvrent les bras pour inviter la petite à se faire câliner. Émie s'approche, étire une main et, d'un geste mesuré, d'un mouvement sans violence ni brusquerie, renverse la lampe à l'huile sur la table de chevet. Le verre casse en chutant, la flamme vacille. De l'huile coule sur les draps, les oreillers. Sandra bondit, la mèche enflamme le liquide inflammable. Le matelas dégage une épaisse fumée noire. En quelques secondes, le lit est un brasier, la rembourrure de paille nourrit des flammes dansantes, les plumes d'oreiller fondent et exhalent une odeur de vomissure. Benoît attrape les couvertures de laine, tente d'étouffer le feu. Les créatures font ce qu'elles peuvent pour maîtriser l'incendie qui se propage dans le mur.

L'homme grogne : « É-mie. »

L'homme et la femme regardent tout autour. La pièce est remplie de fumée grise. Benoît fait le tour de la cabane.

« É-MIIIIIE ! »

Une voix qui crie son nom, au loin, une voix de ventre, une voix de faim, une voix d'orques du Mordor. La petite court dans le sous-bois, la forêt éclate en verts tendres, frais, neufs. Dans ses mains, elle tient le coffret en bois. Émie se réfugie derrière un tronc immense, pose son trésor. Elle ose un regard vers la cabane. Les dangers du dehors lui paraissent plus rassurants. La forêt s'étend dans toutes les directions, le monde est ouvert, infini. Émie accède à une pensée qui lui était interdite, plus tôt, dans le puits obscur, une pensée incertaine qui la revigore, lui donne du courage : elle peut tout faire. Elle a en elle une force vive, rayonnante, un pouvoir aussi extraordinaire que celui d'Ewilan.

Elle s'éloigne un peu avant de soulever le couvercle. Pas de colliers enroulés dans des coupes en or, de pierres précieuses, mais dans le coffret, un objet brille. Émie se penche pour le prendre : une libellule immobile, dont les ailes étincellent dans le noir. Une libellule grande comme sa main, bleutée, coulée en métal plein, lourde comme un dollar.

La clé.

Une autre personne, ici, une seule autre personne bien réelle pourrait partager sa joie. Émie est déterminée à la retrouver. Sa solitude ne l'effraie plus ; elle la porte, la guide dans les sentiers compliqués.

Elle avance en criant le nom de Zoey.

– 60 –

La forêt s'éclaircit. Émie a mal aux jambes d'avoir autant marché, en ligne droite, suivant le grand escalier qui traverse la caverne, touche le sol quelque part. Elle aperçoit enfin la lisière du bois. Émie retrouve le ciel de carrés sombres du quartier résidentiel.

Elle sort de la forêt avec l'impression qu'on lui retire une écharde. L'escalier de pierre déboule en cascade sur le promontoire noir. Zoey ne doit pas être loin. Elle fait le tour, il attend sagement là, sur les marches.

« Zoey ! »

Son cousin lève la tête et se met aussitôt à pleurer. Ils se serrent fort, ne se lâchent pas avant de longues secondes.

« T'étais où ?

– Chus t'allée trop creux. » Émie le dit avec un léger sourire, une étonnante fierté. « Mais regarde. » Elle sort quelque chose de sa poche de manteau : une libellule miniature, en or délicat, aux ailes si fines qu'elles pourraient casser.

« C'était dur, mais je l'ai ramenée. »

Zoey serre les poings, les secoue dans les airs en affichant un grand sourire. Il ne pleure plus, mais ses joues sont encore humides. Il les essuie, semble distrait une seconde, puis il dit :

« Je voulais pas te laisser. La porte s'est refermée...

– Je le sais, Zoey. Tu m'aurais suivie si t'avais pu. »

Comment lui expliquer tout ce qu'elle sait, maintenant ? Des enseignements étonnants, grappillés dans son aventure, des leçons qu'elle s'est données elle-même, sans cours et sans professeurs, des trésors découverts dans la terre glaise. Des choses qui ne se laissent pas dire, impossibles à résumer.

« Ça va être ton tour. Il nous manque une clé. »

Le visage de son cousin est torturé, déçu.

« On peut pas passer. »

Zoey guide Émie-Anne jusqu'au pont. En s'approchant, elle est gagnée par une sensation étrange. Le pont se balance dans le vide ; en plein centre de la passerelle de planches et de cordages fragiles, Émie la voit. La chose. La forme sans contours, avaleuse de lumière. Elle est montée, s'est frayé un chemin jusqu'ici. L'a peut-être suivie ? Sa gorge se serre. Émie pensait être débarrassée de cette sensation. Des images, des bouts de phrases, des morceaux d'histoires remontent en elle. Rien n'est clair. Zoey est à côté, juste à côté. Elle lui prend la main. Il est là. Pourtant Émie est seule. À l'intérieur, elle se sent seule.

Le regard de Zoey la transperce. Il a peur, lui aussi. Il voit la peur grouiller en elle, elles dansent, les peurs, communiquent, se trouvent et s'excitent.

« On laisse faire ? »

Émie a un mouvement de recul, lui lâche la main. « Laisser faire », l'idée l'agresse. Ça voudrait dire abandonner Skyd.

Laisser la petite créature à sa mort, à sa souffrance masquée. Émie veut aller au bout de sa quête. Si des pouvoirs surnaturels les attendent quelque part, elle a bien l'intention de les trouver ; elle n'a pas tout à fait délaissé l'idée de rayer le monde connu de l'existence.

Sur le pont, la chose est là, la chose qu'elle déteste, qui la rebute. Une tache sur le paysage, comme si l'air était brouillé, pixellisé. L'entité est tolérable parce qu'elle n'adopte aucune forme précise. Elle pourrait se manifester plus clairement, Émie le sait. Alors elle ne ferait plus peur, simplement mal, la douleur remplacerait la crainte diffuse, sans objet, interromprait cette voix qui murmure, au fond de sa tête, qu'un jour elle se retrouvera seule de nouveau, qu'on la laissera tomber. Émie-Anne est clouée par la peur, la peur qui gèle, tend les muscles et serre la gorge, mais elle n'a pas envie de fuir. Elle plonge son regard dans la chose immonde, le noir grouillant. La peur est là, elle la ressent, la laisse à elle-même. Émie n'en est pas à sa première rencontre, elle est mieux outillée que la dernière fois. Elle prend la main de Zoey, une petite main moite qu'elle serre fort comme pour s'assurer qu'elle existe bel et bien.

On peut tirer quelque chose de cette présence. Ce nœud de récits, de paroles, de voix effrayantes.

Un déclic se produit. Émie-Anne fait partie d'un grand tout, elle est liée à l'univers qui l'entoure, aux sous-sols des maisons au-dessus de sa tête, à la forêt peuplée d'anges distraits, liée à Zoey dont elle presse la main, liée à la chose terrifiante. Émie est ici, en plein milieu du monde, à sa place.

Zoey ne comprend pas ce qui se joue dans la tête de sa cousine. Elle arbore soudainement une confiance radieuse, démesurée, comme si elle avait oublié la situation désespérée.

« Je sais c'est quoi qu'il faut faire. J'ai compris.

– Comment tu le sais ? »

Émie se met à lui expliquer son plan, un plan complètement débile, hors de question. Elle veut distraire la créature, l'occuper à autre chose pendant qu'il traverse.

« C'est dangereux.

– C'est pas dangereux ! On est dans notre tête, dans nos constructions à nous. »

Zoey en doute. Tout a l'air trop vrai.

Émie s'approche du pont suspendu. Elle pose le pied sur la première planche et se met à sauter. Le pont est pris de grandes secousses, des vagues qui se brisent contre la forme.

« Hey ! »

Zoey ne la voit pas, il ne la *voit* pas à proprement parler, pourtant, il assiste au déplacement de la créature noire, qui rampe, se traîne, saute, foule le sol de ses pattes immondes, de ses tentacules dissipés, changeant d'aspect à chaque mouvement, métamorphosant son existence négative, de négation en négation, pour progresser dans l'air gelé. Elle est à quelques mètres d'Émie. Zoey la perçoit mieux sans que la forme soit plus définie – plus elle s'approche, plus quelque chose en son cœur s'éloigne. Elle pousse des gémissements bestiaux, des grincements métalliques d'insecte vorace. Zoey est glacé par la menace, tout dans sa tête, ses oreilles, ses poumons secs, son cœur essoufflé crie « danger ! », il essaie de dire quelque chose, mais les mots trébuchent, s'empêtrent dans sa gorge nouée. Et la forme avance.

Émie recule lentement, sans perdre de vue le monstre. Elle s'éloigne pas à pas, la chose la suit. Le pont est libre. Elle se retourne vers Zoey, lui lance un regard vif, un signe nerveux qui veut dire « enweye ». Zoey se précipite, il se faufile derrière la bête et met un pied sur la première planche. Il est derrière le colosse de ténèbres, pourtant, il se sent observé, scruté de partout, comme si des milliers d'yeux pouvaient lire ses pensées, explorer ses intérieurs.

La forme continue d'avancer goulûment. Sa cousine lui lance d'une voix nerveuse, impatiente, les dents serrées : « Vas-y, Zoey, crime bine ! »

Elle fait ensuite la chose la plus saugrenue, un geste que Zoey n'aurait jamais pu imaginer et qui le désarçonne complètement, détruit les miettes de confiance qu'il lui reste.

Émie s'accroupit calmement, le regard aimanté par la fissure noire. Elle s'agenouille avant de s'étendre sur le sol. Elle se couche sur la pierre froide, place ses mains sur sa poitrine. Elle fait penser aux statues sur les tombes d'enfants dans les cimetières de l'ancien temps.

La grande bouche illisible s'arque dans les airs.

« C'est que tu fais ? »

Le cri de Zoey ne détourne pas l'attention de la forme, attirée par la proie offerte. La voix d'Émie est un scandale de calme, de stress contenu, de confiance jouée, une voix douce, grugée par des fourmis anxieuses.

« C'est correct, Zoey. Continue !

– Y va te manger…

– On peut pas mourir ici. »

Mais est folle, c'est qu'a fait ?

Émie abandonne tout. Sa cousine veut le laisser seul avec sa mort sur la conscience. Ils viennent d'être réunis et Émie fait n'importe quoi. Zoey hurle son nom, il essaie de s'approcher de la chose opaque, du trou dans la page. Une énergie triomphante le repousse, l'empêche d'avancer.

« Vas-y, Zoey. Laisse-moi faire, crime ! »

Émie parle comme une adulte, de sa voix la plus habituée aux certitudes, aux tranchantes vérités. Son ton ne laisse aucune place à la discussion. Zoey ne comprend rien, il a envie de repousser la bête, de secouer Émie pour qu'elle arrête ses niaiseries. De longues larmes coulent sur ses joues.

Tu fais quoi ? Tu fais quoi…

De grandes pattes, des pinces coupantes saisissent le petit corps d'Émie-Anne pour le soulever dans les airs. La tête de sa cousine se dissipe sous un point vide, plus absent que le reste. Des mandibules indéchiffrables cerclent une gueule de néant, un son épouvantable se dégage de la bête, une succion, une foule déchaînée, un lion qu'on assassine. Zoey voit le corps d'Émie à travers le nuage ténébreux, voit sa cousine ramollir, se vider de sa substance au contact de la grande bouche. Son visage s'affaisse, ses membres se mettent à pendre dans le vide. Émie est plate comme une crêpe, n'est plus qu'une enveloppe, une peau qui repose comme un linge humide sur une corde. Un liquide dégoutte. La chose enroule ce qu'il reste, cette coquille de chair molle, et fait disparaître le dernier morceau d'Émie.

Zoey est seul. Il n'arrive pas à croire ce qu'il vient de voir. Les images restent à la surface de sa rétine, impossibles à intégrer. Quelque chose s'agite dans son ventre, remonte dans sa poitrine. Il a envie de vomir, avale, respire fort.

La bête se retourne vers lui. Zoey n'a pas le temps de penser. Son corps ne répond à aucune commande, il perd le contrôle sur ses actions. Toutes ses énergies sont concentrées à retenir le vomi qui monte dans sa gorge. Il se voit, comme à l'extérieur de lui-même, courir à toutes jambes sur le pont branlant. En plein centre, il s'arrête d'un coup et crache un jet de liquide brunâtre dans le vide. Les croquettes de poulet remontent et sortent en gruau répugnant, une odeur acide lui pique les narines, son menton est mouillé, son coton ouaté aussi, mais Zoey continue, ne se retourne pas, traverse le pont, met le pied sur la terre ferme, zigzague dans le grand bloc de pierre, s'enfonce dans le labyrinthe, jusqu'à l'entrée du donjon. Il reconnaît son portrait à la craie, au-dessus de la porte de droite, saute dans l'ouverture.

– 61 –

Qu'est-ce qu'il lui a pris ?

Sa cousine est une boîte à surprise qu'on ouvre à chaque fois sans savoir si une marionnette va surgir en riant ou si un serpent va nous sauter dessus, dents dehors pour nous injecter son poison. Il n'arrive pas à mettre des mots sur ce qu'elle a fait. Zoey est pris d'une fureur envers le geste stupide, révoltant, il aurait envie de crier après Émie, de la brasser pour qu'elle sorte de sa tête, de son monde pas-rapport où on peut faire n'importe quoi sans que jamais rien de grave nous arrive. C'est pas de même, la vie. Il voudrait lui hurler en pleine face en lui serrant les épaules.

Zoey revoit son corps vidé de sa viande, son visage défait, méconnaissable, enroulé de manière dégoûtante avant d'être avalé par la puissance grise. L'image est un terme, une limite – au-delà de cette violence, l'esprit de Zoey ne peut s'aventurer.

Il s'imagine raconter ça. On verrait tout de suite ses menteries. C'est par sa négligence, sa complicité, par sa faute qu'Émie est… *morte*, pense-t-il un instant, sans pouvoir se résoudre à cette idée. Émie ne peut pas mourir, on ne peut pas mourir ici, elle l'a dit. Zoey s'accroche aux dernières paroles prononcées par sa cousine pour ne pas considérer cette possibilité terrible, qui l'appelle et s'impose de son évidence trouble.

Émie s'est sacrifiée pour lui permettre de continuer, Zoey aurait pu faire quelque chose, essayer de la raisonner. Un véritable héros de film aurait trouvé une manière de se donner en sacrifice à sa place ; Zoey n'a pas le courage des preux combattants. Il n'a pas le courage d'Émie. Il l'a regardée se faire bouffer sans rien dire, et bientôt, il va devoir expliquer ça aux parents.

« T'avais juste à faire quelque chose au lieu de rester là sans bouger. »

En attendant, pas le choix d'avancer. Son coton ouaté couvert de vomi dégage une odeur écœurante. Zoey le retire, essuie la bave et les morceaux de dégueulis de son menton. Émie a dû comprendre quelque chose qu'il n'a pas saisi. Il imagine sa cousine au chaud, bien confortable dans sa couverture, regardant *Le Seigneur des anneaux* version longue.

C'est d'abord un son qu'il entend, un reniflement familier, aggravé par la forme en bouteille du tunnel. Apparaît une silhouette voûtée, le visage caché sous un capuchon, qui marche en se traînant les pieds. Sa tête se relève pour laisser apparaître un masque blanc.

Skyd.

Qu'est-ce qu'il fait ici ? Il est supposé être malade, être incapable d'entrer dans le souterrain. Pourquoi il les a envoyés en bas s'il pouvait venir tout seul ? Il n'avait pas besoin de nous… Zoey est bloqué.

Traître.

Skyd les a exposés aux pires dangers. Zoey respire pour faire passer le mal de cœur, expédie toutes les émotions violentes, les visions terribles dans un drain au fond de lui, un trou de lavabo qui déglutit en rotant. Skyd s'approche, lui serre le bras, Zoey cache son dégoût pour ne pas être malpoli. La main qui se pose sur lui n'est pas gantée, elle n'a pas la peau grise, rugueuse comme de l'écorce. De la manche noire jaillit un poignet couvert d'un duvet pâle. De la peau humaine. La main révulse Zoey, comme si elle ne cadrait pas avec la bestiole, que le démon l'avait arrachée à un humain. Une main de cadavre, une main morte, dont les veines dessinent des croisements sous la membrane organique translucide.

– 62 –

La chose dont elle avait le plus peur, la terreur absolue, a planté en elle sa répugnante trompe de moustique. Émie s'est sentie vidée de l'intérieur, tous ses organes se bousculant pour être aspirés par la tige enfouie dans son ventre. L'angoisse assoiffée l'a bue. L'a défaite de son contenu. Émie n'est plus que ce cristal brut, soulagé, qui reluit. Tout est passé au broyeur redoutable de la créature. La bête s'est nourrie voracement de toutes les choses qui ne peuvent être dites. Elle se sent vivifiée. La chose la plus effrayante au monde l'a avalée. Le pire est arrivé et Émie se sent bien. Elle n'a plus rien à craindre. Son corps s'est libéré de toutes les pesanteurs terrestres. En retour, ses sensations sont exaltées. Émie entend, ressent avec plus d'acuité. La pierre du sol fait partie d'elle, l'air humide est son poumon. Elle s'augmente, se prolonge dans les passerelles, les puits et les mines du sous-sol. Être une vapeur grise, un corps d'insecte qui chemine à toute allure dans les tunnels, un broyeur à grains de sable, est jouissif, c'est la totalité de l'existence vécue. Émie n'a jamais été aussi pleine, heureuse, trop vaste pour la solitude. Le sentiment n'a aucune prise en elle. Son cœur est grand comme la grotte, son esprit large comme les rues populeuses des quartiers.

Elle comprend différemment les intentions de la forme. Penser au-delà de la peur nous fait envisager la réalité d'une drôle de manière. Elle peut veiller sur Zoey. Tout en désirant le bouffer tout rond. Penser à Zoey active ses sens, fait baver ses crevasses apaisantes. Il faut qu'il soit prêt. Elle l'accompagne de loin, garde une saine distance, observe ses pérégrinations en retrait. Émie a faim.

Zoey n'a pas fait le chemin prodigieux que sa cousine vient de parcourir, munie des mille pattes de son corps féerique. Chaque chose en son temps. Elle n'a plus sa montre Razmoket, mais Émie sait qu'il leur reste du temps, suffisamment de temps. Elle flotte dans l'air froid de la cave, partout et nulle part, dans le bien-être le plus ample, le plus solide jamais imaginé.

– 63 –

Skyd et Zoey sortent du grand labyrinthe caverneux, arrivent dans une forêt dessinée d'arbres brouillés, dont les cimes se perdent dans une brume épaisse. Zoey lève la tête pour regarder la cathédrale de troncs, les branches forment des voûtes, le sol est couvert d'un tapis de mousse. Il voit très loin ; le bois n'est pas dense, peuplé de bosquets, d'arbustes solitaires, de grappes de champignons et de tiges herbeuses qui jaillissent dès qu'un carré de lumière réussit à percer les feuillages pour chauffer l'humus saignant. Le sentier dévie et s'arrondit autour d'un vallon, Skyd semble connaître chacun des tournants, des embranchements, leur chemin en croise plusieurs autres identiques, recouverts de feuilles mortes qui craquellent sous leurs pas.

Skyd a une manière différente de bouger, dégage une confiance, une énergie enveloppante. Zoey devrait s'inquiéter de ce changement d'attitude, comme si un autre visage se trouvait sous le masque. Skyd l'attend, le prend par l'épaule, lui tend la main lors d'une escalade. Il grimpe avec agilité un escarpement abrupt, sautille de rocher en rocher avec autant de facilité que s'il marchait sur un terrain stable et ferme. Du haut de sa butte, il scrute l'horizon.

Zoey n'a pas cette manière légère de se déplacer, de lancer son corps dans le vide, en hauteur. Son corps à lui est lourd, Skyd est svelte. Il n'a plus le dos voûté par le poids du masque, et semble plus en chair que la bestiole rencontrée dans la bibliothèque de l'école. Il serait guéri ? Peut-être que l'entité a retrouvé sa forme humaine, son long corps adroit.

Skyd, pense Zoey, l'amène chercher la clé avec laquelle il pourra enfin enlever son masque. Il touche la libellule d'Émie, minuscule dans sa poche. Il ne faut pas la perdre, Émie aurait été mangée par la forme pour rien. Zoey perd souvent ses choses, il est tellement maladroit.

« Maladroit ? »

Une voix étouffée surgit du masque et prononce des mots humains.

« Maladroit… Pourquoi, *maladroit* ? »

Zoey n'hallucine pas, Skyd parle.

Zoey n'avance plus, fixe son dos, son corps le dépasse d'une tête. Sa voix a quelque chose d'étrangement familier, une inconnue qu'on croise souvent dans les mêmes endroits. Zoey tente de composer un visage, de s'imaginer une personne, mais ne voit qu'une tête sans traits sous le masque de bois, un visage de chair immonde, lisse.

Skyd a fait référence à quelque chose de secret, d'intérieur. L'entité a dit « maladroit » au moment même où Zoey pensait la même chose. Dans sa tête, pas à voix haute. Si Skyd a accès à la voix dans sa tête, est-ce que ça veut dire qu'il entend tout ?

Il pourrait découvrir des vérités, voir des choses que Zoey pensait dérobées au regard d'autrui. Zoey sent qu'il a en lui des choses terribles, sans savoir quoi, exactement. Le fond de son cerveau cache une faute pour laquelle on risque de le punir. Zoey pourrait savoir, s'il le voulait. L'idée effleure le bout de son esprit. Par réflexe, il l'empêche de se manifester. Ferme le sac. Mais des images, des bouts de phrases éclatent dans sa tête. Il les attrape au vol, papillons poisons qui éclosent. Il essaie de s'en détourner, d'ignorer les crimes immondes enfouis dans les sables sensibles de ses peines, mais les grands coffres mal verrouillés reluisent comme par magie, attisent leurs feux surnaturels. Skyd va s'en rendre compte, il cherche les grands coffres poudreux qui traînent au fond de lui, les hordes de pilleurs bavent et n'attendent qu'une ouverture pour se jeter dessus.

« Pourquoi tu ne dis pas : *maladroite* ? »

Oh fuck, oh fucking fuck de marde de crisse.

Chus faite.

Quelque chose se dénoue, remonte à la lumière quand Zoey est seule, que la vigilance est perturbée, qu'elle ne se sent surveillée par personne et que son esprit, la partie la plus active et la plus folle de son esprit, est occupée ailleurs, à autre chose. Zoey sait contenir cette vérité honteuse qui émerge, a appris à parler de lui et à penser à lui dans les termes adéquats. S'il s'autorise ces infimes délits – sachant, se répétant, qu'il ne faut pas en faire une habitude, de peur que cela contamine sa personne normale –, c'est avec l'espoir d'en guérir, de laisser sortir le méchant. Et goûter à son effet enivrant, aussi.

Que cela soit perceptible par un œil extérieur est

catastrophique. Quelque chose au fond de Zoey pense bruyamment. À moins que ce ne soient ses gestes qui le trahissent ? Son père les corrige. On les remarque à l'école. Il a relâché la surveillance qu'il exerce sur lui-même, a négligé les précautions essentielles, vitales. Et ce défaut secret, cette trace d'un crime ancien a semé ses lueurs dans le noir – aussitôt aperçues par Skyd, une mouche attirée par la moindre étincelle.

« Je vois quelque chose que les autres ne voient pas. »

Les sons se heurtent au masque.

« *Maladroite*. Y a juste nous deux, ici. C'est notre secret. Personne va le savoir, même pas ta cousine. On sait garder des secrets, nous, hein ? »

Que Skyd l'autorise à faire ce qu'elle s'interdit lui enlève l'envie. *Elle*. Ça ne dérange pas Skyd, il l'accepte, la voit. Zoey fait ce qu'elle veut et Skyd ne dit rien. C'est un secret qui reste entre nous.

Il tente de parler au *elle*, mais la censure n'est pas levée, une main froide la replace. La lumière est trop forte, le regard trop pénétrant.

La marche en forêt s'allonge, Zoey a mal aux pieds, commence à être fatigué de voir les mêmes arbres, comme si le décor était peint sur une grande toile mécanique qui repassait sans cesse les mêmes paysages. À l'occasion, ils ont une pente à descendre, une colline à escalader, Zoey n'a plus de force. Skyd est patient, il l'encourage, lui tend la main en disant :

« T'es bonne. »

Encore cette lame froide qui se pose sur son cou.

Ils traversent une longue prairie d'herbes vertes, de fougères, de verges d'or sans fleurs.

« Tu vis ici, toi ? »

La bestiole est brusquée par la question, elle se retourne nerveusement. Une impression fugitive. Qui passe en une seconde. Zoey pense, en voyant la réaction de Skyd : *il va me sauter dessus*.

On peut deviner un sourire dans ses yeux bleu liquide, luisants, qui percent sous les trous du masque.

« Je vis ici. Mais ça t'apprend rien, que je dise ça. Est-ce que tu sais où on est ? »

Il y a une pointe de mépris dans la réponse.

« T'es-tu le même Skyd ? Celui qui est malade ? »

Skyd prend son temps avant de répondre.

« Quand tu te regardes dans le miroir, tu te dis : *c'est moi*. Mais si on te défigurait, si on t'arrachait le visage dans un accident, disons… Serais-tu *moins* toi ? Tu deviendrais-tu quelqu'un d'autre ? »

Zoey ne comprend rien, la question est désagréable. Émie-Anne déchiffrerait tout ça, trouverait des explications simples. Zoey repasse les mots en désordre dans sa tête, une pression se fait sentir sur son front, entre ses yeux. La peur lui souffle une autre question.

« Est-ce que la forme, la genre de *chose* ou de… monstre qui a mangé Émie-Anne, est-ce qu'est encore ici ? » Zoey avale de travers. « Est-ce qu'a nous suit ? »

Pour une fois, la réponse de Skyd est limpide, sans équivoque.

« Oui. »

Il se remet à avancer en silence.

– 64 –

« Tu commences juste à découvrir les Lamontagne ! Une hostie de famille de séquelles. »

Sandra le dit en riant, le vin lui monte déjà à la tête. Josiane n'a jamais vu sa belle-sœur aussi expressive. Sandra gesticule et parle fort, avec aplomb. Quand elle l'a rencontrée le 24 au soir, chez Roch, elle avait l'air d'une femme calme et maîtrisée, une bonne fonctionnaire de la Ville de Québec. C'était avant qu'elle tombe dans le vin blanc. Ce soir, Sandra est une fée des étoiles éméchée, Josiane se demande si elle serait encore capable de se lever et de marcher droit. Elle regarde l'horloge sur le mur : même pas encore 22 heures.

Les plats à fondue bouillonnent paresseusement, piqués de fourchettes colorées qui forment des couronnes. On se passe les assiettes de légumes et de viandes tranchées, les ramequins pleins de déclinaisons de mayonnaise à l'ail, au curry, au piment fort. La conversation tombe sur la soirée du 24 décembre. Les danses de la fin de la veillée ont laissé une forte impression sur Josiane. Elle raconte aux amis de Sandra et de Benoît la chorégraphie de Gilles, qui a fait swinguer matante Odette avant de lui arracher son dentier.

« Pauvre madame…

– Une calvaire de folle. A faisait ben pire quand qu'a l'était jeune.

– Mario Lamontagne, traite pas les femmes de folles chez nous, rétorque Sandra avec aplomb.

– C'est pas juste elle, la calvaire de folle, c'est toutes des hosties de mongols dans cette famille-là, corrige Benoît.

– Matante Odette, a l'a toute qu'un rire, dit Mario. *Heee-Heeee !* Y a un cirque qui l'a déjà approchée pour son rire.

– Ça, c'est des histoires… », répond Benoît en secouant la main.

Josiane rit de bon cœur, puis une bulle éclate. Il faudrait qu'elle retourne voir en bas si tout va bien.

– 65 –

Le sentier arrive à son terme, devant un amoncellement de pierres, la base d'une montagne recouverte de fougères. Skyd cherche à travers les arbustes, déplace les bosquets pour dévoiler un trou sombre, mousseux et sale. L'entrée d'une caverne, une entrée minuscule, à peine un trou.

« La clé est au bout. Vas-y. Moi, je monte la garde. »

La dernière chose que Zoey a envie de faire, au fin fond d'une forêt inconnue avec un démon aux intentions troubles, c'est de s'enfoncer à quatre pattes dans une caverne étroite.

« C'est creux comment ? »

Skyd lève les épaules. « Ça dépend. »

Zoey fixe l'ouverture. « Ta cousine est pas morte. Mais si tu veux la sortir d'ici, la seule manière, c'est d'aller au fond du tunnel. » Skyd pointe la caverne. Impossible de lire les traits de son visage.

Ils sont au terme d'une aventure, c'est l'étape ultime de la quête, après laquelle Zoey pourra rentrer à la maison, retrouver sa cousine. Il n'a pas envie d'aller plus loin sous terre. Il se penche pour regarder le tunnel, ne voit que des pierres, des racines qui pendent du plafond. Entrer là-dedans le mettrait dans une position vulnérable, impossible d'avancer rapidement à quatre pattes. Zoey n'aurait pas de place pour se retourner s'il tombait sur quelque chose de menaçant. Il n'a aucune idée de l'étendue des cavités qui se distillent sous terre.

La forme lui revient à l'esprit. Condensation de questions sans réponses, créature qui avale les pensées. Elle pourrait ressurgir, l'attendre à la sortie, coincer Zoey, il resterait pogné à jamais, prisonnier d'un trou miteux.

Est-ce que la forme peut se faufiler dans une ouverture aussi petite ?

« Oui », répond Skyd. « La forme, comme tu l'appelles, peut aller partout. C'est pour ça que je reste ici, pour monter la garde. Elle s'approchera pas de moi. » Skyd fait une posture clownesque d'homme fort qui montre ses muscles.

« Je vais rester ici jusqu'à ce que tu sortes, pis on va s'en retourner chez toi, sur le divan, où ta cousine t'attend. Personne va s'approcher de la caverne, c'est promis. »

Zoey hésite.

« Pense à Émie-Anne. Qu'est-ce qu'a voudrait que tu fasses ? »

Zoey se place à quatre pattes. Il s'apprête à descendre en rappel et la corde est assurée par un inconnu. La sécurité de ce lien invisible, qui le rattache au monde d'en haut, est fragile. La mousse mouille les mains et les genoux, Zoey a froid. En collant son épaule contre la paroi et en se coinçant le cou, il parvient, dans une position inconfortable, à regarder derrière lui. Skyd lui envoie la main, Zoey échange un regard avec la créature. Son masque reluit dans la pénombre.

Ramper sous terre, dans les cailloux, donne mal aux genoux. La cavité est profonde, une longue et tortueuse catacombe, parfois éclairée par des douches lumineuses qui se faufilent entre les pierres et les racines, des rayons perdus, lunaires, venus on ne sait d'où.

Zoey se sent terriblement à l'étroit dans ce tunnel. Si elle s'étire, son dos frotte contre le plafond ; ses épaules frôlent constamment les parois serrées. La position inconfortable et dangereuse rappelle à Zoey la mauvaise cachette sous le lit de Damien, quand ils ont piqué la cassette de Nintendo. L'espace étroit, l'impression de danger qui mobilise tous les sens, Zoey ne rampe plus dans le sable, mais dans un sous-sol, sous un lit, et craint qu'au moindre faux mouvement, sa cachette soit dévoilée, que le chien jappe, que la forme s'approche, la découvre. Pendant une seconde, ce n'est plus Damien qui plane sur la chambre comme un grand œil, mais le trouble gazeux. Zoey repense avec une boule dans le ventre au corps nu de Damien. Zoey est coupable d'un crime flou, qui a rapport au corps de son cousin. Elle n'était pas censée le voir, repense à sa nudité, quand il a enfilé son boxer juste à côté, à la progression du garçon de seize ans dans le monde incompréhensible et inquiétant des adultes. L'image de Damien se métamorphose, ce n'est plus son cousin qui joue de la guitare en chest, mais Pierre-Luc, le sixième année de l'autobus, le plus gentil des frères Gagnon, celui qui lui a offert le Game Boy au dernier jour d'école avant Noël. Un lien secret, une ressemblance imprécise unit Damien et Pierre-Luc. Deux garçons plus vieux qui traversent la vie avec un détachement magnifique, comme s'ils n'avaient jamais eu peur ; ils rayonnent d'une supériorité massive, telles de grandes statues qui se dressent dans le noir, ces garçons ont une facilité à exister, à se mouvoir dans le monde qu'elle n'a jamais eue. Aucune bête ne risque de se manifester pour les dévorer.

Dès qu'elle pense à Damien, à Pierre-Luc, le sentiment de faute revient ; Zoey a fait quelque chose qui la condamne, et qui a rapport avec ces garçons. Jamais Zoey ne leur ressemblera, elle le sait ; jamais elle ne sera à la hauteur, elle ne courra jamais aussi vite, ne jouera jamais aussi bien de la guitare, n'aura jamais cette innocente gentillesse, cette douce lenteur d'esprit qui témoigne de leur pureté d'âme. Zoey se sentait de la même manière avec Zachary, le blond, le grand qui suivait déjà, à son âge, des cours de football – un sport d'école secondaire. Il se couchait tard, même s'il partageait la chambre de Zoey, qui ne dormait pas encore, attendant que Zachary – à son heure de dodo à lui, en même temps que les adultes – se faufile dans le noir. Une chaîne se noue de Damien à Zachary en passant par Pierre-Luc, les grands frères que Zoey n'a jamais eus, chaîne qui implique – mais elle ignore comment – la forme, la nébuleuse évidence. Zoey repense rarement à Zach. Elle ne l'a pas revu depuis le mois d'août, ils passaient l'été ensemble dans la grande maison perdue, quand, en allant la chercher chez sa mère, Carl annonça subitement qu'ils n'iraient plus jamais chez Cindy. Zoey avait attendu toute la semaine de retrouver Zachary et toutes les choses étranges, inquiétantes, nouvelles que le garçon lui ferait découvrir. La conclusion précipitée était tombée, abrupte. Un film dont on ne voit pas la fin parce qu'on se fait couper la télé.

À quatre pattes dans son trou sombre, Zoey est saisie d'images effrayantes, qui surgissent par accident. Elle traîne ses genoux, ses mains sur le sable, n'a plus aucune idée d'où elle se trouve. Jamais elle ne s'est aventurée aussi loin. Elle ne cesse de penser à Pierre-Luc, au corps de Damien, nu sur la chaise d'ordinateur, avec la guitare sur les cuisses, les cheveux mouillés. Zoey pousse un hurlement et secoue sa tête pour chasser cette image trop claire, presque odorante, qui fait monter en elle un sentiment épineux, cette vision provient d'elle, elle en est l'artisane, la créatrice. En regardant mieux, Zoey réalise que ce n'est pas Damien qui marche en se traînant les pieds pour surgir nonchalamment du néant, mais un garçon aux cheveux couleur de blé mûr, portant un collier de billes et levant vers elle des yeux bleu liquide. Des images remontent, des souvenirs limpides. Zoey se raconte la scène, comme si une partie d'elle ne la connaissait pas.

– 66 –

On lui remplit sa coupe de vin depuis le début de la soirée. Lorsqu'elle se lève, le plancher tangue. Josiane se concentre et marche directement vers la porte du sous-sol. En chemin, elle croise un ami de Sandra et de Benoît qui revient des toilettes.

« Y a de la houle ! »

L'escalier craque sous ses pieds, il est à pic, elle descend un pas à la fois.

La télévision montre une course en forêt aux notes lancinantes, graves et mystérieuses. Josiane n'a pas vu ce film dont tout le monde parle, les affaires de chevaliers et de Moyen Âge ne l'intéressent pas. Nos ancêtres passaient leur temps à faire la guerre, toutes sortes d'émissions et de films montrent cette époque révolue. La violence, les combats, la vie dure du passé, les dents noires, les maladies, les lits en paille, les épées et les haches, tout ça, c'est pas son genre.

Josiane s'approche du divan pour border Zoey et Émie-Anne, qui doivent s'être endormis dans des positions pas possibles comme le font les enfants un peu n'importe où, dans l'auto, sur le plancher, sur leur pupitre d'école. Les sacs de couchage sont vides. Un ourson bleu la dévisage, bien installé sur l'oreiller. Le Nintendo n'a pas été touché, le grand manoir Playmobil non plus.

« Émie ? Zoey ? »

Ils doivent jouer dans le sous-sol, quelque part.

Josiane fait le tour de la pièce, regarde sous le lit d'invités, ouvre la porte de l'atelier. Ils sont peut-être montés dans la chambre d'Émie ? Ou peut-être qu'ils jouent aux espions, se sont glissés quelque part pour écouter les adultes. Josiane se repasse les conversations autour du poêle à fondue en espérant n'avoir rien dit de trop vulgaire.

En haut, la porte de la chambre d'Émie est fermée. La pièce est baignée de l'ambiance paisible des lieux abandonnés. Personne n'est venu ici dans les dernières heures, Josiane le sent. Elle redescend, prend soin de ne pas s'attarder dans le couloir qui mène vers la salle à manger – alarmer Sandra et Benoît ne servirait à rien. En chemin, elle prend le temps de jeter un œil dans le salon, dans la chambre des maîtres, dans les garde-robes et dans la salle de bains. Juste au cas.

Elle a cherché distraitement au sous-sol. Si Zoey et Émie-Anne se cachaient pour lui jouer un tour, Josiane ne les aurait pas nécessairement trouvés. Les enfants vont être fiers de leur coup en réalisant qu'elle est remontée sans découvrir leur tanière secrète.

« Okay, j'abandonne, vous avez gagné. »

Le sous-sol lui répond d'un silence intimidant.

« Je vous trouve pas. »

La musique dramatique du *Seigneur des anneaux* continue de jouer. Des éclats de rire, des voix se font entendre à travers le plafond. Josiane refait un tour du sous-sol. C'est elle qui a dit à Sandra et à Benoît qu'elle allait surveiller les enfants. Qu'elle aimait ça, s'occuper des petits. De toute manière, avait-elle dit avec un clin d'œil, les cousins veulent pas que les parents se mêlent de leurs affaires. Moi, j'ai un passe-droit, comme je suis nouvelle dans la famille.

On avait sifflé en rigolant : « En tout cas. Y ont une préférée, ça l'air… »

Josiane avait battu des cils en prenant un air de princesse.

Depuis combien de temps elle n'est pas descendue ? S'il leur est arrivé quelque chose, c'est de sa faute, cent pour cent de sa faute. En principe, elle aurait dû venir voir aux demi-heures. Mais le vin, les rires, les histoires…

Josiane se ressaisit. Ça ne sert à rien d'alarmer Benoît et Sandra avant d'être certaine qu'il est arrivé quelque chose. Elle retourne dans l'atelier, ouvre la lumière, se penche pour regarder sous l'établi. Près de la porte, tout au fond, des taches d'eau mouillent le sol, des traces de bottes neigeuses se sont élargies en coulant sur le béton.

Les enfants sont sortis jouer dehors, comme à Noël, sans avertir personne…

La porte s'ouvre facilement, et laisse entrer un air glacial qui gambade dans le sous-sol. Il doit faire moins vingt. La lumière de l'atelier suffit pour que Josiane remarque, sur les premières marches de l'escalier enneigé, des traces qui montent et disparaissent dans la nuit absolue.

- 67 -

Un jour humide de juin, un après-midi de pluie mouillant l'asphalte chaud, Zachary pique une crise légendaire contre sa mère. Zoey n'a jamais vu un enfant aussi enragé contre un adulte, Zachary s'autorise tout, les coups, les insultes, les mots les plus interdits, traitant Cindy de pute, de crisse de folle, exerçant sa souveraineté solaire sur les adultes. Même devant la colère de son fils, Cindy ne peut retenir le débordant amour de son regard. Carl engueule le fils de sa blonde, le saisit par le collet pour qu'il arrête son délire. Zachary, enfermé dans sa chambre, secoue la porte en hurlant jusqu'à manquer de souffle.

L'orage passé, les parents autorisent Zoey à aller prendre ses affaires dans la chambre, même si la punition de Zachary n'est pas terminée – pas avant le lendemain matin. Zoey hésite, on lui donne accès à la cage du fauve, la bête est domptée, surveillée pour ce soir, un animal se reposant dans sa puissance humiliée. L'atmosphère dans la pièce aux lits superposés est chargée d'une électricité sombre. En entrant, Zoey croit entendre un chant lointain, assourdi par la surface des choses, leur image tremblotante, baignée dans les rayons de rage du garçon contenu, tout en refus, en échec et en honte de l'échec. Zachary ressemble à un boxeur après une défaite. Il est assis en culottes de pyjama sur le lit, penché vers l'avant, les coudes sur ses genoux, les yeux perdus entre les lignes du plancher. Il ne lève pas la tête quand Zoey passe devant lui, on vient pour se moquer, se repaître de son malheur, profiter d'un moment de faiblesse pour l'admirer dans sa rageuse impuissance, sa colère rentrée, intérieure, carbonique, brûlant dans sa poitrine gonflée par une respiration courte. Il va se venger, pense Zoey, tout en ayant la sensation satisfaisante de recevoir un privilège, quelque chose de spécial, une autorisation d'approcher une source de danger temporairement inoffensive. Zachary ressemble à une sculpture, un monument de puissance arrêtée à la mémoire d'un vainqueur vaincu.

Zoey saisit ses affaires, sa couverture Scooby-Doo, son toutou et le Game Boy de Zachary – Cindy a dit oui, Zachary n'a plus le droit de jouer de toute manière. Le garçon ne relève pas la tête. Zoey, nerveux, ramasse tout en vitesse, comme si Zach ne remarquerait rien s'il le fait assez vite. Il a l'impression, en mettant la main sur le Game Boy, de commettre un crime délicieux, un délit autorisé par des forces supérieures, se sent comme s'il caressait une panthère agressive mise sous sédation. Puis il repasse devant Zachary, dans le faisceau d'énergie noire irradiant de lui, immobile et muet sur le lit. C'est au moment d'ouvrir la porte qu'il sent un chatouillement, un ongle discret lui titiller la nuque. Une secousse sourde.

Zachary décolle les yeux du plancher pour le scruter de tout son corps. Ses grands yeux bleus tendus filent à toute vitesse, une main rude sous ses vêtements. Ils ne sont plus bleus, mais gris, presque noirs. En un coup d'œil, Zach s'empare de Zoey, une liane escalade le corps du plus jeune, s'enroule autour de ses jambes, perce sa peau sous les genoux pour pénétrer ses veines et atteindre son cœur. Un regard noir chez un garçon bleu, un regard doué, qui lit entièrement en Zoey, fait l'inventaire de ses jouissives faiblesses, auxquelles ce regard s'abreuve comme à une source vivifiante.

Zachary est humilié, mais d'un regard il rappelle sa supériorité massive sur le plus jeune. Il y a dans son regard la morsure blanche, infectée, d'un désir, un désir qui n'a pas sa place, mais qu'il a fait entrer, la nuit, dans la maison, en forçant la fenêtre dans l'atmosphère creuse d'une chambre grise, sans lumière, un jour de pluie. Le désir noue le ventre de Zachary, tend les muscles, les nerfs, éveille les sens et le regard bleu d'une envie de renverser la punition en dominant un corps moins développé, inoffensif, de prendre possession d'une petite chose, de la fouiller de ses doigts et d'un regard plus acéré et plus percutant qu'une flèche envoyée dans une carcasse qui s'affaisse d'un son creux. Zachary sait des choses que la plupart des enfants ignorent.

Le fauve ne dort plus. Il bondit, le plancher se rapprochant subitement de Zoey. Rien de clair. Le sol glacé, le poids lourd sur son dos, la main qui descend sous le pantalon, les batteries du Game Boy qui roulent sur le lit.

Zoey ressort en vitesse de la chambre, avec la même sensation de panique qu'il ressent lorsqu'il monte l'escalier du sous-sol, craignant qu'un monstre surgisse du noir pour lui attraper les chevilles. Rejoignant le corridor, il est rassuré que Cindy et Carl se trouvent plus loin, dans le salon, qu'ils n'aient pu voir par l'ouverture de la porte le regard bleu de Zach, et tout le discours murmuré, invisible, contracté en secret sous la surface des meubles, courant dans le cœur des objets, distillant son sens inimaginable, honteux, dans l'humidité de l'air, l'opacité de la lumière. Soulagé que ce regard imprudent, suicidaire, n'ait pas été capté par un adulte.

Ce regard a pu exister parce que Zoey l'a causé. Il a eu l'audace imprudente de poser les yeux sur la déchéance de Zach, profitant de son invalidité pour lui dérober ses trésors, entrant en spectateur indésirable sur son territoire vexé.

« T'as pas pris le Game Boy ? demande Cindy.

– Je le voulais pas. »

Zoey n'est pas blessé. Zachary ne lui a pas fait mal. Si Zoey avait été blessé, il aurait fallu en parler aux parents, mais il n'a pas mal, non. Il saigne du nez, tache la doudou de rubis chatoyants. Cindy lui tend un mouchoir, prend la couverture en soupirant pour la mettre au lavage.

Zoey a peut-être imaginé la scène. C'est ce qu'il pensera, plus tard. Une journée d'orage, plus fausse, plus évanescente qu'un mauvais rêve évanoui. C'était anodin, ça ne voulait rien dire. Ajouter au fardeau de la punition de Zach serait absurde, intenable. De toute manière, Zach n'a rien fait. C'était pour rire, Zoey n'a rien. Et il n'est pas du genre à se plaindre aux parents. Pas l'un de ces enfants plaintifs qui rapportent tout, les petites niaiseries, les blagues de Zachary que les grands ne peuvent pas comprendre. Zachary ne lui ferait jamais de mal *volontairement*. Il accepte généreusement de lui parler, de jouer avec lui. Le grand cœur de Zachary donne de la valeur aux gens qu'il fréquente, aux choses qu'il apprécie, et Zoey reçoit parfois la bénédiction de son attention. D'autres fois, Zachary est (légèrement) méprisant envers Zoey, mais ça les amuse tous les deux. Son sourire troué, ses dents nouvelles. Zoey se pince le nez avec le mouchoir, saisi d'une reconnaissance vague. Rien n'est plus satisfaisant, encourageant que d'être vu, de passer sous le regard bleu de Zachary. De se sentir apprécié (par lui). Le garçon admiré, le grand parfait.

Zachary ne peut pas être parfait et *fautif*.

Zoey est fragile.

Son nez saigne tout le temps tout seul. Il attrape le mouchoir tendu par Cindy, éponge le sang rouge. Au moindre toucher, Zoey risque de fendre, de se casser. Il manque de deuxième degré, ne maîtrise pas cet humour un peu moqueur qu'ont les plus vieux. Zoey ne sait pas toujours distinguer une blague d'une méchanceté. Saigner du nez pour rien le fait rire. Un accident comique. Zachary éclate d'un rire blond. Il connaît les mécanismes complexes du rire, ses rouages avancés. C'est ce qu'il dirait, plus tard. C'était une *blague*.

La porte de la chambre refermée, le regard bleu traque Zoey partout dans la maison. Drôle de regard, au pouvoir de guérison. Zoey ne saigne plus, les veinules fragiles de son nez se cautérisent. Il n'a même pas mal.

Il a commis l'erreur d'entrer sur le territoire humilié de Zach, a reçu une punition juste, lui faisant perdre l'équilibre, tomber sur le plancher tout seul.

Dans les jours qui suivent, une distance s'installe. Par tous les moyens, Zachary veut rappeler à Zoey sa faute humiliante, inacceptable, sa cruauté impardonnable : être entré dans la chambre pendant sa punition. Il ne rit plus des blagues du plus jeune, ne le gratifie plus de son regard bleu. Zachary lui en veut, Zoey voudrait mourir. Un bourdonnement étrange, des picots noirs apparaissent sur les choses, les images.

Cindy ne comprend pas l'attitude de son grand.

« Est-ce que Zoey t'a fait quelque chose ? »

« Quelque chose que tu veux pas me dire ? »

Zoey est un fantôme pour Zach, qui refuse de jouer avec lui. Il ne l'entend même plus quand il parle, continue de manger en fixant la boîte de céréales, même si Zoey lui secoue le bras.

Tout a commencé, pense Zoey, par un regard : le sien, qui a osé, cruauté pure, se déposer sur le préadolescent dans un moment de faiblesse bleue. Les adultes, heureusement, n'ont rien vu de la perfidie, du manque de jugement de Zoey.

L'esprit de Zoey revient à la chambre où est enfermé Zachary. Frappe contre la porte verrouillée, tourne autour, s'assoit devant, scrute la porte, tente de déchiffrer l'énigme. Zach se rapproche une nuit de Zoey pendant que les parents dorment. Il ne lui en veut plus. Lui pardonne. Il soulage la douleur de Zoey. Et par le geste de Zach, tout recommence. La scène se rejoue, le regard bleu n'a plus besoin d'insister. Il trouve la faille, le besoin bleu d'obéir, l'envie inoculée, instruite au plus jeune, de se soumettre, de servir à quelque chose de plus utile, de plus puissant que soi.

Tout est plus simple si Zoey évite de refuser, moins douloureux s'il ne tente pas de s'enfuir, comme la première fois. Les batteries du Game Boy roulent sous le lit. Zachary n'a plus besoin de bondir, de cogner, de sortir ses griffes. Les pantalons descendent tout seuls. Le nez ne saigne plus.

Zoey rejoint sa place dans le monde. Il tremble de justesse. Retrouve grâce aux yeux du plus grand. En lui étant utile, en satisfaisant ses moindres volontés, il ressent l'assentiment intérieur par des secousses étranges, des chatouillements à des endroits sales, honteux.

Rien n'est plus incompréhensible pour Zoey que ce fait brut : pendant les mois qui suivent ce jour de pluie, ce regard bleu, avoir par tous les moyens recherché l'attention, le pardon de Zach, avoir pris plaisir entre ses mains. Les chenilles noires commencent à éclore, les sangsues criminelles troublent sa vision tachée d'encre.

– 68 –

Une femme en jeans pattes d'éléphant, vêtue d'une camisole aux motifs bohémiens et d'un foulard en dentelle, brandit dans l'air glacial du 31 décembre une lampe de poche. Les monticules de neige forment des ombres évocatrices. Josiane hallucine des silhouettes d'enfants partout, sur le balcon, autour de la piscine. Ils pleurent du sang, crachent des poulpes ténébreux. Elle essaie de suivre les traces de bottes en se répétant *y peuvent pas être allés loin*, *y peuvent pas être allés loin*.

– 69 –

Zoey tente d'opérer un demi-tour, mais le canal est trop étroit. Elle recule de toutes ses forces dans le tunnel en se demandant si la sortie approche. Zoey se fatigue, s'épuise. Elle repense à la clé. Qu'est-ce qu'Émie va penser de son manque de courage ? Le coup part. Lâche. Incapable. Peureuse. Elle n'avait qu'une tâche à accomplir.

Skyd n'aura aucune idée de ce qui s'est passé au fond de ces tunnels, ne verra pas les choses terribles qui s'y déroulent, seulement la démission de Zoey. Elle continue de faire le chemin à reculons. Tout son corps fait mal, ses genoux et ses mains brûlent, son cou et son dos sont tendus, raidis par la position recroquevillée. L'air est plus frais, plus sain, les odeurs de champignons pourris laissent place à des effluves de sapin, de mousses. Une brise lui caresse le cou. Zoey ne peut attendre une seconde de plus avant de se relever. Elle se redresse et s'érafle le dos contre l'entrée pierreuse de la caverne.

Quelque chose cloche. Il lui faut quelques secondes pour se remettre à respirer calmement, laisser fondre les picots noirs.

Elle observe les alentours, l'espace herbeux autour de la pierre et les pruches géantes, le flanc de montagne.

Skyd n'est nulle part.

Personne ne montait la garde.

Zoey est prise d'un vertige. Elle s'est enfoncée dans cette caverne à une seule condition : que Skyd en garde l'entrée. Personne ne protégeait ses arrières. Skyd l'a pourtant juré, Zoey lui a accordé sa confiance, a accepté cette mission dangereuse. L'énergie négative, la forme qui a dévoré Émie-Anne aurait pu la coincer, la piéger, la dévorer morceau par morceau.

Faire confiance était stupide. Évidemment, Skyd s'en fout, de nous, esprit de menteur. Il s'en fout depuis le début.

Zoey veut sortir du Dôme, des souterrains infinis, retourner fêter le Jour de l'an avec les adultes lui apparaît comme une option plus rassurante que de mariner au fond de cet horrible monde.

Elle se précipite sur le sentier. Le chemin couvert de feuilles mortes s'éloigne de la caverne en longeant une rivière qui coule des montagnes, caresse des rochers moussus. Le cours d'eau se déverse un peu plus loin dans un étang emmuré d'aulnes. Zoey s'approche. Juste au bord, debout sur une plage de galets, elle le retrouve. Skyd lance des cailloux dans l'eau calme. Ses lancers sont habiles, une pierre traverse l'étang en multipliant les rebonds, sème sur son passage des cercles envoûtants.

Un détail la frappe. Quelque chose traîne par terre, un objet qui ne se fond pas dans le relief irrégulier des galets, qui jure par sa taille, sa surface pâle, embossée. Le masque. Il repose aux pieds de la créature.

Le démon a enlevé son masque tout seul ?

Le Skyd devant ses yeux ne peut pas être le même que celui qui habite dans la maisonnette sous les bancs de neige. C'est impossible. Si Skyd avait la capacité de retirer son masque, il ne les aurait pas envoyés ici. Zoey se demande ce qu'Émie penserait, comment elle réagirait. La réponse lui arrive avec la brise : elle serait enragée. La franchise des gestes de sa cousine, la souveraineté de ses émotions sont pour Zoey une leçon de liberté, comme si Émie-Anne amplifiait la sienne en s'autorisant le champ entier des réactions, des affections les plus inadéquates aux colères les plus vives. Elle n'aurait pas peur de confronter la bestiole à sa lâcheté, à sa trahison, à ses mensonges. Une force magnétique pousse Zoey à s'approcher. Une curiosité morbide s'empare d'elle, une envie pressante de voir le visage nu de la créature, plongé dans l'ombre de la capuche.

« Skyd ! » Zoey a du mal à croire qu'elle vient de crier après le démon, et qu'elle s'apprête à le refaire. « Hey ! » Elle avance d'un pas décidé vers le bord de l'étang, sort du boisé et marche sur la plage.

« Tu m'avais dit que tu resterais proche de l'entrée. » La voix de Zoey tremblote, elle s'imaginait parler avec aplomb, formuler le reproche avec sévérité, mais sa phrase emprunte des intonations molles. Skyd se retourne et dévoile un visage qu'elle reconnaît aussitôt.

« Zachary ? »

Le fils de Cindy sourit de ses grandes dents d'adulte inégales. Il a grandi depuis la fin de l'été. Ses yeux luisent dans la pénombre, ses lèvres s'étirent, humides, comme s'il venait de s'abreuver dans la rivière. Le ventre de Zoey lui envoie des messages incompréhensibles.

« Calm down, Zoey-boy. »

Une caresse glacée, désagréable. Zoey déteste ce surnom.

« C'était long… Je suis venu t'attendre ici. »

Zoey a passé une éternité dans ce trou pourri, si elle avait mis moins de temps, elle aurait retrouvé Zach à la sortie, comme prévu. Il enlève sa capuche et laisse apparaître des cheveux blonds, brillants comme le soleil.

« Une bonne nouvelle, c'est que j'ai quelque chose pour toi. »

Toutes les pensées de Zoey veulent fuir. Comme des meubles dans une maison renversée par un glissement de terrain, elles se propulsent dans sa tête, s'écrasent au fond de son crâne. Zach se penche et ramasse le masque.

« T'as bien fait ça, je vais te le mettre. Viens. »

Des images du soir de Noël lui reviennent, avec la bestiole, l'autre Skyd essayant de défaire les attaches en se lacérant la peau. Pas question que Zoey porte le masque. L'enfiler n'est pas difficile ; c'est de l'enlever le problème.

« Ça va te protéger de la Chose qui a mangé ta cousine. Elle nous regarde en ce moment, tu le sais ? Est juste à côté. »

Les feuilles du boisé d'aulnes remuent.

« Avec le masque, t'auras plus peur de rien. Je te le promets. Regarde, moi : j'ai pas peur. »

Si Zoey mettait le masque, elle pourrait sortir d'elle-même, abandonner tous ses problèmes, se laver de ses fautes, devenir un lutin malfaisant, se venger des élèves qui lui font du mal, torturer les gens qu'elle connaît en les menaçant de faire tomber la lune sur la terre. Elle ne serait plus Zoey, elle n'aurait pas à se sentir mal de faire des choses pas fines ; le masque agirait à sa place.

Zachary remet le masque sans l'attacher : « Comment tu peux être sûr que ta face, la face que t'as en ce moment, c'est ta vraie face ? » Il le retire, balaie son visage, cache et dévoile les pierres bleues de ses yeux.

« Je veux m'en aller. »

Zach ne sourit plus. Ses traits se déforment, son front se plisse. « Tu vas le mettre, Zoey. T'es venu ici pour ça. »

Zoey n'est pas ici pour ça, elle ignore pourquoi mais elle le sait, chaque fibre de son corps l'affirme.

« Le masque, c'est ta récompense. C'est le cadeau à la fin de l'aventure. »

Zoey ne dit rien.

« Ton père, il m'aimait mieux que toi. »

Elle ne peut pas dire le contraire.

« Je lui fais pas honte, moi. Le masque va t'endurcir. Il va arrêter toutes les pensées fatigantes qui te tournent autour. » Zachary fait tourner son doigt. « Je les vois, les mouches qui t'achalent. Ça sera plus de même avec le masque.

– J'aurai plus jamais d'idées dérangeantes ?

– T'as des idées dérangeantes ? »

Zoey a trop parlé ; elle se rétracte, ne répond pas.

« Quelles sortes d'idées ? Faut que tu me le dises, comme ça je peux m'arranger pour que le masque t'aide. Qu'il te montre les bonnes choses. »

Zoey hésite.

« Bon, tu me fais pas confiance…

– Je te fais confiance !

– Ça paraît pas. Tu le sais que j'ai rien dit, moi, han Zoey ? Toi, t'as-tu dit quelque chose ?

– Non, j'ai rien dit…

– Good. C'est super, ça. Je savais que je pouvais te faire confiance. Imagine comment le monde aurait réagi si j'avais raconté ça. Mais t'es trop important pour moi. » Zach se met une main sur le cœur. « Donc j'ai rien dit. »

La confession de Zach, qui jure de n'avoir rien dit, retire un poids des épaules de Zoey. Elle s'est inquiétée, s'est fait des scénarios où Zach, par mégarde ou par provocation, racontait tout, trahissant sa propre consigne selon laquelle il ne fallait rien dire aux adultes, sous peine de conséquences graves ; leurs propres parents les enverraient à la prison d'enfants avec les fous et les loups-garous. Mais Zachary est imprévisible, aléatoire, il dit une chose et son contraire. Revenaient parfois à Zoey des moments de négligence où Zach osait, un soir, se lever de son lit alors que les adultes ne dormaient pas encore, qu'on les entendait toujours parler dans la cuisine, juste à côté, qu'ils pouvaient entrer dans la chambre à tout moment.

« J'ai le goût de te récompenser. T'es rendu au bout du chemin, Zoey. Pourquoi t'abandonnerais ici ? Pense à ta cousine.

– Je veux que tu me laisses tranquille. »

Zachary s'avance en élargissant les épaules, comme pour paraître plus grand. « Réfléchis bien à ce que tu dis, Zoey-boy. »

L'image d'Émie est un lien, elle vrille, se déguise d'un

costume vert comme dans le jeu *Zelda*, s'arme d'une épée qui permet de rompre les liens maladifs, de les couper comme des herbes hautes. Zoey se met à courir, les galets glissent sous ses bottes d'hiver et le sol travaille contre elle. Le sentier s'éloigne, elle trébuche. Un bruit de billes renversées sur la céramique. Zachary est juste derrière, il avance avec facilité, sans se presser. D'un geste brusque, il saisit son poignet. Zoey essaie de se défaire, triture les doigts serrés. Son coude distille une sensation de chair lacérée qui voyage, jaillit dans son ventre. Elle ne peut plus se relever. Zach pèse lourdement sur son dos. Zoey peine à respirer, les cuisses lui serrent les côtes, l'empêchent de se tortiller. Elle est allongée sur la grève humide, sous une présence massive. Zach lâche ses mains pour retirer son coton ouaté noir à capuche. Un torse de chair pâle apparaît furtivement sous le chandail, aussitôt recouvert par le tee-shirt. La lune tombe sur la terre. Zoey se laisse écraser comme une serviette qu'on tord. Elle sera libérée du poids des images, punie pour les fantasmes acides de son esprit tordu, les secrets enfouis, les larmes coupantes de sa mère. La lune blanche et ronde. Zoey aime se faire écraser, non ? C'est son rôle d'être couchée au sol, incapable de bouger, de payer pour les fautes. La lune la nettoie, lui rend service, elle peut faire une chose de plus, une chose de plus et Zoey perd le contrôle, s'abandonne entièrement à la punition libératrice, un geste qui déborde, qui dévore, un ver noir qu'elle tente tant bien que mal d'enterrer dans les poussières oublieuses du Dôme.

Zach attrape le masque, le place, puis l'enfonce sur le visage de Zoey, en se servant du sol comme appui. Zoey ne se débat plus. En résistant, elle risque de se blesser, c'est tout. Dans le renoncement, Zoey trouve un confort étrange. Un tout petit bien. Son champ de vision devient noir. L'objet dur presse sur ses pommettes, sur son menton, sur son front. Zach réapparaît, encerclé par d'épaisses bordures. Son crâne va défoncer. La pression du masque sur les os de son visage est insoutenable, les bandes serrées lui tirent la peau.

Le regard que pose Zachary sur Zoey vaut bien toutes les douleurs. Il le recouvre d'un voile de satisfaction, de délice. Zoey est élu, privilégié que Zach lui partage son pouvoir.

Zach se relève. Zoey respire.

Le garçon s'assoit à côté et commence à lui caresser la tête. La première sensation est désagréable, mais Zoey se laisse faire. Le tracé contre sa tête s'adoucit, atténue la radiation douloureuse qui provient du masque.

Ç'a pas été facile au début, mais t'as bien fait ça. Je suis fier de toi.

Zoey se redresse. Il avance à quatre pattes jusqu'à l'étang et se regarde dans l'eau. Son visage, celui qu'il connaît, qu'il confond avec sa personne, n'existe plus. Il peut retrouver ses yeux, mais les distingue à peine. Il ne voit qu'une tache blanche qui ondule dans l'eau brune.

Ça te va bien, tu trouves pas ?

La tête de Zachary apparaît à la surface de l'eau.

Je m'excuse si je t'ai fait mal. Y a fallu que je force un peu. Tu m'as pas laissé le choix. Tu comprends ?

Comment je vais faire avec mes parents ? Je vas dire quoi quand je vas retourner en haut ? Zoey fixe le reflet de son nouveau visage. Il se demande où il va vivre s'il ne peut pas retourner chez lui, si ses parents ne le reconnaissent plus.

Personne va le remarquer, Zoey-boy.

Tout le monde s'en fout.

On pense que tout le monde voit rienque ça, mais personne veut vraiment voir.

Tu vas découvrir tout ce que tu peux faire, maintenant, avec le masque. C'est dangereux pour moi de rester ici sans défense, sans pouvoirs.

Zoey ne veut pas être seul ici. Il ne sait pas où aller, ignore comment sortir. Il se retourne pour demander de l'aide à Zachary, mais le garçon n'est nulle part en vue.

– 70 –

Même en cherchant avec la lampe de poche, Josiane ne voit rien. Les traces de bottes dans la neige mènent nulle part, tournent en rond, puis reviennent à la porte du sous-sol. Émie et Zoey sont probablement rentrés après avoir fait quelques tours dehors. La cour arrière est clôturée, ils ne peuvent pas être allés loin. Le balcon est recouvert de neige vierge, tombée dans les dernières heures. Josiane a inspecté le sol, illuminé par les couronnes de Noël de la façade. Personne n'est passé par là depuis le début de la tempête.

Ça sert à rien de paniquer.

Devant la maison, les traces tournent autour de la montagne de neige poussée par la gratte, comme si les enfants l'avaient parcourue à la recherche de quelque chose. Josiane ne porte pas de bottes d'hiver, elle n'ose pas trop s'avancer. Elle ne voulait pas éveiller les soupçons des autres en sortant ses vêtements chauds du placard. La neige pénètre dans ses ballerines et mouille ses pieds. Josiane remarque un trou dans la butte, les enfants ont piétiné juste devant. Elle inspire et fait un grand pas, le plus grand possible, dans la neige. La mousse froide lui monte jusqu'au mollet. Elle s'approche, étire la lampe de poche. Tout son corps se hérisse et elle pousse un cri. Deux petits yeux luisent au fond du tunnel. Une forme se met à bouger.

« Émie ? »

La fillette rampe sur le ventre, elle surgit de la montagne de neige, l'air innocent.

« Je vous cherchais… »

Émie est contrariée, Josiane leur avait promis de les protéger, de les laisser faire ce qu'ils voulaient. Qu'est-ce qu'elle fait là ? Elle n'est pas habillée pour aller dehors, elle frotte ses bras nus en grelottant. Il faut jamais faire confiance à un adulte.

« Vous m'aviez dit que vous restiez dans le sous-sol… »

Émie prend son air le plus sévère, le plus sorcier, le plus démoniaque : « T'étais supposée surveiller pendant notre mission ! »

Mission. En prononçant le mot, Émie regrette. On ne parle pas de « mission » avec une traître, on ne lui raconte pas nos aventures. Josiane ne sait rien de ce qu'on a vu, de ce qu'on a fait. Zoey est encore dans le monde d'en bas.

« Y est où ton cousin ? »

Fuck. Il faut qu'elle trouve vite une explication.

« Il a pas fini. Il est juste là, en dessous de la butte. »

Josiane lui fait un regard douteux. Elle gèle, ses lèvres bleues tremblotent toutes seules.

« Il est dans son donjon.

– Son donjon ?

– C'est pour sa mission. Quand ça va être fini, on va retourner regarder notre film, promis. »

Josiane commence à marcher vers l'entrée de l'atelier.

« Je vais juste avertir tes parents que vous êtes dehors. »

Émie panique.

« Non ! Please, dis-le pas aux parents. » Elle s'approche, se met à genoux devant Josiane et fait ses yeux cutes. « Dis-le pas *please please pleeeeaaase*.

– Émie, vous jouez dehors... Faut que je le dise à tes parents. J'ai pas le choix.

– Tu veux gâcher notre mission. Je pensais que t'étais la seule adulte alliée des enfants, mais en fait, t'es notre ennemie. »

Si Josiane n'avait pas aussi froid, elle ressentirait un frisson lui descendre jusque dans les jambes. *Ennemie*. La phrase d'Émie la heurte, comme son regard réprobateur, sévère. Elle referme une porte qu'elle avait ouverte, plus tôt, dans le sous-sol avant le souper, pendant qu'ils formulaient ensemble leur incantation. Lui retire sèchement son privilège. *Ennemie*. Josiane n'est pas une *ennemie*. Le monde des enfants est le sien. Il l'a été, il n'y a pas si longtemps.

« Je vais rien dire... » Le visage d'Émie s'assouplit. « Mais je vous laisse vingt minutes pour rentrer et vous réinstaller devant le film. Si, dans vingt minutes, vous êtes pas là, je vais être obligée de le dire à Sandra pis à Benoît. »

C'est une entente. Émie voudrait lui sauter dessus pour la remercier, mais elle ne voudrait pas que Josiane croie faire la bonne chose en marchandant avec elle.

- 71 -

Qu'est-ce que sa cousine va penser quand elle va le voir ? Zoey a osé porter le masque de Skyd, l'a pris pour lui tout seul. Même s'il explique que Zachary a insisté, comment Émie pourrait le croire ? Ils sont seuls ici. N'ont croisé personne d'autre. Les berges de l'étang sont silencieuses. Pas l'ombre d'un mouvement.

Zoey emprunte le sentier qui s'ouvre au bout de la plage de galets, refait le chemin en courant. À l'entrée de la grotte, il se jette à quatre pattes et rampe dans le tunnel. Le passage étroit ne lui fait plus rien. La peur est une voix lointaine, étouffée par un édredon épais. Son chant de mort n'a plus de prise, il résonne dans le vide. Aucune image désagréable ne se manifeste. Zoey s'enfonce dans l'indifférence. Il se fout du danger. La lune pourrait bien tomber sur la terre. Et la terre se faire défoncer par une lune vengeresse. Zoey revoit l'astre pendu au-dessus de la salle communautaire, pendant le Noël des Lamontagne. Il s'imagine attraper la grosse boule à deux mains, et la propulser sur la famille.

En quelques minutes, il arrive au bout des tunnels. Le plafond s'élève et laisse assez de place pour se relever. Une ouverture pleine de racines pénétrée par un rayon maigre, une déchirure de lumière. Au centre traîne un coffre en bois grisâtre, renforcé de lattes et de cornières de métal. D'un coup de pied, Zoey l'ouvre.

Émie-Anne n'est pas là pour chanter la petite musique victorieuse.

Il ramasse l'objet doré, au fond. Une libellule bleutée un peu répugnante, immobile, avec ses pattes finement taillées. Il glisse l'insecte dans sa poche et retourne dans les méandres caverneux.

Une présence se fait sentir à la sortie du tunnel. Zoey ne peut s'empêcher de sourire sous son masque. Le monstre est là. La forme halète dans son cou. Zoey sent le souffle atomique, froid, avalant les odeurs, les pensées.

C'est l'étape ultime du voyage. Le boss de la fin. La rencontre avec ce qui lui faisait le plus peur au monde. Zoey réalise pour la première fois l'effet du masque. Depuis tout à l'heure, la crainte incessante, l'angoisse sournoise ne l'assaillent plus. Son corps est pris d'une solidité, d'une droiture inhabituelle, presque douloureuse.

Qu'elle vienne, la forme. Zoey ouvre les jambes pour avoir un meilleur équilibre, écarte les mains. Un trait de crayon. Un éclat de lumière noire. La créature soulève l'un de ses dégoûtants stolons, le fait rouler dans les airs, puis l'abat. L'image d'Aragorn qui combat la grosse pieuvre s'impose dans un flash. Zoey lève les mains, agrippe le tentacule. Il touche pour la première fois la créature ; elle lui paraît à la fois chaude et froide, humide et sèche. L'organe gigote, Zoey raffermit sa poigne.

Il serre tellement fort que ses doigts s'enfoncent dans la chair vide. La bête remue son stolon et pousse un bruit de voiture qui freine. Ses mains sont deux pinces d'acier, Zoey les ferme. Le tentacule se rompt dans un cri de chiot qu'on égorge. Il n'a jamais fait souffrir personne. Le hurlement de douleur le traverse, s'infiltre sous le masque.

Zoey connaît la douleur. Son corps porte le souvenir d'un plancher froid, sur lequel on le retient. Il laisse tomber le morceau de viande.

La forme ne le regarde plus de la même manière. Elle s'éloigne, se referme. Zoey fixe la fumée, la présence vide. En regardant de près, le monstre semble être composé de milliers de carrés noirs, vaporeux. La bête le voit. La forme perce sous le masque, et Zoey retrouve, en son cœur, un regard tendre qu'il connaît.

Le masque se serre. Zoey ne veut plus affronter la bête. Les bandes de cuir lui arrachent les cheveux, les angles durs compressent les os de son visage. Le masque le tire vers le haut, le force à se lever, Zoey est sur la pointe des pieds. La peur, le doute sont revenus, s'infiltrent entre la peau et le bois. Il repense au sortilège de Josiane.

« Esprits de la protection, donnez-nous du courage et de la chance pour affronter les pires dangers. »

Zoey s'étend au sol. Sa tête va exploser. Le masque serre si fort que son squelette pourrait céder et faire juter sa cervelle. Zoey est couché dans les feuilles humides. Il pourrait être avalé par l'humus, se décomposer avec la matière organique, se mêler à la terre.

La forme s'approche. Elle sort ses crocs, ses mandibules affamées. La voix de Zachary résonne.

Lève-toé crisse de lâche.

Arrête de chigner comme une fille.

Il est trop tard pour changer d'idée. La trompe se plante dans son ventre et commence à boire. Zoey se vide par l'intérieur, son corps voyage, aspiré ailleurs. Ses organes partent en premier, des grumeaux que la trompe avale, puis les muscles et les tissus se décollent des os comme des pétales d'une fleur rare. Zoey sent les bandelettes du masque s'éloigner de sa tête. Le masque lourd ne pèse plus contre son visage, il tombe sur le sol et gît au milieu de la forêt déserte.

– 72 –

Un corps n'est pas un corps ; la peau ne limite rien. Zoey perçoit des formes troubles, qui n'appartiennent pas au registre de la lumière. Une série de connexions apparaissent sous ses yeux, des personnages du passé se manifestent et se dissolvent dans des rivières, s'accumulent dans des montagnes. Les sentiments, boules incandescentes, rencontrent des matières pâles, bêtes brutales imaginaires, désirs emportés dans des vaisseaux sanguins perdus dans les espaces sacrés, paisibles, délivrés de toute intelligence. Les pensées sont des sphères, des nœuds invisibles qui ramènent ensemble des éléments éloignés ; elles flottent dans l'air, et Zoey roule, déboule, plonge en elles.

Émie lui saute dessus comme s'ils ne s'étaient pas vus depuis mille ans. Comme lui, elle n'est plus un corps, mais une source d'énergie diffuse, un vent qui souffle. Zoey devient elle, il est impossible de distinguer ce qu'elle pense de ce qu'il ressent. Émie n'existe plus, pas plus que Zoey. Les choses nous apparaissent sous un jour nouveau, distordu. On ne sait plus où l'individualité commence où elle s'arrête, ce qui appartient à l'une ou l'autre. On n'arrive plus à penser au « je », nos noms n'ont plus aucun sens. On est des poussières portées par le vent, des plantes qui ont éjecté leur pollen, des champignons qui ont libéré leurs spores. On est tout ça ; la plus minuscule des choses, la totalité du paysage. On se croise, on se mélange et on forme un vaste marécage où rien n'est discernable, aucun absolu, plus de toi ou de moi. Les frontières s'affaissent, on est un grand dessin sans contours dont les couleurs se noient. Les accidents sont des miracles. Les douleurs, des chances inouïes. On réalise à peine la puissance d'avoir mal. On a tellement mal et on est tellement bien.

La force qui s'élève en nous est effrayante. Un essaim de possibles qui adviennent et ne cessent d'advenir, dans des millions d'univers différents. On pourrait absolument tout faire, on le pense à l'unisson. Le bien, le mal ont disparu, comme une crampe qui se relâche. L'état de puissance dans lequel on se trouve est incomparable. Aucune créature humaine ne l'a jamais expérimenté. On dévore le sol de nos mille pattes, on traverse les paysages, on marche au plafond, on observe le fond des maisons avec délice. On pourrait bouffer le monde entier sans ressentir la satiété. On visite le fond de nos douleurs, on ne saurait expliquer comment avec le langage, mais on connaît l'envers de nos blessures. Impossible de descendre plus bas, on a franchi la dernière salle du donjon. Un corridor les relie toutes. On explore les passages secrets de la souffrance, nos douleurs sont les mêmes, elles se rejoignent, se croisent, communiquent. Le même air circule dans nos canaux de peines, reliées par des tunnels illicites. On les traverse comme si on explorait un musée. Dans ce monde, tout revient au même, à la même multiple chose. On est cette chose qui nage dans la mer infinie des peines cousines.

Notre nuée s'arrête près de l'escalier qui remonte vers la vraie vie – la vie mortellement ennuyeuse, ce monde tordu où les enfants obéissent aux parents, où les professeurs enseignent aux élèves. Nos soutes d'hiver reposent en tas sur la pierre noire. On les ramasse et toutes les guêpes de négativité tonifiante qui nous constituent volent à l'attaque de la porte verte, là-haut. On retourne au Jour de l'an.

– 73 –

À son premier Noël dans sa belle-famille, Josiane s'est organisée pour que les enfants qu'elle était censée surveiller partent jouer dehors, en pleine nuit, à moins vingt-cinq degrés, sans avertir personne.

Bravo, championne.

Au moins, Émie est en sécurité. Il lui reste cinq minutes pour retrouver son cousin et l'installer sur le divan du sous-sol. Josiane regarde l'horloge. Cinq minutes : elle est inflexible sur le temps. Après, si Zoey n'est pas revenu de sa « mission », elle sonne l'alarme.

Josiane n'a pas envie de gâcher la belle soirée de Sandra et Benoît avec une autre disparition d'enfant, d'être la porteuse de la mauvaise nouvelle. Dans ce genre de situation, on finit par tirer sur le messager. Elle ferait peser sur elle un soupçon dont elle aurait du mal à se défaire, qui lui collerait à la peau pendant des années et qu'on lui remémorerait à toutes les fois qu'elle retournerait chez les Lamontagne.

« Te rappelles-tu le Jour de l'an où t'as perdu un enfant ? »

Josiane repense à la réaction de Benoît et Sandra, le

24 décembre, quand ils ont réalisé que leur fille était sortie jouer dehors. La panique totale. Arrêtez la musique ! Sortez les motoneiges ! Benoît était à un cheveu d'appeler la police.

Josiane les a aidés, par gentillesse, par solidarité envers sa nouvelle belle-sœur. Émie et Zoey ont été retrouvés en trente secondes. La bulle de panique a éclaté. Tout le monde a repris sa conversation en haussant les épaules et en remettant la musique. Les enfants étaient partis prendre l'air, mener leurs aventures sous la lumière franche de la lune, au milieu du rond-point.

Josiane espère que la scène ne se rejouera pas à l'identique ce soir. Zoey va rentrer, elle le sait. À son retour, Josiane va profiter de sa position privilégiée (elle a le tour avec eux) pour leur faire un sermon.

« Je dirai rien à vos parents, mais faites plus jamais ça. »

Quand Émie et Zoey parlaient de leur « mission », tout à l'heure, Josiane n'a pas compris que cela supposait d'aller jouer dehors. Si elle l'avait su, elle aurait dit quelque chose. *Venez nous avertir, au moins.*

Émie lui a juré que Zoey n'était pas loin, mais la petite avait une lueur dans l'œil. Un éclat scintillant. Un brin d'inquiétude. Ou de mensonge.

Encore trois minutes avant de redescendre. Avec le froid qu'il fait, Émie et Zoey ne vont pas tarder à se blottir dans leur sleeping-bag. C'est une question de secondes avant qu'ils sortent de leur cachette et s'installent devant leur film, à la chaleur.

Josiane sirote son fond de vin rouge, jette un coup d'œil furtif aux aiguilles de l'horloge.

Le temps n'avance pas.

À peine trente secondes sont passées depuis la dernière vérification.

« T'es ben dans lune, ma chérie. »

Josiane envoie un sourire poli à Mario, de l'autre côté de la table. Elle ne suit plus les conversations. Sandra se lève, se met à marcher vers le couloir, étonnamment droite sur ses talons.

« Je vas aller voir en bas si tout est correct. »

Josiane l'intercepte :

« Je viens d'y aller, Sandra ! J'en reviens juste. Ils dorment. Tu risques de les réveiller. »

Sandra se retourne, comme si elle ne croyait pas Josiane.

« T'es sûre ? »

Josiane regarde son verre et hoche la tête. « Oui, oui, je viens d'y aller.

– Ramène-nous donc un petit blanc, à place, ma chérie », demande Benoît.

– 74 –

Le Dôme arbore son air arrogant de temple paisible.

Un dos gigantesque, traversé par la ligne osseuse d'une colonne vertébrale, se fendille, s'ouvre. Le corps de la forme pèle, des lambeaux de chair se tordent, s'embrasent. Une ligne de feu les traverse pour ne laisser qu'une fine couche de poussière.

L'éclair passe, les divise. Le sol s'approche à toute allure. Émie tombe sur les fesses, se fait mal au poignet. Elle secoue ses mains sales, tachées de poudre noire. Zoey, juste à côté, a l'air perdu. En croisant son regard, une bourrasque monte et Émie se met à pleurer. Zoey sait tout. Il a pu, pendant une seconde, prendre la mesure des secrets les mieux enfouis, des espaces emberlificotés dont sa cousine ne parle jamais. Il a été, lors de ces drôles d'instants, partie d'elle. Les vases ont débordé, les piscines ont noyé les océans. Émie a vu les paysages déchirants, ravagés et lacérés par les guerres, qui peuplent son cousin. Il pleure, lui aussi, en reniflant. Son visage est rouge de peine, de fatigue.

Il faudrait un grand chant triste pour exprimer nos adieux forcés à la forme. Nos identités reprennent, ça nous écœure en hostie. Émie-Anne redevient Émie-Anne, Zoey s'arrache d'elle. On pleure d'être en vie, de retrouver nos bras, nos jambes d'enfants, nos genoux contre le sol qui fait mal. Émie ne perçoit plus les sensations colorées, ces grandes volutes aux formes étranges, inconnues, qui ont circulé en elle. Elle n'a plus accès aux souvenirs de Zoey, ne sait plus rien de ce qui se cache au fond de ses donjons, mais elle en conserve une impression vive, diffuse, sans objet précis. Un sentiment partagé, impossible à expliquer.

Émie s'approche de son cousin. Il ouvre les bras, elle tombe dedans. On ressent la même chose. La même tragique chose. La tristesse de la séparation. On ne s'en remettra jamais d'avoir connu la totale multiplicité. D'avoir été communs. Émie voudrait se liquéfier pour entrer dans la bouche de Zoey, disparaître dans l'unité parfaite. Elle voudrait que Zoey lui ouvre le crâne pour s'asseoir dans la chaise de la conductrice, qu'il commande ses émotions et ses gestes à sa place. Mais elle sait que c'est impossible. Que ces images imparfaites ne traduisent pas la sensation immense qui les a gagnés plus tôt. Elle défie toutes les explications, toutes les comparaisons possibles.

La forme est morte, éclatée. Ses cendres se mêlent à celles du Dôme. La poussière retombe. Les enfants se serrent, comme s'ils essayaient de se fondre ensemble.

Zoey lève les yeux vers la porte verte. Elle est scellée. La gravure en forme de masque est partiellement effacée, une peau qui cicatrise.

« Je serais jamais partie de l'entrée de la caverne. J'aurais monté la garde. »

Zoey serre sa cousine plus fort. Il ne veut pas qu'elle voie ses larmes. Émie demande d'une voix hésitante, prudente :

« Qu'est-ce qu'il t'a fait, Zachary ? »

Zoey perd le contrôle, se vide, il n'est plus qu'une grande secousse de pleurs mouillés, de morve, un trou dans la pierre, la détresse jaillit d'une mer souterraine. Émie ne dit rien. Le laisse pleurer, le serre en lui passant une main dans les cheveux. Pendant une minute, Zoey est son bébé, sa poupée qu'elle console. Puis l'averse se calme. Il s'essuie les yeux, le nez. Sa manche absorbe une goutte de morve blanche.

« T'as le droit de dire "non", Zoey. »

Son visage se tord de nouveau. Il va se remettre à pleurer. La vague passe.

Émie se lève, tourne en rond dans la pièce vide. Sa main se colle contre le portique en marbre émeraude, pousse un peu. Rien ne bouge.

On n'y retournera jamais.

Émie regarde sa montre. Oh fuck. Elle fait signe à Zoey.

« Fuck de fuck d'hostie de fuck. Skyd est peut-être mort.

– Ben non, on a encore le temps… »

23 h 30. Bientôt, les adultes vont venir les chercher pour le décompte du Nouvel An.

« T'as-tu nos libellules ? Faut trouver Skyd, vite. »

Zoey tâte les poches de sa salopette et fait apparaître dans sa paume deux bijoux dorés. On sait ce qu'il nous reste à faire. Le couloir enneigé nous attend sous la butte de neige. Ils s'approchent, mais avant de se pencher pour remonter, Zoey attrape la mitaine de sa cousine.

« Je suis là, Émie. T'es jamais toute seule. »

Le visage de sa cousine s'illumine. Un sourire s'empare de ses lèvres, laisse apparaître ses dents blanches. Deux larmes coquines se précipitent sur ses joues, déboulent jusqu'au menton. Zoey sent le besoin d'ajouter quelque chose. Il ne sait pas d'où lui vient cette certitude, il ne connaît pas les mots qui se forment dans sa bouche avant de les prononcer.

« Y a plein d'enfants comme nous. On va les trouver. »

– 75 –

L'air sent la décomposition.

Skyd est dans son lit. Il se lève et s'assoit lorsqu'il voit Émie entrer. Notre créature est chétive, recouverte de couches de champignons blancs qui font moisir son écorce squameuse. Le démon renifle, s'étouffe, tousse.

Émie lance une bûche dans le feu presque éteint qui émet une fumée noire avant de se revigorer et de lécher le bois.

Zoey reste dans le cadre de la porte. Émie écarquille les yeux en ouvrant les mains. C'est que tu fais ?

Dans le fond de son donjon, Zoey a revu Skyd – un autre Skyd, qui n'avait pas le même corps sec et tordu, mais qui portait le même masque, exactement le même. La forme de squelette, les trous pour les yeux, les cornes l'empêchent d'avancer. Derrière ce masque, Zoey retrouvait une personne qu'il ne pensait jamais revoir.

Émie porte en elle ces aventures. Elle les a vécues lorsqu'elle était dans la forme. Elle les connaît comme un film vu il y a très longtemps, qui s'efface de la mémoire.

C'est irrationnel, mais Zoey ne peut avancer. Il l'a porté, ce masque, connaît la souffrance de la bestiole. La peau du visage qui se râpe contre le bois. Les bandes de cuir qui arrachent la chair. Il voudrait sauver Skyd, mais il ne peut faire un pas de plus.

La face de fantôme aux yeux bleus est là, elle le regarde.

Émie n'a pas de temps à perdre. Elle dépose les insectes dorés près des loquets en papillons qui retiennent les sangles crispées du masque de Skyd. Les libellules s'installent sur le dos de leurs proies, forment une drôle de boucle avec leurs queues, plongent leurs mandibules dans l'abdomen dodu, sucent le miel vital des papillons. Les bandelettes ramollissent, les derniers bouts d'ailes finissent d'être avalés par les bouches minuscules des amulettes en or.

Deux grandes mains sorcières, aux longs ongles noirs, attrapent le masque et l'arrachent d'un coup. Pour la première fois depuis des lustres, Skyd respire sans entrave. Son crâne est miniature, nu. Il relève la tête et nous fixe de ses globules bleus.

On voit son visage pour la première fois. Notre cœur se tord. Son petit air de poussin, son minois de lutin, sa peau plissée d'immortel enfant nous donnent envie de pleurer. On ne sait pas si Skyd est un garçon ou une fille, peut-être que les démons n'ont pas les mêmes sexes que nous, qu'il y a d'autres manières d'organiser les enfants dans les rangs d'école, de séparer les toilettes dans le monde d'où ils viennent. Skyd est un très vieux bébé, un cadavre d'enfant séché qui date du temps des pyramides. Sur ses pommettes pointues, l'écorce paraît si mince qu'elle pourrait crever à tout moment et saigner de la mélasse collante. On veut flatter Skyd, mettre du Lipsyl sur sa petite bouche sans lèvres, gercées de striures, des coups de couteau sur un tronc d'arbre. Il a un nez minuscule, deux narines percées au milieu du visage, on a le goût de le moucher, de lui donner du sirop pour qu'il respire sans saccades, l'apprivoiser, le libérer de sa nervosité d'écureuil alerte.

Skyd fait peur, il émeut. On se sent comme devant le plus cute des toutous. On ferait tout pour le protéger des forces maléfiques du masque qui gît, éventré sur ses genoux.

C'est la première fois de notre vie qu'on fait quelque chose d'utile. La joie s'empare de la maisonnette de Skyd. Une joie saccadée, qui rebondit sur les murs, éclaire la neige d'une lumière tendre. Skyd se met à danser, ses mains font des poses loufoques autour de sa tête, il pousse des criquets heureux. On a peur que les ridules autour de sa bouche ne fendent tellement il s'esclaffe. Quand Skyd l'ouvre, apparaissent des dents pointues et blanches entourant une langue timide, fourchue comme celle des serpents. Sans avertir, il saute dans les bras d'Émie en poussant un couinement d'insecte. Elle sursaute, éclate de rire. Émie touche la peau malade, remarque Zoey, on pourrait attraper des microbes, les plaques blanchâtres qui recouvrent son écorce pourraient nous gruger les os jusqu'à la moelle. Mais Zoey réalise que la maladie disparaît à vue d'œil. La peau de Skyd reprend sa couleur saine : grise, brune par endroits. Plus rêche que du sable. Une branche tordue munie de griffes s'avance vers lui. Zoey hésite, puis se laisse envelopper par le bras rugueux, qui le serre fort. Il pose sa main sur les cicatrices à l'arrière du crâne ; Skyd s'est fait ces tatouages en mutilant sa peau, Zoey sent les bosses et les crevasses sous ses doigts. Il suit leurs trajectoires, les caresse.

La petite chose a tellement souffert. Elle était prisonnière depuis l'époque de Zelda ou même avant. Une éternité plus longue que nos vies. On vient de libérer notre démon d'un fardeau millénaire. C'est la chose la plus extraordinaire qu'on a jamais faite. Combien d'enfants ont essayé, ont descendu le grand escalier, pénétré l'envers des sous-sols sans se rendre au bout de l'aventure ? Des milliers, peut-être. Jamais Émie n'aurait pensé briser, à elle seule, des malédictions venues du fond des âges, du médiéval, des Mayas, de l'Égypte. À elle seule avec Zoey.

Elle est tellement fière qu'elle sent le besoin de crier. Elle prend ses amis par le cou et saute dans les airs.

– 76 –

On n'a pas grand temps pis on le sait.

« Est-ce qu'on montre Skyd aux adultes ? demande Zoey à voix basse.

– Jamais de la vie.

– Même pas à Josiane ? Personne va nous croire sinon. »

Émie fouille en elle. En croisant le regard de Zoey, elle sait aussitôt qu'il comprend, qu'il a les mêmes images en tête. Les adultes bien intentionnés font venir des scientifiques pour étudier la découverte. Des médecins et de cruelles dentistes découpent notre démon en morceaux, le ligotent sur un lit et lui font toutes sortes de piqûres. Ils le mettent dans un zoo, dans un cirque, le font passer à la télé. Skyd enrage, déteste la vie en cage. Il se révolte et assassine un scientifique par accident. Il finit électrocuté à mort.

« Josiane, ça reste une psy. Une gentille psy, mais une psy quand même. » En le disant, Émie fait tourner un doigt contre sa tempe.

Laisser partir Skyd sans conserver de preuve de son passage veut dire que l'histoire se perdra. On dira qu'on a beaucoup d'imagination, et on l'oubliera. Peut-être que nous-mêmes, un jour, on va se mettre à douter de ce qu'on a vécu, on va devenir des ados (un dégoût nous grimpe dans le dos) qui ne croiront plus aux démons, aux mondes fantastiques, aux portails vers d'autres dimensions.

Avant de sortir de la tanière, on voit le masque une dernière fois. Ce masque de Majora, sorti du jeu, qui nous a causé toutes les terreurs. On l'embarre dans la chambre de Skyd, quelque part au fond des quartiers résidentiels.

Trois silhouettes se traînent au milieu de la rue, dans la neige épaisse. Les lumières de Noël laissent sur le tapis frais une poudre colorée.

Skyd, Zoey et Émie lèvent la tête, la lune immense les observe dans le ciel. Deux grands cratères esquissent un regard plein d'idées troubles. D'une minute à l'autre, elle risque de s'affaler sur la terre.

Skyd s'agite, pointe le ciel. Il fait semblant de voler avec ses bras.

« Il veut partir ? »

Émie se met à pleurer. Ce ne sont pas des larmes qui écrasent le cœur, mais un sentiment plein, franc. Skyd s'en va. L'entité est en train de faire ses adieux.

Zoey le serre fort, si fort que la petite cage thoracique se comprime sous le grand chandail à capuche. Skyd ne comprend pas trop ce qui nous prend, il attend patiemment qu'on ait fini de l'écrabouiller d'amour.

Dans nos yeux mouillés, la lune se diffracte, se multiplie. Le ciel est un kaléidoscope, les étoiles font des danses folles, des patineuses sur la surface d'une rivière agitée.

Skyd recule d'un pas. Ses yeux sont brumeux. Il hoche la tête. Lève la main et balance ses griffes dans la nuit. La petite chose sautille sur la neige fraîche. Ses pieds ne s'enfoncent pas dans la mousse blanche, ils flottent à la surface, en quelques sauts, l'entité escalade la plus haute butte du quartier. Il est au sommet de la montagne et danse en couinant de bonheur.

On lui envoie la main. Sous nos yeux, Skyd ouvre les bras. Un morceau de rue se soulève, s'élève un disque d'acier recouvert de neige, une bouche d'égout qui doit peser une tonne et qui lévite sous les gestes du démon qui saute, s'envole, plonge dans le trou. Skyd retourne au plus profond des sous-sols. Notre ami disparaît, retourne là d'où il vient. La sphère qui se berce dans les nuages filandreux est de nouveau ronde, lisse.

On sait très bien que la lune ne tombera jamais sur la terre.

Le monde qu'elle espérait, ce monde incroyable où Émie aurait enfin sa place, où elle prendrait part à une aventure à titre d'élue, de princesse bafouée, n'existe pas. Tout ce dont elle rêve depuis toujours est un leurre, une histoire mensongère qu'on raconte aux enfants. Il n'y a pas d'autre monde. On ne reçoit jamais sa lettre qui nous invite à rejoindre l'école de magie, on ne trouve sa place nulle part ailleurs que dans ce quartier résidentiel ennuyeux qui s'étend sous nos yeux, l'enfilade de maisons grises, brouillées par les derniers flocons de neige épuisés qui virevoltent dans l'air. Une épidémie terrible frappe d'un coup les ogres, les chevaliers, les fées. Les elfes toussent, crachent du sang, meurent d'un coup. Les sorcières sont retrouvées noyées dans leur chaudron, les rois étouffés dans leur palais. Rien de tout cela n'existe hors des livres, ses héros sont morts. Il n'y a pas d'univers de rechange. Rien d'autre que ce monde imparfait.

La leçon est amère. La lune pourrait tomber sur la terre, Émie ne serait téléportée dans aucune histoire palpitante.

Tous les livres qu'elle lit, d'aussi loin qu'elle se souvienne, lui promettent une autre existence, un royaume qui l'accueillerait comme une fille du pays retournant enfin à la maison. Émie est allée le plus loin possible dans l'autre univers, elle a exploré de fond en comble le sous-sol intérieur, les donjons obscurs de Skyd, faits de craintes, de doutes et de terreurs. Là-bas, les méchancetés entendues une seule fois résonnent en écho jusqu'à la fin des temps, les peurs deviennent réelles, pires que ce qu'on avait imaginé. Les romans, en racontant l'histoire d'enfants tristes qui rejoignent leur destin en trouvant la porte secrète, mentent depuis toujours. Émie n'a plus envie de lire, plus jamais. Elle n'ouvrira plus un roman de sa vie, c'est décidé. Leurs promesses sont trop grandes, et la vraie vie trop minable à côté.

Elle reste coincée ici. Dans le seul monde qu'elle connaît. Tout à l'heure, elle retournera fêter le Nouvel An avec ses maudits parents qui ne comprennent jamais rien, n'ont jamais rien écouté, ne s'intéressant jamais aux épopées, aux voyages intergalactiques qui se déroulent en elle. Les adultes sont idiots, ils n'ont pas les capacités mentales pour comprendre ce qui enivre Émie, ce qu'elle vit avec intensité, tous les mystères qui se terrent et qui ont besoin d'elle pour être mis au jour. Sandra lui fabrique des rideaux, peint des royaumes sur les murs. Benoît lui achète des livres et des jeux vidéo. Rapidement, ils retournent à leurs histoires à eux. C'est tout ce qu'ils savent faire. Leur manière de participer à ses aventures. Une manière qu'elle n'aime pas – mais ses parents n'en connaissent pas d'autres. Émie non plus.

Elle les déteste. Et parfois, les aime aussi.

Il n'y a pas d'autre monde. Un seul Benoît et une seule Sandra.

Elle devra faire avec.

Émie fixe le ciel, ne voit plus les étoiles. Une bruine s'élève dans le soir ou dans ses yeux. Les lumières des maisons se délavent d'une couleur pâle, un halo qui noie les constellations, les connexions stellaires, les astres lointains, étrangers dans une même pâleur maladive.

Il n'y a qu'un seul monde, et Émie a les deux pieds dedans.

– 77 –

Un cercle de lumière blanche tâtonne le paysage, épie les devantures des maisons, la neige, nos habits d'hiver.

« Vous êtes là ! »

Josiane s'approche à bout de souffle, elle a enfilé ses bottes et son manteau. On dirait qu'elle vient de voir un fantôme. On se demande si elle a assisté au départ de Skyd, elle est peut-être traumatisée. En voyant nos airs naïfs de petits anges, elle se colle un sourire dans le visage. Josiane essaie de ne pas sonner fâchée, même si on entend les bouillons de lave dans sa voix. Elle s'adresse à Émie :

« Ça fait presque une *demi-heure*. J'avais dit *vingt* minutes. »

Émie prend un air de défi.

« Tu nous as pas stoulés aux parents, toujours ?

– Non. Non... Mais grouillez-vous de rentrer, c'est le décompte. On va passer par le sous-sol. »

En empruntant l'escalier, Zoey glisse à Josiane :

« Je pense que ça a marché.

– De quoi ?

– Ton sortilège. »

Josiane sourit.

« Avez-vous réussi votre mission, au moins ? »

Par où commencer ? Zoey dévale les marches et évoque la forme effrayante qui menaçait de les avaler, le cachot dans lequel Émie-Anne est restée coincée, « j'ai été là pendant des heures ! », toutes les créatures masquées qui ont perdu leurs apparats et nous ont rappelé des choses qu'on a du mal à nommer, qui nous apparaissaient pourtant évidentes, si claires pendant qu'on était sous le sous-sol. Josiane fait des faces dégoûtées quand on décrit la grande trompe qui nous a vidé le corps. Elle pourra jamais comprendre.

L'adulte responsable n'est plus fâchée. Elle aide Émie-Anne et Zoey à se déshabiller près du divan. Les enfants font des clowneries, Josiane éclate de rire et place une main sur sa bouche. Avant d'emprunter, Josiane se tourne vers nous et place un doigt sur ses lèvres. On comprend aussitôt, on fait des grands « oui » qui nous font mal au cou.

Le secret est total. On sait ce qu'on a vécu, Josiane comprend seulement quelques bribes, mais on a une entente, un pacte avec une adulte. On ne sait pas à quoi ça ressemble, de grandir, d'être ado et toutes ces choses-là, mais on se dit, en montant les marches, qu'on va s'en souvenir longtemps, de ce temps des fêtes.

« Vous dormiez dur ! »

Sandra s'approche d'Émie et de Zoey qui arrivent dans le salon. Elle a un œil plus grand que l'autre et les dents tachées de rouge. Tous les adultes se tournent vers eux avec des yeux louches, comme s'ils savaient quelque chose. Benoît regarde sa montre, le décompte commence.

« 5… 4… 3… »

« Bonne année, les enfants. »

Sandra les serre fort. Benoît sent le parfum pour homme, une odeur d'épinette qui se mélange à l'alcool. Son haleine émane d'un trou dans sa barbe mal rasée et donne à Zoey envie de dégueuler. Un à un, les adultes viennent les féliciter, ils ne savent pas pourquoi. Émie et Zoey n'ont rien fait, l'année est passée toute seule. On est déjà en 2005. Ils mériteraient des trophées, des médailles et ils le savent. Mais aucune des grandes personnes ne mesure l'ampleur de leur courage. Ils leur disent plutôt « bravo » pour des niaiseries comme l'école, les cours de patinage. Émie et Zoey se regardent. Les adultes ne savent pas qu'ils ont sauvé Skyd, qu'en le libérant du masque, ils ont empêché la lune de tomber sur la terre. Grâce à eux, le Jour de l'an est sauvé, tout le quartier est passé à un cheveu de périr. La catastrophe attendait, le feu, les cris, les os qui sortent des bras et des jambes cassés, mais Zoey et Émie, par gentillesse, par générosité, par largesse de cœur, ont décidé de sauver les adultes innocents – une méchante gang d'innocents, oui, pense Émie. Un inconnu s'approche d'elle, se casse le dos : « En tout cas vous avez été pas mal calmes, ce soir. Vous avez eu du fun ? »

Émie se tourne vers Zoey. Des brins de malice brillent dans ses yeux. Les enfants éclatent de rire, le monsieur est dérouté. Du fun ! La vie, ça va bien au-delà du fun, il y a des choses plus importantes, plus urgentes que le fun, mais ni Émie ni Zoey n'ont envie de faire la leçon à ce vulgaire inconnu. Le monsieur se relève, l'orgueil un peu froissé, en se demandant si les jeunes se moquaient de lui. La musique change brusquement. Les « Bonne année ! » festifs coupent et laissent place à des sons de *boum, boum*. Sandra, accroupie devant le système de son, se relève en sifflant. Elle se met à bouger les hanches d'un côté et de l'autre, en tenant son verre de vin dans les airs. Émie tente de s'enfuir, mais sa mère la rattrape, lui prend les mains en gesticulant d'une manière ridicule. Émie les arrache, Sandra échappe son fond de vin sur le tapis en poussant un sacre amorti. La fillette part à la course.

Avant de disparaître par la porte vitrée, elle hurle par-dessus le *boum, boum* : « Zoey ! »

– 78 –

Le matin est déjà haut dans le ciel quand Zoey se réveille. Un monstre lui saute dessus pour le dévorer. Il ouvre les yeux et voit Émie-Anne, hilare. Elle le secoue, tire sur ses couvertures, répète « réveille réveille réveille réveille ». Zoey se frotte les yeux, tout couetté, Émie lui passe une main dans les cheveux.

« Oh my god, c'était tellement cool. »

Zoey a rarement vu sa cousine aussi excitée, exprimer une joie sans retenue. Elle rayonne.

En descendant l'escalier, encore en pyjama, les enfants tombent sur les parents d'Émie qui prennent leur café autour du comptoir.

« Ouin, vous vous levez tard !

– Ils ont le droit, Sandra… C'est les vacances. »

On veut manger des gaufres, des crêpes, avec des fraises, de la crème fouettée, des bleuets et des bananes et du Nutella et tellement de sirop d'érable que les gaufres vont flotter dans l'assiette. On veut une soupe au sirop d'érable, on veut la canne au complet. Zoey tremble. Sa cervelle baigne dans le sucre, ses neurones sont emballés d'une pellicule caramélisée. Il court partout avec Émie-Anne, se bat à l'épée, se cache, poursuit sa cousine. Ils portent des masques découpés dans du papier blanc.

« Vous devriez les colorier, vos masques, lance Sandra.

– T'es folle hostie ! »

Benoît intervient : « Émie-Anne Trudel-Lamontagne. Ton langage… » La petite se sauve en criant dans le sous-sol. Elle est aussitôt rattrapée par la voix de sa mère : « Lina arrive dans une demi-heure. Ramassez vos affaires. »

Lina ? Zoey avait complètement oublié qu'il possédait une mère. La fine couche de sucre fendille. Des cristaux se détachent.

Émie sort des jouets de l'armoire. Elle s'assoit au bureau et commence un dessin, comme si elle ne comprenait pas que le séjour de Zoey tire à sa fin. Dans quelques minutes, son cousin sera dans la voiture, en route vers Chicoutimi. Il aimerait qu'Émie l'aide à ramasser, qu'ils fassent cette dernière activité ensemble, mais elle dessine comme si Zoey n'était pas là. Il remet son toutou serpent dans le sac à dos, ramasse ses bobettes Spider-Man qui traînent sous le lit.

On sonne à la porte. Sandra, en bas, crie son nom.

Dans l'entrée, Lina accueille son fils avec le sourire. Zoey n'est pas fou de joie. Il s'approche et lui serre la jambe sans la regarder.

« J'ai pas envie de partir, murmure-t-il d'une voix braillarde.

– Je comprends, mon loulou. On va revenir. »

Sa cousine n'est pas là pour lui dire bye. Sandra demande ce qu'elle fait. « A dessine je pense.

– Va donc la chercher, Benoît.

– C'est correct, répond Zoey en levant les épaules. »

Benoît redescend en tenant la main d'une petite fille en pleurs, qui suce son pouce. Émie-Anne et Zoey se prennent dans les bras. Les parents sont heureux de les voir s'enlacer comme des personnes civilisées. Ils ignorent que les enfants pensent, au moment des adieux, exactement la même chose.

Y ont aucune idée de tout ce qu'on a vécu.

Zoey s'installe à sa place sur la banquette arrière. Lina lui a mis le lecteur DVD pour qu'il puisse écouter des films sur la route. Sandra, Benoît et Émie-Anne attendent en pyjama dans le cadre de la porte. La vitre descend toute seule.

« Vous reviendrez. On est pas sorteux ! »

Les larmes d'Émie-Anne ne sèchent pas. Elle lui envoie un signe de la main, auquel Zoey répond avec vigueur. La voiture démarre, s'éloigne dans le labyrinthe de poubelles, de bancs de neige et de buts de hockey. Les habitants des grandes maisons ignorent qu'ils sont espionnés par leur sous-sol, que tous leurs faits et gestes peuvent être scrutés, là-bas, dans l'autre monde. Qu'un masque dangereux est enfermé dans une pièce scellée, qu'il distille ses rayons supersoniques jusqu'à ce qu'un jour, une autre entité imprudente décide de le porter, et que tout recommence.

Dix ans. Quand Zoey reverra Émie-Anne, au prochain Noël – peut-être aux vacances d'été ? –, sa cousine aura dix ans. Bientôt onze. Ils viennent de vivre le dernier Noël d'Émie-Anne dans l'enfance. Dix ans. Dix est un grand mur double, capitonné, le chiffre où tout s'arrête. Ce qui a eu lieu ne risque plus d'arriver. Il reste à Zoey un Noël, peut-être deux s'il est chanceux, avant de ne plus croire à toutes ces magies. L'an prochain, des choses ne seront plus les mêmes pour Émie. Elle recevra du maquillage en cadeau, comme ses cousines plus vieilles, ne lira plus de romans, juste le *Dico des filles*. Zoey ignore comment il la retrouvera, quel parcours elle aura entamé dans le monde des grands. Il reverra sa cousine, devenue une étrangère, connue il y a longtemps, mais qui a quitté pour de bon le continent auquel Zoey se retient de toutes ses forces. Émie commence sa cinquième année à l'automne, sa sixième l'année d'après. La dernière avant l'école secondaire. La fin, le coup de grâce, la catastrophe qui abolit toutes les merveilles. Dans les royaumes lointains, des rivières se dessèchent, des forêts enchantées brûlent et des fées meurent de faim.

Leur aventure n'était possible qu'une fois, une seule.

Sur la route vers Chicoutimi, Zoey réalise qu'ils ont raté une partie de leur mission. Il ne fallait pas seulement sauver Skyd, mais Émie-Anne. La prévenir des choses terribles qui s'en viennent, Émie-Anne est d'autant plus en danger qu'elle l'ignore. Dans un détour, sans qu'elle s'y attende, risque de la saisir à la gorge la plus terrible catastrophe.

La fin de l'enfance.

JANVIER

– 79 –

Il fait un froid glacial, qui plonge bien en dessous de la barre du zéro, percole dans les négatifs. En voyant le thermomètre afficher moins trente-deux ce matin, Lina a forcé Zoey à mettre des bas de laine par-dessus ses bas normaux. Dans le rang qui se forme au son de la cloche, il ne regrette pas de les porter, ses bottes sont des murailles de glace, Zoey comprime ses pieds afin d'éviter que ses orteils, déjà engourdis, ne touchent ses feutres gelés. Ses pommettes sont tellement glacées qu'elles pincent. Des larmes cristallisent au coin de ses yeux.

On les fait entrer. Zoey traverse le corridor en silence et dépose son sac au fond de sa case. Justine Picard parle fort, énumère la liste de cadeaux qu'elle a reçus, évoque les destinations rocambolesques qu'ont choisies ses parents pour se faire griller la couenne au soleil, dévoile son bronzage et ses souvenirs de voyage, sort de son sac une tortue colorée qui bouge la tête.

Zoey se dirige vers son bureau. Il a passé le couloir de la direction sans se faire intercepter, et personne n'a rien dit quand il a franchi la porte de la classe. Gaëtan Guay fait son entrée les mains dans le dos. Hassoun se demande si leur prof a passé Noël à l'école, s'il a dormi ici pendant toutes les vacances. Peut-être qu'il a invité sa famille à venir manger à la cafétéria. Gaëtan Guay fait son sourire plate et ses yeux sérieux, c'est impossible de savoir ce qu'il manigance, quelles idées lui tournent dans la tête. Brittany espère qu'il commencera pas la nouvelle année avec un cours de math ou de français, qu'on va faire une activité spéciale avant de retourner à la normale. Zoey prend soin de ne pas croiser son regard, fait semblant de noter des choses dans son agenda.

« Zoey Lamontagne. »

Il lève la tête.

Dans l'ouverture de la porte, Claudette, de la garderie de l'école, les lunettes remontées, affiche un sourire pervers qui laisse voir sa dent en or. Elle lève un doigt crochu et gratte l'air.

Zoey se lève. Gaëtan Guay lui fait un regard noir, auquel Zoey repensera, ce soir, quand il aura du mal à s'endormir. Il marche à côté de Claudette dans le corridor.

« Tu pensais-tu que j'allais oublier ta pénitence ? »

Zoey ne répond pas. Il sait où Claudette le conduit. Ils continuent de descendre l'escalier vers le bureau d'Yves-Marie. Claudette frappe trois coups, quelqu'un ouvre. Quelqu'un qui n'est pas Yves-Marie, mais une jolie jeune femme, les cheveux noirs remontés en chignon, qui porte un chemisier émeraude avec des motifs d'oiseaux bleus et rouges.

Josiane ?

Elle croise le regard de Zoey, un brin d'étonnement dans les yeux, et tend la main à Claudette.

« Bonjour, je m'appelle Josiane. C'est moi qui remplace Yves-Marie. »

Claudette semble déçue de faire sa rencontre, elle regrette que son vieux complice dans la torture ne soit pas là. Josiane et elle vont souvent avoir à travailler ensemble, explique Claudette, à la garderie de l'école, les enfants se pensent tout permis.

Claudette raconte les crimes de Zoey, elle déforme tout, les faits rapportés sont méconnaissables, Claudette ne se souvient même plus quel était l'objet du vol, elle parle d'un MP3 au lieu d'une Game Boy. Zoey prend des grandes respirations, ne dit rien. Claudette va venir elle-même lui porter un repas à midi, mais Zoey passe toute la journée ici. Josiane semble étonnée. C'est comme ça que vous faites, d'habitude ? Claudette laisse tomber un « oui » ferme, qui veut dire : « C'est pas à ta première journée que tu vas changer nos méthodes. »

Josiane lève les épaules. Aucun problème. À plus tard. Elle ferme la porte derrière Claudette et tire une chaise à Zoey. Elle lui fait un regard chargé, en penchant la tête.

« Coudonc, dit-elle en souriant, on dirait qu'on se suit, nous-autres. Quand j'ai eu le remplacement à André-Gagnon, je me suis justement dit : c'est pas l'école à Zoey, ça ? »

Il lui raconte tout, il n'a rien fait, a été l'objet d'un complot, d'une magouille, il explique en détail les malversations des frères Gagnon, surtout de Sébastien, le cadeau empoisonné, sa tentative de redonner le Game Boy (c'était un Game Boy, pas un MP3) à Christopher Ouellet, le psychodrame collectif, le téléphone aux parents, le bureau du directeur… C'est surtout Sébastien, mais Pierre-Luc Gagnon a aussi participé. Il lui a menti en pleine face. Zoey arrive au bout de son histoire. Il a livré un plaidoyer senti. C'est à Josiane, maintenant, de laisser tomber son jugement.

« Je te crois. »

Zoey n'en revient pas. Josiane lui pose des questions, lui demande de mieux raconter le moment où les frères Gagnon l'ont pris à part dans la cour d'école. Comment il s'est senti quand il a reçu le Game Boy ? Quand il a réalisé que c'était pas un vrai cadeau ? Quand Christopher Ouellet l'a faussement accusé ?

Josiane s'intéresse à sa version. Il tente de répondre du mieux possible aux interrogations, mais parfois, certaines questions qu'elle pose obstruent sa gorge et Zoey s'interrompt.

Leur discussion dure une heure. Quand ils épuisent le sujet, Josiane regarde sa montre. Zoey se sent drôlement délivré. Il a ouvert une boîte qu'il ne pensait jamais ouvrir, et une dose importante de tristesse s'est faufilée par l'ouverture. Josiane le questionne sur la séparation de ses parents. Au départ, Zoey se montre rébarbatif, il n'a pas envie d'aborder ce sujet, ça n'a rien à voir avec le vol du Game Boy. Mais les questions de Josiane sont pointues, précises. Zoey parle de sa peur : bientôt, croit-il, on lui demandera de choisir entre son père et sa mère, d'abandonner une maison. Josiane réagit, prend sa défense. D'après elle, ce n'est pas de la faute de Zoey si ses parents se sont séparés. Il n'a rien à voir là-dedans. Il peut même le dire à papa et à maman quand il se sent triste ou en colère à cause de la séparation. S'il veut garder ses deux parents, il n'a qu'à le dire. C'est bien que Zoey ne veuille pas faire de peine à sa mère, ça montre qu'il est sensible aux autres, mais ce n'est pas à lui, croit-elle, de prendre en charge toute la tristesse. Ce sont eux, les parents.

Zoey termine la conversation avec une colère contre les adultes, contre le monde en général, contre Claudette et contre Christopher Ouellet qui a rejeté son offre d'alliance. Une colère rayonnante qui lui donne envie de monter dans le bureau du directeur, et de tout déballer. Que la vérité triomphe.

« Écoute, répond Josiane. Je vois bien que tu mens pas. Je le sais que ce que tu me racontes, c'est vrai. L'affaire, c'est que c'est ma première journée ici. J'ai pas grand poids. Je pense pas pouvoir te renvoyer dans la classe de M. Guay avant le dîner. Je suis même pas sûre d'être capable de t'enlever ta punition pour l'après-midi. »

Zoey est pris d'un sentiment complexe. Une adulte le croit pour la première fois, mais cette adulte lui assure que la vérité, dans ce contexte, ne peut rien changer, qu'elle est impuissante, ignorée par les directeurs et les profs. Zoey sent un feu monter en lui, un sentiment bouillant d'injustice. L'école est une boîte opaque, pleine de mécanismes obscurs, qui prétendent œuvrer pour la justice mais qui fonctionnent selon leur logique propre, leurs vieux crimes impardonnés qu'on fait porter à d'autres.

« À nous deux, poursuit Josiane, je pense pas qu'on puisse faire grand-chose. Mais ce que je peux te proposer, c'est de rester dans le local avec moi. »

Elle avale de travers. Une jeune femme consciencieuse qui s'apprête à commettre une faute professionnelle.

« Je vais être obligée de mentir, mais c'est pas parce que le mensonge, c'est correct… Tu comprends ?

– Oui.

– C'est un mensonge spécial. Juste cette fois. Je vais dire que je te fais copier, mais tu peux dessiner, tu peux lire, tu peux travailler avec moi. On peut parler aussi, si tu veux. Se raconter des histoires. »

Zoey se rappelle avec enchantement leur promenade dans la forêt, le soir de Noël. On dirait qu'il s'apprête à vivre la plus belle journée d'école de sa vie. Il ne veut pas que Josiane se ramasse dans la marde à cause de lui, sans comprendre toutes les pressions complexes qu'elle subit de la part de Claudette et du directeur, il veut tout faire pour la protéger, lui éviter les reproches. Être deux dans le mensonge est le sentiment le plus puissant, le plus fort que Zoey a jamais ressenti.

« Promis, je dirai rien. »

– 80 –

Josiane a besoin de quelques minutes de concentration. Elle a des courriels à écrire. Sur le bureau de Zoey se trouvent tous les livres qu'il voulait prendre dans la bibliothèque, un cartable plein de feuilles vierges et un immense paquet de crayons de bois. Pendant une bonne partie de la matinée, il a colorié et discuté avec Josiane. Elle a une manière très étrange d'appuyer sur les bonnes touches pour que Zoey, habituellement timide, se mette à parler de toutes sortes de choses, à énumérer ses Pokémon préférés, à résumer l'histoire d'un livre que sa cousine a lu et qu'elle lui a raconté, mais dont il a oublié le titre. À parler de la séparation de ses parents, aussi, de la nouvelle chambre, des objets que tu oublies chez l'autre, de son père qui ne veut plus parler à sa mère, de la fois que ses parents se sont mélangés et qu'il est resté tout seul à la garderie de l'école jusqu'à six heures du soir. Josiane pose des questions pour mieux comprendre, demande des précisions, des informations sur la manière dont Zoey s'est senti. Elle s'intéresse. Aucun adulte n'a eu cette drôle d'idée avant elle.

Josiane répond à un appel sur le téléphone gris du bureau. Zoey ferme les yeux. Le Dôme ténébreux se lève au-dessus de sa tête. Il n'est pas venu ici depuis le Jour de l'an. L'air est limpide. La brisure dans le mur est disparue, comme si la cendre s'était régénérée, comblant le trou dans la paroi pour ne laisser qu'une ouverture où tournoient des voix lointaines. Zoey ne les écoute pas. Pas aujourd'hui.

Zoey s'approche, il dépose sa main contre la porte. S'il le voulait, il pourrait l'ouvrir, il le sait. Une image apparaît. Émie est au milieu d'une troupe, debout sur une motte de neige. Elle distribue les rôles, donne des ordres que Zoey n'entend pas. Des enfants aux visages inconnus crient, rigolent, obéissent.

Zoey l'appelle.

Émie s'éloigne du groupe, s'assoit derrière la butte de neige, ferme les yeux.

Zoey sent quelque chose sous sa main, contre la pierre, une chaleur, une vibration. Une présence humaine. Sans pouvoir l'expliquer, il sait que sa cousine est au bout du tunnel, juste derrière le marbre. Ce qui les relie demeure. Au fond du Dôme existe ce sentier secret qui s'enfonce dans la noirceur. Si un jour il doit l'emprunter, Zoey sait que la porte verte s'ouvrira. Émie est juste derrière, à quelques centimètres de lui. Le passage existe, il plonge dans leurs douleurs, les traverse et débouche sur un endroit où ils ne sont jamais seuls.

Si Zoey pouvait parler à Émie, s'il pouvait ouvrir la porte, il lui raconterait que Josiane travaille à son école, qu'il se trouve dans son bureau en ce moment même. Il lui dirait qu'il fait encore des cauchemars en pensant à Skyd, à la forme, au garçon masqué. Émie comprendrait tout. Elle ouvrirait la porte verte, plongerait dans le tunnel et tout serait clair à nouveau. Zoey ignore si sa cousine peut entendre le récit de son improbable matinée, mais il le raconte tout de même. Passer une journée en punition avec Josiane, c'est le rêve.

Ils s'entendent là-dessus.

REMERCIEMENTS

Liste de cadeaux :

À Arilys Jia, pour son travail d'édition stimulant : une grosse boîte pleine de rubans frisés contenant *toutes* les extensions de *Sims*.

À Lydia Mailloux, pour les souvenirs et les contacts : un appareil photo numérique avec un écran, une carte mémoire infinie et un bel étui pour le ranger.

À Marylou Dufour, pour la rencontre généreuse : les meilleurs gants de boxe du monde, flambants neufs, avec l'équipement assorti, prêts pour toutes les batailles.

À Maïka Lambert, pour le partage enthousiaste : un billet d'avion en première classe qui permet d'aller partout dans le monde (même à Dolbeau).

À Olga Duhamel-Noyer, mon éditrice : un coffret DVD contenant toutes les présences médiatiques de Catherine Deneuve.

À Benoît Virot, mon éditeur : l'œuvre complète de Christine de la Rivoyre, en Pléiade, mais aussi celle de Claude Veillot, de Guy des Cars, de Bernard Clavel, sans oublier Pierre Souvestre et Marcel Allain.

À Tiffany Meyer : un spectacle privé de Mylène Farmer, avec caméo d'Isabelle Boulay.

À Élodie Brissaud : une montagne de cahiers vierges pleins de promesses.

RÉALISATION : NORD COMPO À VILLENEUVE-D'ASCQ
IMPRESSION : IMPRIMERIE NORMANDIE ROTO
DÉPÔT LÉGAL : OCTOBRE 2024. N° 156294 (2402973)
IMPRIMÉ EN FRANCE